Collection « Études africaines »

dirigée par Denis Pryen et son équipe

Forte de plus de mille titres publiés à ce jour, la collection « Études africaines » fait peau neuve. Elle présentera toujours les essais généraux qui ont fait son succès, mais se déclinera désormais également par séries thématiques : droit, économie, politique, sociologie, etc.

Dernières parutions

Giscard Kevin Dessinga, *Démocraties au four et au moulin, Alternance et conflits électoraux,* 2020

Roger NDONA KAYAMBA, *La production agricole dans la Province du Kwilu (RDC)*, 2020.

Georges Moussavou, *Organisation et système universitaire au Gabon. Sociologie des processus et systèmes institutionnels*, 2020.

Abdoulaye Wotem SOMPARÉ, *L'énigme d'Ebola en Guinée. Une étude socio-anthropologique des réticences*, 2020.

Arsène Francoeur NGANGA et Roland Christian MBINDA-NZAOU, *Peuples et civilisations kongo dans le sud du Gabon*, 2020.

Sylvain OBAME, *Gabon : la réforme administrative sans la réforme de l'État,* 2020.

Bernadette Clara Alvine AYO MBARGA, *La mission de la femme dans le processus de réconciliation*, 2020.

Brice POREAU, *Rwanda : une ère nouvelle. Comprendre le travail de reconnaissance (nouvelle édition)*, 2020.

Holy HOLENU MANGENDA, *Kinshasa. Urbanisation et enjeux écologiques durables*, 2020.

Ronsard MAKONZO NDONTONI, *La preuve de la propriété immobilière en droit positif congolais*, 2020.

Karine RAMONDY, *Leaders assassinés en Afrique centrale 1958-1961. Entre construction nationale et régulation des relations internationales*, 2020.

Jean-Claude ELOUNDOU, *Afrique : ton développement en question*, 2020.

Albert YANGARI, *Dictionnaire des noms de personnes chez les Ungom*, 2020.

Joseph-Éric NNOMENKO'O, *Problématique foncière et trajectoires de développement en Afrique subsaharienne, L'exemple du Cameroun,* 2020.

Boureïma Nikiema OUÉDRAOGO, *Sociologie des violences contre l'État au Burkina Faso. Question nationale et identités*, 2020.

Jean-Fernand BÉDIA, *Lumières postcoloniales, Pour un nouvel esprit critique littéraire en Afrique francophone*, 2020

Simon NGONO (dir.), *La communication de l'État en Afrique. Discours, ressorts et positionnements*, 2020.

L'OHADA
ET LA COMMON LAW

5-7, rue de l'École-Polytechnique, 75005 Paris
www.harmattan.fr

ISBN : 978-2-343-20251-8
EAN : 9782343202518

Ibrahim ABDOURAOUFI

L'OHADA ET LA COMMON LAW

Préface du Professeur Olivier MORÉTEAU
Louisiana State University

L'Harmattan

REMERCIEMENTS

Je voudrais renouveler ma profonde gratitude à l'endroit du **Professeur Olivier Moréteau**, toujours accueillant, disponible et à l'écoute, que ce soit en France ou aux États-Unis, au sein du prestigieux **Center of Civil Law Studies** qu'il dirige.

Je remercie également ma maison – le cabinet **LEGITIMA AVOCATS** – et mon confrère Patrice Cossalter, le directeur Mamadou Bah et tous nos amis communs lyonnais.

Je n'oublie pas mon autre maison – le cabinet **Pepper Hamilton LLP** à Philadelphie – et mes mentors et amis américains : Jeremy Heep, Murray Levin, Mike Reed, Monsieur le Consul Michael Scullin, Maryam Adul-Kareem, Kassim Lucas, Desa Burton, Carole Ward, Karen Hardy, Esuga Abaya, Judge Hayden.

Une pensée enfin à mes parents, ma famille, mes frères et sœurs, mes amis, mes enseignants, qu'ils soient en France, au Cameroun, en Norvège, aux États-Unis ou ailleurs.

À aucun moment, le soutien de ce tout ce beau monde ne m'a fait défaut.

Qu'ils en soient remerciés.

Au Seul Maître, l'infinie reconnaissance.
À la belle Rivière des crevettes,
Je reviendrai toujours,
Je reviendrai boire de ton eau,
Je reviendrai me délecter de tes crevettes,
Je reviendrai toujours, sans être jamais parti.

PRINCIPALES ABRÉVIATIONS

***ALR** : American Law Reports*
AP : Assemblée plénière de la Cour de cassation française
Art. : Article
Bull. : Bulletin des arrêts de la Cour de cassation
***BOT** : Build Operate Transfer*
C. civ. : Code civil français
C. com. : Code de commerce français
C. cons. : Code de la consommation
C.A. : Cour d'appel
***CAMA** : Companies and Allied Matters Act*
Cass. : Cour de cassation
CCC : Contrats, Concurrence, Consommation
CCJA : Cour commune de justice et d'arbitrage
CEMAC : Communauté économique et monétaire de l'Afrique centrale
CFCE : Cahiers juridiques et fiscaux de l'exportation
chron. : Chronique
***C.L.R.** : Commonwealth Law Reports*
Com. : Chambre commerciale économique et financière de la Cour de cassation
CVIM : Convention de Vienne sur les contrats de vente internationale des marchandises (11 avril 1980)
D. : Recueil Dalloz
***DAF** : Delivered at frontier*
***DDP** : Delivered duty paid*
***DDU** : Delivered duty unpaid*
éd. : Édition
***ed. by** : Edited by* (sous la direction de)
***Eng. Rep.** : English Report*
***ERPL** : European Review of Private Law*
ERSUMA : École régionale supérieure de la magistrature
EURL : Entreprise unipersonnelle à responsabilité limitée
***EXW** : Ex Works*
Fasc. : Fascicule
***FCA** : Free Carrier*
F CFA : Franc CFA
***FOB** : Free on Board*

GP : Gazette du Palais
G.L.R. : *Ghana Law Review*
ibid. : *ibidem*
IECL : *International Encyclopedia of Comparative Law*
JBL : *Journal of Business Law*
JCL : *Journal of Contract Law*
JCP : Semaine juridique (édition générale)
JCP E : Semaine juridique (édition entreprise)
JDI : Journal de droit international privé (Clunet)
JLS : *Journal of Legal Studies*
JO **:** *Journal officiel de la République française*
K.B. : *King's Bench Division*
La *LR* *: Louisiana Law Review*
LGDJ : Librairie générale de droit et de jurisprudence
OHADA : Organisation pour l'harmonisation en Afrique du droit des affaires
PA : Petites Affiches
PUAM : Presses universitaires d'Aix-Marseille
PUF : Presses universitaires de France
Q.B. : *Queen's Bench Division*
RCCM : Registre de commerce et de crédit mobilier
RDAI : Revue de droit des affaires internationales
RDIDC : Revue de droit international et de droit comparé
RDU : Revue de droit uniforme
RIDC : Revue internationale de droit comparé
RIDE : Revue internationale de droit économique
RJDA : Revue de jurisprudence de droit des affaires
RTD civ. : Revue trimestrielle de droit civil
RTD com. : Revue trimestrielle de droit commercial
SA : Société anonyme
SARL : Société à responsabilité limitée
SAS : Société par actions simplifiée
SASU : Société par actions simplifiée unipersonnelle
SCA : Société en commandite par actions
SCS : Société en commandite simple
SNC : Société en nom collectif
Tul. LR : *Tulane Law Review*
UCC : *Uniform Commercial Code*
UDEAC : Union douanière et économique des États de l'Afrique centrale
UEMOA : Union économique et monétaire ouest-africaine
UNIDROIT : Institut international pour l'unification du droit privé
v. : versus

SOMMAIRE

PRÉFACE

Parmi les nombreux travaux consacrés au droit uniforme produit par l'Organisation pour l'harmonisation en Afrique du droit des affaires (OHADA), le présent ouvrage tient une place particulière. Il n'offre pas la énième analyse d'un droit calqué sur le modèle français mais questionne les limites d'un système d'origine monolingue et monojuridique. Il apporte l'ouverture du bilinguisme et du bijuridisme, ce qui n'est pas sans danger pour un docteur de l'université française. Vouloir faire une place à l'anglais et à la commonlaw dans un système d'inspiration française n'est pas sans risque, car c'est de la langue et d'un système juridique concurrent qu'il s'agit, aujourd'hui au service de la mondialisation. Cette préface n'est pas le lieu d'identifier la part de vérité et de phantasme s'agissant de l'hégémonie du modèle dit anglo-saxon, dont l'épicentre s'est déplacé de l'Angleterre vers les États-Unis avant de prendre une dimension planétaire. Elle est là pour dire qu'on aurait tort de mettre cet ouvrage de côté en reprochant à l'auteur d'offrir un cheval de Troie à la commonlaw en Afrique, car elle y est déjà. Il nous invite à un meilleur dialogue des systèmes juridiques africains et à une prise en compte de la commonlaw dans le développement du système OHADA non pas pour l'affaiblir mais en améliorer l'effectivité.

De même que l'Organisation internationale de la francophonie (OIF) procède d'une volonté française de faire pendant au Commonwealth et à la domination du modèle anglo-américain, l'OHADA est née de la même idée de renforcer l'influence française dans l'ancien empire colonial. Ces mots ne jugent pas, ils constatent. Ils disent ce que tout le monde sait mais qu'il convient de taire. Mais voilà, l'auteur de cette préface est connu pour son franc-parler et on lui reproche silencieusement, en mettant certains de ses écrits à l'index[1], de dire tout haut ce que d'aucuns disent, de meilleur ton, de penser tout bas.

Faut-il cesser de s'intéresser aux systèmes de commonlaw pour éviter le risque d'en faire l'éloge ou la promotion ? L'université lyonnaise a depuis longtemps la tradition de promouvoir les études comparatives et notamment celles qui portent sur des systèmes dont on ne veut pas nécessairement

---

[1] Voir notamment O. Moréteau, *Le juriste français entre ethnocentrisme et mondialisation*, Dalloz, 2014, qui n'a fait l'objet d'aucune recension dans les revues françaises.

s'inspirer. Édouard Lambert fit en son temps traduire les codes de la Russie soviétique[2], et celui qui dirigea l'Institut qu'il fonda en 1920-1921 est en train de remettre à jour un manuel de *Droit anglais des affaires*[3]. Il est fier d'avoir dirigé le travail de thèse dont est né le présent ouvrage, lequel s'inscrit dans le sillon jadis tracé par le fondateur de l'Institut de droit comparé de Lyon. Bien qu'alors très sollicité, il reçut il y a quinze ans ce candidat inconnu venu du Cameroun en passant par Perpignan, porteur d'un projet novateur. L'ambition était de montrer que si l'harmonisation du droit des affaires était dans l'ensemble une tâche facile dans la plupart des anciennes colonies françaises, elle a ignoré la situation du Cameroun dont le système juridique combine l'héritage juridique français et celui de la commonlaw, en plus du multilinguisme. S'agit-il d'un faux pli sur l'uniforme ? Il semblerait plutôt que celui-ci ne fût pas taillé sur mesure, exigeant de celui qui voudrait le porter de contracter toute excroissance susceptible de faire craquer les coutures. En outre l'étiquetage n'était qu'en français.

Beau sujet d'étude en vérité car la science juridique comparative aime à s'exercer dans les espaces mixtes ou hybrides où se rencontrent des droits et des cultures différentes. Cela causa même à l'auteur le désagrément de voir son directeur de thèse quitter la France pour la Louisiane alors qu'il commençait à peine ses travaux. Cela n'empêcha pas le maître et l'élève de se rencontrer régulièrement sur les rives du Rhône et du Mississipi et de développer une belle et fertile amitié.

Le présent livre est issu de ce beau travail de thèse qui nous plonge dans le pluralisme des sources de la culture juridique africaine. L'ouvrage est une invitation au dialogue de traditions juridiques multiples que l'histoire a fait se rencontrer, et qui doivent apprendre à coexister si l'on préfère le dialogue aux tensions. Le lecteur y trouvera des propositions visant à aider à mieux harmoniser, afin de favoriser la fluidité des affaires. Le mot harmonie n'est-il pas au cœur du projet OHADA ? Étymologiquement, l'harmonie est ce qui lit et qui cheville, d'où l'idée d' « assemblage », de « juste rapport » et en particulier d' « accord des sons »[4]. On assemble et on met en accord ce qui est différent. Dans l'orchestre, il faut accorder le son du trombone et celui du violon. L'orchestration n'a rien à voir avec l'uniforme, sauf à vouloir une fanfare militaire. Il faut avoir l'intelligence des familles d'instruments pour composer ou diriger la musique symphonique. L'auteur du présent livre a la maîtrise des droits de tradition civiliste et de la commonlaw, en plus d'une sensibilité aux coutumes africaines. Venu du Cameroun, il a vécu et travaillé en France et aux États-Unis. Il sait se rapprocher et se distancer de son sujet, il a appris à poser et définir son regard, qualités indispensables chez le

[2] O. Moréteau, *Le juriste français*, précité, p. 212.
[3] O. Moréteau, *Droit anglais des affaires*, Précis Dalloz, 2000, 2e édition à paraître.
[4] *Dictionnaire historique de la langue française*(Alain Rey dir.), 2006, V° Harmonie.

comparatiste. Universitaire devenu praticien, il sait échanger avec ses pairs dans les conférences internationales[5].

Vous voici, cher lecteur, au seuil de l'ouvrage. C'est le moment pour le guide de passer la main à l'auteur, de lui laisser le soin d'introduire son sujet, qu'il connait mieux que personne, en vous souhaitant une lecture agréable et instructive, qui fera avancer la réflexion et renforcera l'esprit d'ouverture qui vous a fait venir jusqu'ici.

Olivier Moréteau
Professeur à la Louisiana State University
Directeur honoraire de l'Institut de droit comparé Édouard Lambert

---

[5] Voir notamment I. Abdouraoufi, « Le Processus D'uniformisation du Droit des Affaires Dans un Contexte de Pluralisme Juridique: le bijuridisme Camerounais et L'OHADA ». Présenté lors du Congrès annuel de Juris Diversitas, organisé avec la Faculté de droit d'Aix-Marseille en juillet 2014, publié au *Journal of Comparative Law in Africa*, Volume 2 Issue 2, p. 64 – 74 ; 2015.

INTRODUCTION

La dichotomie droit civil-*common law* n'a bien sûr pas échappé à l'Afrique. Héritage ou vestige de la colonisation franco-britannique, ces deux systèmes continuent de marquer le droit des affaires avec, de manière quelque peu simpliste, d'un côté, le droit OHADA, et, de l'autre, la *common law* des affaires, dans ses variations nationales.

Adopté il y a plus de deux décennies, le droit OHADA, suffisamment organisé et structuré, fait désormais partie du paysage juridique africain, à ceci près qu'il n'intègre toujours pas la composante non civiliste du continent, et ce, en dépit du bijuridisme d'un de ses membres, le Cameroun. Prenant l'exemple de ce pays, la tension entre anglophones et francophones s'est exacerbée ces dernières années, et les revendications initiales des avocats *common lawyers* pour une meilleure prise en compte de leurs spécificités ont fini par être récupérées par d'autres composantes, avec des proportions alarmantes. Et si le Cameroun servait de laboratoire (ou de contre-exemple) à l'Afrique en matière de véritable harmonisation de droit des affaires ? Cette actualité s'imposera à la rédaction du présent livre comme un des fils conducteurs, étant précisé que l'aspect politique de la problématique ne présente qu'un intérêt secondaire.

Au-delà de ce cas particulier, se dressent en réalité la situation et les défis généraux des affaires en Afrique, dont la position commerciale sur le marché mondial demeure désespérément marginale.

L'AfCFTA (African Continental Free Trade Agreement), zone de libre-échange continentale africaine, entrée en vigueur le 30 mai 2019, et regroupant les 54 États du continent, est la dernière initiative continentale, pour booster les échanges commerciaux.

S'il est vrai que les intérêts économiques sont plus décloisonnés que les systèmes juridiques, une certaine harmonisation entre ces systèmes juridiques reste essentielle à l'essor du libre-échange souhaité. Sortir des législations héritées de la colonisation pour faire jaillir du droit des affaires à partir des terreaux proprement locaux doit figurer au rang des préoccupations de la production normative africaine. Il est sans doute temps de rompre avec l'emprunt désinvolte que dénonçait le doyen Bokalli, quand il rappelait que *« les lois métropolitaines étaient servilement reproduites dans les colonies, sans qu'elles aient, au préalable, subi la moindre adaptation* »[6]. L'histoire de cet emprunt n'est pourtant pas exactement la même dans les pays francophones et dans la zone anglophone.

Dans tous les pays francophones d'Afrique, il s'était opéré dès le départ une transposition en bloc de la législation française. Ainsi, les affaires étaient régies essentiellement par le Code civil français dans sa rédaction au 1er janvier 1960, le Code de commerce de 1807 dans sa version originale, la loi du 27 juillet 1867 sur les sociétés par actions, la loi de 1889 sur la liquidation judiciaire, la loi du 18 mars 1919 sur le registre commercial, la loi du 7 mars 1925 sur les sociétés à responsabilité limitée, les décrets-lois du 8 août et 30 octobre 1935 ; le Code de procédure civile et commerciale dans sa rédaction au 1er janvier 1960. Ce riche héritage de la « mère patrie » a été géré différemment d'un pays à l'autre. Globalement, il est possible de distinguer trois groupes de pays :

– Dans un certain nombre de pays, des aménagements significatifs avaient été apportés : Congo (ordonnance n° 62/62 du 16 octobre 1962), Côte d'Ivoire (loi n° 83/789 du 2 août 1983), Gabon (loi n° 13/69 du 31 décembre 1969, loi n° 10/73 du 20 décembre 1973, loi n° 12/79 du 28 mars 1979, décret n° 276 du 28 mars 1976, loi n° 1/74 du 31 mars 1984, loi n° 0/86 du 4 août 1986), Niger (ordonnance n° 80/15 du 19 juin 1980).

– D'autres pays avaient adopté une législation nouvelle, presque de rupture. Il s'agit notamment de la Guinée (ordonnance n° 119 du 17 mai 1985, arrêté n° 5745 du 13 juin 1985), du Mali (loi n° 86/13 du 21 mars 1986), du Sénégal (loi n° 85/40 du 29 juillet 1985) et de Madagascar (ordonnance n° 78/006 du 1er mai 1978 portant Charte des entreprises socialistes).

– Enfin, un dernier groupe dont les retouches étaient minimes au point qu'on puisse dire qu'ils avaient conservé intact l'héritage du colonisateur.

La réalité des pays colonisés par la Grande-Bretagne est, quant à elle, quelque peu différente. Il y a certes quelques éléments de similitude, comme la transposition de la *common law*[7] aux colonies. Mais la grande différence avec l'approche française est la consécration des coutumes locales et donc du droit coutumier[8]. Le colonisateur britannique, dans le pragmatisme qui lui est attribué, a opté pour une espèce de dualisme où droit coutumier et droit du colonisateur seraient en concours. Quelques exemples suffiraient à l'illustration.

Au Ghana (ancien Royaume ashanti et ancienne *Gold Coast*), c'est le 24 juillet 1874 que le gouvernement britannique a étendu sa juridiction sur

[6] V.-E. Bokalli, « Le nouveau droit du contrat d'assurance des États membres de la CIMA », *Lex lata*, n° 009 du 15 février 1995, p. 37.

[7] Nous faisons référence à la *common law* comme système normatif de la Grande-Bretagne et non la *common law* qui, avec l'*equity*, constitue ce système.

[8] Voir en ce sens Louis-Augustin Barrière, *Le statut personnel des musulmans d'Algérie de 1834 à 1962*, Dijon, Éditions universitaires de Dijon, 1993.

une grande partie de l'intérieur du pays[9]. Ce droit anglais devait s'appliquer à côté du droit traditionnel. C'est ainsi que la jeune République du Ghana avait hérité d'un amalgame du droit en vigueur dans l'Angleterre de 1874 et du droit coutumier. Selon la Constitution de 1960, le droit ghanéen englobe les règles juridiques posées par :

– les *enactments* qui désignent les *statutes* et les *orders in council* du Royaume-Uni existant avant 1960 ; la législation coloniale ; les lois et ordonnances promulguées par le Parlement ghanéen et l'Assemblée constituante ;

– la *common law* du Ghana, qui comprend la *common law* anglaise, les *rules of equity* et certains *statutes* du Royaume-Uni en vigueur le 24 juillet 1874 ;

– le droit coutumier : le gouvernement, sur avis de la *House of Chiefs*, peut déclarer que certaines normes du droit coutumier feront partie de la *common law*, en tant que « *common law rules of customary origin* »[10].

Il convient de faire remarquer, au sujet du lien entre les *précédents* britanniques et le droit ghanéen, une certaine relativité, qui écarte notamment le principe du « *stare decisis* »[11]. Afin de faciliter une évolution souple des règles en vigueur, l'article 42 alinéa 4 de la Constitution de 1960 prévoit que la Cour suprême n'est tenue que « *in principle* » par ses décisions antérieures et, logiquement, *a fortiori* des précédents britanniques. C'est cet ensemble que la jurisprudence et le législateur ghanéens ont fait évoluer et qui régit aujourd'hui le domaine correspondant à celui du droit des affaires entre autres. La compilation la plus remarquable date de 1963 avec le *Companies' Code* plusieurs fois modifié par la suite.

L'évolution du droit des affaires nigérian n'est pas différente. Comme dans le cas ghanéen, l'héritage colonial composé du droit britannique et du droit coutumier nigérian a subi des modifications régulières. Pour nous limiter au seul droit des affaires, l'évolution de la pratique a donné lieu à un véritable Code des affaires dont la dernière version est entrée en vigueur le 1er septembre 2003 sous l'appellation de *Companies and Allied Matters Regulations 2003*. Il s'agit d'un texte qui consacre la pratique et les précédents qui ont eu cours jusque-là.

---

9 C. Haberli, Les *investissements étrangers en Afrique*, LGDJ, Paris, 1979, tome XXXI, p. 258.

10 C. Haberli, *op. cit.*, p. 258.

11 Expression latine qui signifie « s'en tenir à ce qui a été décidé ». En vertu de ce principe, les règles de droit formulées par les juges dans des décisions antérieures doivent s'appliquer de la même manière dans des causes ultérieures. En d'autres termes, les décisions antérieures des tribunaux supérieurs s'imposent aux tribunaux inférieurs. Pour une vue complète du *stare decisis*, voir notamment R. Von Mosschzisker, *Stare decisis : Res judicata and other selected essays*, éd. C. M. Dixon, 1929 ; William Orville Douglas, *Stare decisis*, éd. Association of the Bar of the City of New York, 1949 ; Russell Franklin Moore, *Stare decisis: some trends in British and American application of the doctrine*, éd. Simmons-Boardman, 1958.

En somme, dans la grande majorité des pays anglophones d'Afrique, le droit des affaires s'est construit sur le même modèle et essentiellement par emprunt au fameux *Sale of Goods Act* 1893[12], ce qui confère une grande homogénéité aux différents droits nationaux.

Il convient toutefois de relever quelques exceptions : d'abord, l'Éthiopie et le Liberia, bien qu'étant anglophones, ont limité le mimétisme vis-à-vis de ce modèle britannique pour la simple raison que ces pays n'ont pas été colonisés.

L'autre exception est celle de l'Afrique du Sud. Dans ce pays, la tradition civiliste a semblé survivre pour des raisons historiques avec la *Roman-Dutch law*. Mais aujourd'hui, la *common law* a fini par s'imposer en droit des affaires.

Les pays anglophones offrent aujourd'hui encore la même variabilité autour du tronc commun que constitue la *common law*, sans forcément les mêmes tares.

Les pays francophones, quant à eux, ont fini par connaître des changements d'importance à travers l'Organisation pour l'harmonisation en Afrique du droit des affaires (OHADA).

L'intitulé du processus OHADA, « Harmonisation du droit des affaires en Afrique », est cependant doublement trompeur.

– Il l'est premièrement en ce qu'en fait d'« harmonisation », il s'est agi techniquement d'une uniformisation. Cette approche d'uniformisation était-elle la plus opportune ? Cette interrogation trouvera quelques éléments de réponse dans le corps de ce livre.

– L'intitulé de l'OHADA est également trompeur au plan géographique en ce qu'il s'agit pour le moment de quelques pays[13] qui présentent au moins trois affinités :

• Il s'agit, pour la totalité, des pays de tradition juridique civiliste ;

• Il s'agit également, pour l'essentiel, des pays francophones[14] ;

• Il s'agit enfin, dans une large mesure, des pays appartenant à ce qui est appelé « zone franc »[15]. L'OHADA a été même présentée comme une réponse au besoin spécifique de la relance économique de la zone franc[16]. Le « Projet d'Harmonisation du Droit des Affaires en Afrique » a d'ailleurs été conçu lors de la réunion des ministres des Finances de cette zone franc à Ouagadougou au Burkina Faso en 1991.

---

[12] O. Moréteau, *Droit anglais des affaires*, Précis Dalloz, Paris, juillet 2000, p. 96.

[13] Le Bénin, le Burkina Faso, le Cameroun, la Centrafrique, la Côte d'Ivoire, le Congo, les Comores, le Gabon, la Guinée, la Guinée-Bissau, la Guinée équatoriale, le Mali, le Niger, le Sénégal, le Tchad et le Togo.

[14] Exception faite de la Guinée-Bissau, la Guinée équatoriale, le Cameroun étant bilingue.

[15] La zone franc est constituée de tous les pays membres de l'OHADA, à l'exception de la Guinée Conakry.

[16] M'Baye Kéba, « OHADA », *Revue Penant*, 1998, p. 126.

Qu'à cela ne tienne, avec ce processus OHADA, le droit des affaires a acquis une cohérence certaine en Afrique[17]. Toutefois, il serait loin d'être impertinent de s'interroger sur l'un des objectifs du projet, à savoir, doter l'Afrique d'un droit au service de son développement économique. Sans rentrer dans le débat lié à l'« efficacité économique » des systèmes juridiques[18], il convient de reconnaître qu'à son stade actuel, le droit OHADA n'intègre pas toute la pluralité de l'Afrique. Le nécessaire dialogue entre droits et juristes de bords différents semble avoir été éludé. De fait, quand il a été question de créer un espace juridique commun, la voie empruntée a limité l'ambition aux pays qui partageaient le « même droit ». De façon quelque peu exagérée, le processus OHADA n'aura été que la consécration d'une communauté qui préexistait. Bien évidemment, cette consécration s'est faite au prix des retouches qui ont modifié le visage du droit existant. À l'amont de cette stratégie « de facilité », se trouve le défaut historique de dialogue entre les systèmes. Depuis les indépendances, il y a toujours eu les droits commerciaux des pays francophones et les droits des affaires des pays de *common law* sans qu'il y ait eu la moindre passerelle entre les deux. Jacques Vanderlinden, parlant de la production scientifique sur le droit africain, déplorait fort justement le fait que « ceux qui traitent dans leurs travaux du droit africain ne s'intéressent le plus souvent qu'à l'une ou l'autre partie du continent »[19]. Bien sûr, tout ceci n'est pas sans conséquence.

Et en tout état de cause, il ne peut être qu'impropre d'appeler un droit des affaires tournant le dos aux *common lawyers* « droit africain des affaires ». Et c'est à l'exploration du terrain commun de travail entre civilistes et juristes de *common law* que s'essaie ce livre. Dès lors, l'objectif n'est ni d'aboutir à une « juxtaposition » de deux droits, ni même de proposer un droit prêt à l'application, et qui prétendrait représenter la somme des droits OHADA et *common law*. Ce travail de « juxtaposition » ne sera, comme le veut la méthode du droit comparé[20], qu'une étape préalable. L'objectif final est de définir des repères, sinon à une éventuelle rencontre entre juristes OHADA et ceux de *common law*, du moins au nécessaire dialogue qu'il convient d'entretenir d'une façon constante entre ces deux grandes familles de juristes. Un auteur aurait parlé de poser « les jalons de l'harmonisation juridique », c'est-à-dire, « instaurer un dialogue » à propos de cette œuvre

---

[17] Cohérence bien relative sur laquelle nous reviendrons lors de la présentation détaillée du droit OHADA.

[18] Voir les différents rapports *Doing Business* sur lesquels nous reviendrons au cours de nos développements.

[19] J. Vanderlinden, Préface de *Introduction au droit ghanéen des contrats*, M. Lamoureux, Bruylant Bruxelles, 2004, p. 5.

[20] O. Moréteau, « Premiers pas dans la comparaison des droits », in *Jurilinguistique : entre langue et droit*, les éditions Thémis, 2005, p. 418.

d'harmonisation[21]. *In fine*, l'enjeu africain rejoint l'enjeu européen dont le Professeur Nourissat disait, à propos d'un tout autre domaine, qu'il « n'est plus, (qu'il) ne doit plus être l'uniformité, mais l'harmonie »[22].

Dit autrement, l'objectif du livre est de ressortir les spécificités respectives du droit OHADA et de la *common law* africaine dans une perspective de rapprochement. Il ne s'agit ni de faire suite à la foisonnante littérature sur le droit OHADA, ni même de chercher à combler le vide des écrits en français sur le droit anglophone africain. Il est plutôt question de présenter ces droits en mettant l'accent sur les aspects qui revêtiraient d'intérêt dans l'optique du dépassement des clivages entre ces deux familles juridiques. À ce titre, les aspects, rendant l'harmonisation difficile tout comme ceux de nature à la faciliter, seront expressément mis en exergue. Il est finalement question de présenter les deux systèmes en insistant sur ce qui les spécifie l'un par rapport à l'autre. Van der Helm et Meyer auraient parlé, à propos de cet exercice, de « situer les systèmes de droit les uns par rapport aux autres »[23].

La question

Tenant compte de cet objectif, on pourrait se demander quelles pourraient être raisonnablement les orientations principales du dialogue entre les deux systèmes OHADA et *common law* des affaires. Mieux, est-il possible de doter *common lawyers* et civilistes d'une même règle pour les transactions commerciales en Afrique ? Jusqu'où est-il possible de réformer pour dépasser les clivages ? Comment y aller, quelles sont les réformes possibles et souhaitables ? Telle est la problématique globale. Et pour traiter de cette problématique, comment convient-il de procéder ? Cette dernière question invite à définir la méthode du travail.

La définition d'une méthode adéquate à un livre de droit dépend traditionnellement d'une série de facteurs. Mais aucun des facteurs traditionnels ne donne satisfaction dans le cas précis du rapport droit OHADA-*common law* des affaires. En effet, à prendre l'exemple du champ géographique, l'on se rend compte que ni la fameuse exégèse des textes et de la jurisprudence, aussi critique soit cette exégèse, ni les approches traditionnelles du droit comparé ne suffisent. Il s'agit avant tout d'une Afrique qui désoriente où, comme on le verra, existe une « législation *janus*[24] » avec un droit proclamé d'un côté, et une régulation vécue de

[21] D. Tallon, « L'harmonisation des règles de droit privé entre pays de droit civil et de *common law* », *Revue internationale de droit comparé RIDC* 2, 1990, p. 514.

[22] C. Nourissat, *Vers un droit européen des successions ?*, Dalloz, 2010, p. 752.

[23] A. J. Van der Helm, U. M. Meyer, *Comparer en droit : essai de méthodologie*, 1991. Cité par Raymond Legeais, *Grands systèmes de droit comparé*, Éditions du Jurisclasseur, 2004, p. 5.

[24] En allusion au personnage de la mythologie romaine à deux visages tournés en sens contraires.

l'autre. À cela, il faut ajouter la situation d'une analyse qui se veut passerelle entre deux approches et deux mentalités réputées (à tort) difficilement conciliables, la *common law* et les droits romano-germaniques dont relève le droit OHADA. Une telle complexité combinée à bien d'autres facteurs[25] commande non pas une méthode de travail, mais une synergie d'approches. Autrement dit, les textes dont disposent l'OHADA ou la *common law* seront utilement exploités. Mais « l'étude de ces textes ne suffit pas », l'« étude de terrain est essentielle »[26]. Par terrain il faut entendre non seulement le champ d'application du droit des affaires, mais aussi l'application qui est effectivement faite de la législation en vigueur, ou alors, en cas d'une régulation de substitution comme dans l'hypothèse de la régulation informelle, ce phénomène même de substitution normative.

Toujours sur cette question de méthode, étant donné la situation du travail entre droit OHADA et *common law*, quelle approche privilégier entre celle civiliste de l'OHADA qui met moins l'accent sur les détails que sur une vue globale et celle inverse de la *common law* ? En réalité, ni l'une ni l'autre, mais celle du comparatiste « qui ne peut accepter que les uns ne voient que des arbres sans savoir ce qu'est une forêt et que les autres ne voient que des forêts en distinguant, au mieux, les feuillus des conifères »[27]. Il est donc possible que le lecteur non averti, habitué à la doctrine civiliste, par exemple, perçoive une certaine incohérence au niveau de l'approche quand il s'agira notamment de restituer certains aspects spécifiques à la *common law* des affaires.

Enfin et pour clore cette question de méthode, il sera régulièrement, et dans la mesure du possible, procédé à une interprétation des réalités juridiques dont il sera question. La particularité de l'Afrique apparaît en effet telle que le droit n'est pas toujours celui qu'on croit. Entre le droit proclamé, la déviance massive au sens sociologique qui fait perdre son sens à ce droit, une autre régulation informelle qui s'observe, il n'est pas aisé de saisir « la » règle juridique.

Précisions conceptuelles et plan du livre

Tout au long de ce livre, quelques concepts reviendront, alors même que leur signification n'a rien d'unanimement arrêté. Nous proposons une sorte de convention de langage sur les concepts les plus récurrents.

---

[25] L'on aurait pu s'appuyer sur la jurisprudence étant donné le rôle que cette dernière joue en Europe, par exemple, dans l'édification du droit communautaire des affaires (voir en ce sens C. Nourissat et M. Karpenschif (s. la dir. de), *Les grands arrêts de la jurisprudence de l'Union européenne*, PUF, octobre 2010, p. 3). Mais la jurisprudence de la CCJA, par exemple, est limitée et uniforme, notamment en ce sens où les pays de la common law ne sont pas concernés.

[26] O. Moréteau, « Premiers pas dans la comparaison des droits », in *Jurilinguistique : entre langues et droits*, *op. cit.*, p. 413.

[27] O. Moréteau, *Droit anglais des affaires*, *op. cit.*, p. 10.

D'un côté, pour le droit OHADA (Titre 1), il sera souvent relié à sa famille d'origine, le « droit civil » qu'il faut toujours entendre au sens large de système juridique basé sur le droit écrit, le Code Napoléon et dont le modèle de référence est le droit français. Droit OHADA et droit civil appartiennent donc à un même système, « le système civiliste », celui-là même qui opère une distinction entre droits privé et public, commercial et civil, etc. Ce même système civiliste se rattache à l'ensemble romano-germanique, faisant alors référence à la constitution au sens systémique et historique des différents droits nationaux. À la base de cet ensemble romano-germanique, se trouve le triptyque Code Napoléon-BGB allemand-Code Suisse. Nous parlerons, par exemple, de « droit romano-germanique » ou même simplement des « civilistes » tout court. Ce dernier terme fait allusion aux personnes, aux organes, voire aux pays qui appliquent ce droit.

Face aux « civilistes », nous distinguons les « *common lawyers* » (Titre 2). Cette expression recouvre, comme chez les « civilistes », les personnes, les espaces géographiques dont le droit est la *common law* entendue comme système juridique né en Angleterre, composé notamment de la *common law stricto sensu* et de *l'equity*, et dont le droit est essentiellement créé par les juges et basé sur la jurisprudence. L'usage par certains endroits du livre du pluriel pour *common law* s'explique par les variations que présente la *common law*, d'un pays à l'autre. Et de la même façon qu'il n'existe plus une *common law* mondiale, il n'existe pas une *common law* africaine. En dépit de leur fond commun et d'un recours aux mêmes anciens précédents dans certains cas, la *common law* nigériane n'est pas la *common law* kenyane, par exemple, il est dès lors plus exact de parler des « *common laws* » africaines. Enfin, le concept de « *business law* », que nous utiliserons peut-être, et avec beaucoup d'hésitation, renvoie à la *common law* des affaires. Il est toujours difficile de parler d'un droit commercial ou d'un droit des affaires en tant que domaine autonome de la *common law*, tant cette dernière reste un tout où une telle distinction ne peut paraître qu'artificielle. D'ailleurs, l'hésitation dans l'utilisation du vocable « droit des affaires » n'épargne pas le système civiliste, tant il est « incertain », et la discussion à ce titre s'avère sans fin[28]. Dès lors, les choix opérés procéderont plus d'une sensibilité personnelle, pas toujours conforme à d'autres conceptions.

Une fois que ces deux familles seront présentées en insistant sur ce qu'elles ont de spécifique (Titres 1 et 2), la question de leur rapprochement sera abordée (Titre 3).

– Titre 1 : Le droit OHADA et sa filiation française
– Titre 2 : La *common law* des affaires en Afrique
– Titre 3 : Le rapprochement *common law* des affaires – OHADA

[28] C. Nourissat, *Droit communautaire des affaires*, Dalloz, 2e éd. 2005, p. 4.

TITRE 1

Le droit OHADA et sa filiation française

La filiation entre le droit français et le droit OHADA est plus qu'établie. Ce lien explique la forte similitude entre les deux, mais surtout confère au droit OHADA une grande différence avec ce qu'il convient d'appeler l'« *African business law* »[29]. L'objectif principal du présent titre est de mettre l'accent sur cette filiation. Montrer qu'il y a un lien étroit entre le droit OHADA et le droit français justifierait en effet que l'on suppose qu'il y a des différences d'importance entre ce droit OHADA et les droits anglophones. C'est principalement la mise en exergue de ces différences qui confère un intérêt certain à ce titre par rapport notamment à la problématique du rapprochement abordé au titre 3. L'intérêt d'un simple manuel sur le droit OHADA est négligeable, de très bons manuels ayant été écrits par des plumes prestigieuses. En revanche, la démonstration du mimétisme du législateur OHADA, vis-à-vis de son homologue hexagonal, est un renseignement indirect sur l'ampleur de la tâche devant mener à une convergence substantielle avec les droits anglophones.

---

[29] Voir les précisions conceptuelles de la partie introductive *supra*.

CHAPITRE 1

Généralités sur le système OHADA

Ce chapitre permettra une présentation générale de ce système OHADA dont les deux piliers principaux sont la structure (section 1) et le droit (section 2). Il est question d'une certaine manière de planter le décor avant que le chapitre suivant ne permette une véritable illustration du contenu de ce droit OHADA[30].

SECTION 1 : LA STRUCTURE OHADA

Le droit OHADA naît et vit à travers une structure complexe de nature protéiforme. Cette structure associe des organes législatif, politico-administratif, judiciaire ; une institution de formation, etc. Il est important de faire au minimum une présentation brève et individuelle de chacun de ces organes, car le droit OHADA existe essentiellement à travers eux. Il convient à ce titre de distinguer l'organe juridictionnel (paragraphe 2) des organes non juridictionnels (paragraphe 1), tous consacrés par le traité initial de l'OHADA.

Paragraphe 1 : Les organes non juridictionnels

Dans cette catégorie, on trouve pêle-mêle des instances politiques et des instances qui participent de la mise en œuvre des objectifs de l'OHADA. Il y a ainsi, en amont, des organes à vocation politique, législateur *sui generis* par moments, et, en aval, des organes d'exécution.

---

[30] Ce chapitre se base essentiellement sur l'excellent Fasc. de Gérard Ngoumtsa Anou à qui l'auteur exprime une profonde gratitude. V. G. N. Anou, « Organisation pour l'harmonisation en Afrique du droit des affaires, présentation générale », *JCP droit international*, Fascicule n° 170, 2010.

I) LES ORGANES À VOCATION POLITIQUE

Ces organes incluent l'organe d'impulsion que constituent la Conférence des chefs d'États et de gouvernements et le Conseil des ministres. Bien que ce dernier ait un rôle plus affiné que la Conférence des chefs d'États et de gouvernements, on est clairement dans l'un et l'autre organe dans la politique de l'OHADA.

Pour ce qui est de la Conférence des chefs d'États et de gouvernements, initialement, elle n'existait pas, parce que les promoteurs voulaient d'une OHADA essentiellement « outil de technique juridique » qu'il fallait distinguer des nombreux autres groupements qui se superposent en Afrique. « Il paraissait alors utile d'alléger son fonctionnement en évitant la création d'une structure politique comme la Conférence des chefs d'États qui pourrait en alourdir le fonctionnement par la complexification du processus de décision et l'augmentation des coûts »[31]. Mais il s'est avéré très vite qu'une telle option n'avait pas que des avantages. En effet, faute de l'implication du « très haut niveau », l'efficacité de la mise en œuvre de certains accords et la pérennisation du système de financement notamment se sont trouvées mises à mal. La critique de départ de l'option initiale sans les chefs d'États et de gouvernements s'est donc révélée justifiée[32].

C'est donc ainsi que le traité révisé a créé une Conférence des chefs d'États et de gouvernements. C'est une instance composée des chefs d'États et de gouvernements des États parties et elle est présidée par le chef de l'État ou du gouvernement dont le pays assure la présidence du Conseil des ministres[33]. Mais le moins que l'on puisse dire, c'est qu'il s'agit d'une instance dont le régime et le mode de fonctionnement sont aussi vagues que sa mission (statuer sur toute question relative au traité)[34]. Il est notamment précisé que le quorum de membres nécessaires pour délibérer valablement est de deux tiers. Par ailleurs, les décisions sont prises à l'unanimité ou, à défaut, à la majorité absolue des États parties présents[35]. La première session de la conférence s'est tenue à N'Djamena au Tchad du 17 au 20 décembre 2009.

L'autre organe à vocation politique est le Conseil des ministres. Il est composé de deux membres du gouvernement de chaque État partie, respectivement le ministre des Finances et le ministre de la Justice. Mais par souci d'efficacité dans l'élaboration de certains actes uniformes, il peut être utile d'associer au Conseil les ministres des départements ministériels concernés par le secteur d'activité visé[36]. Cette extension au-delà de ces deux

---

[31] Voir en ce sens G. N. Anou, *op. cit.* ou P.-G. Pougoué et R. Y. Kalieu, *Introduction critique à l'OHADA* : Yaoundé, Presses universitaires d'Afrique, 2008, n° 80.

[32] Voir notamment C. Sietchoua Djuitchoko, « Les sources du droit de l'Organisation pour l'Harmonisation en Afrique du Droit des Affaires (OHADA) », *Penant*, 2003, p. 140 s.

[33] Voir article 3, § 2 et article 27, al. 1er, § 1.

[34] Voir article 27, al. 1er, § 3.

[35] Voir article. 27 du traité révisé.

[36] P.-G. Pougoué et R. Y. Kalieu, *Introduction critique à l'OHADA*, *op. cit.*, n° 18.

ministères (finance et justice) participe simplement du bon sens qu'on retrouve d'ailleurs dans la pratique de l'Union européenne[37]. C'est donc d'une certaine manière une approche sectorielle, sans doute utile à la sécrétion des règles les plus adaptées.

D'une manière générale, le Conseil des ministres exerce des fonctions législatives et administratives[38]. Dans le cadre de ses attributions législatives, l'article 11 du traité prévoit qu'il approuve, sur proposition du secrétaire permanent, le programme annuel d'harmonisation du droit des affaires. Il adopte les règlements, les décisions et les actes uniformes[39]. Ainsi, à la différence du Conseil européen qui partage le pouvoir « législatif » avec le Parlement européen, le Conseil des ministres de l'OHADA exerce seul ce pouvoir.

Le conseil assure également des attributions administratives diverses : nomination des responsables de l'École régionale supérieure de la magistrature (ERSUMA), élection des membres de la CCJA, adoption du budget annuel de la CCJA, fixation des cotisations annuelles des États membres, etc.[40] Ces fonctions administratives s'exercent souvent par le biais de décisions qui peuvent être de portée générale[41] ou individuelle, telle la nomination d'un responsable de l'institution.

Pour ce qui est du fonctionnement du Conseil des ministres, il a une présidence tournante entre les États parties selon l'ordre alphabétique, à chaque fois pour une durée d'un an par État. Lorsque pour une raison quelconque, un État membre ne peut assurer la présidence à son tour, celle-ci revient à l'État suivant dans l'ordre alphabétique. Si l'État empêché se trouve ultérieurement en mesure d'assurer la présidence, il en saisit le Conseil des ministres. Les nouveaux États adhérents assurent la présidence du Conseil pour la première fois dans l'ordre de leur adhésion après le tour des pays signataires du traité. Le traité révisé innove en ajoutant que le président du Conseil est assisté par le secrétaire permanent[42]. En tout état de cause, les décisions prises au niveau « politique » ont vocation à être exécutées, et c'est ici qu'interviennent les organes d'exécution.

II) LES ORGANES D'EXÉCUTION

L'exécution ici doit être entendue dans un sens large puisqu'il est fait référence non seulement à la cheville ouvrière de l'OHADA que constitue

---

[37] G. Isaac et M. Blanquet, *Droit général de l'Union européenne :* Paris, Sirey, 9e éd., p. 75.

[38] Sur cette ambivalence fonctionnelle, voir L. Yarga, « L'OHADA, ses institutions et ses mécanismes de fonctionnement » : www.ohada.com, ohadata D-05-37, spécialement p. 3 et 5.

[39] Articles 4 et 6 du traité.

[40] Articles 43 à 45 du traité consolidé.

[41] Voir à titre d'exemple, déc. n° 004/99/CCJA, 3 févr. 1999 relatif aux frais d'arbitrage. – déc. n° 004/99/CM, 12 mars 1999 portant approbation de la décision relative aux frais d'arbitrage : *JO OHADA*, 15 mai 1999, p. 21 s.

[42] Voir sur ce fonctionnement l'article 27 du traité révisé.

son Secrétariat permanent, mais aussi l'École régionale supérieure de la magistrature (ERSUMA).

Il reste toutefois vrai que d'une certaine manière, c'est la CCJA qui exécute véritablement les actes de l'OHADA, mais cette exécution judiciaire fera l'objet d'une présentation à part.

Le Secrétariat permanent est donc l'organe exécutif et administratif de l'OHADA. À ce titre, il assure la cohésion de l'organisation et fait le lien entre les institutions. Il est dirigé par un Secrétaire permanent, nommé par le Conseil des ministres pour une durée de quatre ans renouvelable une fois. Il nomme ses collaborateurs suivant les critères de recrutement fixés par le Conseil des ministres et dans la limite des effectifs prévus au budget[43].

Le Secrétaire permanent représente l'OHADA et assure une coordination administrative de son activité. Il est ainsi associé au travail en amont des autres organes de l'OHADA. À ce titre, il assiste le Conseil des ministres, par la proposition d'un programme annuel d'harmonisation du droit des affaires et d'un ordre du jour du conseil. Il invite aussi les États membres à présenter les candidats aux fonctions de membre de la CCJA et en dresse une liste. C'est aussi lui qui déclare un siège vacant, en cas de décès ou de démission d'un membre de la Cour. Sur le plan normatif ensuite, il prépare, en concertation avec les gouvernements des États membres, les projets d'actes uniformes. Il recueille leurs observations et l'avis de la CCJA. À l'issue de ces concertations, il élabore un projet définitif dont il propose l'inscription à l'ordre du jour du Conseil des ministres[44].

L'autre organe qui participe de cette mission d'exécution de la politique générale de l'OHADA est l'ERSUMA, l'École régionale supérieure de la magistrature. Elle est d'ailleurs rattachée au Secrétariat permanent bien qu'elle soit dotée de la personnalité morale et juridique en vertu de l'article 1er de son statut[45]. C'est un établissement de formation et de recherche en droit des affaires dont le siège est situé à Porto Novo au Bénin. Elle est dirigée par un directeur général nommé par le Conseil des ministres pour quatre ans, un conseil d'administration et un conseil d'établissement.

Concrètement, les missions de l'École concernent la formation et la recherche. Elle doit former et perfectionner les professionnels des États membres (magistrats, auxiliaires et fonctionnaires de justice) en droit OHADA et en droit des affaires. Cette formation peut s'effectuer en formation initiale ou en formation continue. Elle est également chargée d'initier, de développer et de promouvoir la recherche sur le droit africain.

Les organes dont il a été question jusque-là sont des organes sans aucun caractère juridictionnel, mais l'OHADA a une existence véritable grâce à la CCJA, organe éminemment juridictionnel.

---

[43] Article 40 du traité révisé.

[44] Voir articles 6, 7, 11, 29 et 35 du traité.

[45] Statut de l'École régionale supérieure de la magistrature, adopté à Bamako le 3 octobre 1995 : *JO OHADA* n° 5, juill. 1998, p. 10.

Paragraphe 2 : L'organe juridictionnel : la CCJA

La CCJA constitue un élément indispensable au processus général d'harmonisation de l'espace OHADA. Il a été considéré, à juste titre, que le caractère uniforme du droit souffrirait si son interprétation et son application variaient d'un État à l'autre. C'est donc là la principale raison d'être de la CCJA. Son organisation et son fonctionnement (I), tout comme sa compétence (II), sont taillés à la mesure de cet objectif.

I) L'ORGANISATION ET LE FONCTIONNEMENT DE LA CCJA

Il est question ici de présenter très brièvement l'institution à travers sa composition et son mode de fonctionnement.

Pour ce qui est de la composition, la CCJA était initialement composée de sept juges élus par le Conseil des ministres pour sept ans renouvelables une fois[46]. Mais très vite, il s'est avéré que cette composition initiale n'était pas en adéquation avec le volume de contentieux traités et le traité révisé a repris une proposition de la doctrine[47], à savoir, porter le nombre de juges à neuf membres également élus pour un mandat de neuf ans, mais non renouvelable.

Pour tenir compte de cet accroissement toujours prévisible du nombre d'affaires soumises à la Cour, le traité révisé consacre même une règle de souplesse en prévoyant que le Conseil des ministres puisse, compte tenu des nécessités de service et des possibilités financières, revoir à la hausse ce nombre de juges[48].

Toutefois, la Cour ne peut comprendre plus d'un membre par État partie, ce qui fixe, *de facto*, un plafond correspondant au nombre d'États membres.

Toujours sur cette désignation des membres de la CCJA, ils sont choisis aux deux tiers parmi les magistrats ayant au moins quinze années d'expérience professionnelle et remplissant les conditions pour exercer les hautes fonctions juridictionnelles dans leur pays respectif[49]. L'autre tiers des membres est formé des avocats ou professeurs de droit ayant également quinze années d'expérience professionnelle[50].

Pour garantir l'indépendance des juges et, par conséquent, un bon fonctionnement de la Cour, le traité exige une prestation de serment, fixe certaines incompatibilités et confère aux membres l'inamovibilité ainsi que les privilèges et immunités diplomatiques. Mais contrairement au traité originaire, la version consolidée de l'article 49 constitue une évolution en ce qu'elle prévoit que les privilèges et immunités peuvent être levés par le

---

[46] Article 31, § 1, du traité. – Voir M. Maïdagi, « Organisation et fonctionnement de la CCJA et perspectives d'évolution » : *Rec. Penant* 2008, n° 865, p. 405 s.

[47] P.-G. Pougoué et R. Y. Kalieu, *Introduction critique à l'OHADA*, *op. cit.*, n° 85.

[48] Article 31, § 2, du traité révisé.

[49] Cette exigence de compétence et d'expérience n'est pas sans rappeler celle requise par l'article 223 CE pour être juge ou avocat général à la Cour de justice de l'Union européenne.

[50] Article 31, § 3, du traité révisé.

Conseil des ministres en fonction des circonstances. L'immunité des juges en elle-même a une étendue considérable puisqu'ils ne peuvent être poursuivis, même pour les actes accomplis en dehors de leurs fonctions qu'avec l'autorisation de la Cour.

Les juges de la CCJA sont assistés par un service de greffe. Ce service est dirigé par un greffier en chef nommé par le président de la Cour après avis de celle-ci, parmi les greffiers en chef ayant exercé leurs fonctions pendant au moins quinze ans et présentés par les États parties[51]. En plus de ces tâches traditionnelles dans le fonctionnement d'une Cour de justice, les greffes de la CCJA ont un rôle administratif important, rôle qu'ils partagent avec le Secrétariat général. Ce dernier a été institué par le traité révisé et s'occupe des fonctions purement administratives qui incluent notamment l'organisation du pôle arbitrage de la CCJA.

Enfin, la Cour dispose d'un personnel d'appui dont le recrutement et le statut relèvent du règlement interne de la Cour et de la compétence de son président. C'est le cas des juristes « référendaires » chargés d'instruire les dossiers dans les cabinets des juges après leur mise en état[52].

Pour ce qui est du fonctionnement de la CCJA, il sera mieux précisé à travers la présentation de sa compétence. Peut-être, faut-il simplement mentionner qu'elle siège à Abidjan en Côte d'Ivoire et qu'elle a la faculté de se réunir en tout autre lieu, avec, dans cette hypothèse d'audience foraine, l'avantage de se rapprocher des justiciables éloignés de son siège.

Cette possibilité d'audience foraine n'a cependant pas été utilisée à ce jour à notre connaissance, sans doute en raison notamment du coût de la délocalisation.

De même, en plus de la formation plénière qui est définie comme modalité de siège, la Cour peut constituer des chambres de trois ou cinq juges présidés par le président ou l'un des vice-présidents, président dont le mandat est de trois ans et six mois dans la limite du mandat de l'intéressé en tant que membre de la Cour.

Enfin, pour ce qui est des délibérations, elles se font en Chambre du conseil accessible aux seuls juges et éventuellement aux personnes autorisées par la Cour en vertu de l'article 22 du règlement. Ces délibérations restent secrètes et aucun procès-verbal n'en est établi.

Toutes ces précisions sur le fonctionnement se comprennent mieux avec la présentation de la compétence de la Cour.

---

[51] Article 39 du traité révisé.

[52] B. Martor *et al.*, *Le droit uniforme africain des affaires issu de l'OHADA*, Paris, Litec, 2e éd. 2009, n° 57, p. 15.

II) LA COMPÉTENCE DE LA CCJA

Les deux principales facettes de la Cour découlent de son appellation : c'est une Cour de cassation *sui generis* (A), c'est également un centre d'arbitrage (B). Ces deux dimensions seront évoquées à tour de rôle.

A) La CCJA, une Cour de cassation sui generis

Il est facile de céder à la tentation d'une comparaison réductrice, celle qui présenterait la CCJA comme une reproduction à l'échelle communautaire de la Cour de cassation française et de sa Chambre commerciale économique et financière ou, selon d'autres critères, de la Cour de justice de l'Union européenne. Et pourtant, elle n'est l'équivalente ni de l'une, ni de l'autre.

Elle partage avec la Cour de justice de l'Union européenne le rôle d'assurer l'uniformité de l'interprétation et de l'application du droit communautaire, en l'occurrence du droit OHADA. À cet égard, elle a d'ailleurs une fonction consultative en plus de sa fonction contentieuse.

Toujours dans ses traits rappelant la Cour de justice de l'Union européenne, elle tient lieu de juridiction administrative chargée du contentieux de la fonction publique communautaire[53].

Mais intervenant sur décision rendue en dernier ressort par les juges du fond, elle n'est pas sans rappeler la Cour de cassation. Elle est donc entre les deux, une Cour de cassation *sui generis* avec des attributions limitées au contentieux judiciaire du droit des affaires.

Sur ce domaine d'intervention, elle assure une double fonction consultative (1) et contentieuse (2).

1) LA FONCTION CONSULTATIVE DE LA CCJA

La fonction consultative de la CCJA est prévue par l'article 14, paragraphe 2 du traité consolidé. Sa consultation porte sur toute question relative à l'interprétation et à l'application du traité, des actes uniformes ou des décisions.

Il s'agit d'un avis facultatif et la demande peut émaner des États parties[54], du Conseil des ministres, du Secrétariat permanent et des juridictions nationales[55].

---

[53] La CCJA a également compétence pour connaître directement de tout litige opposant l'OHADA à l'un de ses fonctionnaires ou à l'un de ses agents, ce, en vertu de l'art. 84 du règlement, portant statut des fonctionnaires, et de l'art. 56 du règlement, portant statut du personnel non fonctionnaire. Ce recours est subordonné à un recours gracieux préalable exercé auprès de l'autorité hiérarchique compétente de l'OHADA.

[54] La CCJA a déjà rendu plusieurs avis (pour des avis sollicités par les États parties, voir Avis n° 002/99/EP, 13 oct. 1999 sur l'AUPSRVE : www.juriscope.org. – Avis n° 02/200/EP, 6 avr. 2000 sur l'AUSCGIE : www.ohada.com, Ohadata J-02-03, *RDAI*, 2000-7, p. 914, obs. P. K. Agboyibor. – Avis n° 00/2001/EP, 30 avr. 2001 sur la portée abrogatoire des actes uniformes sur le droit interne des États parties : www.juriscope.org. – Avis n° 1/2002/EP, 4 juin 2003

Le Secrétariat permanent, par exemple, sollicite l'avis de la CCJA sur les projets d'actes uniformes en vertu de l'article 7, § 3, du traité révisé.

Mais le cœur de l'intervention de la CCJA reste le contentieux.

2) LA FONCTION CONTENTIEUSE

Un bref rappel de sa compétence (a), de la procédure qui s'y applique (b) et des effets de ses décisions (c) permet de cerner la fonction contentieuse de la CCJA.

a) Rappel sur la compétence de la CCJA

La CCJA est compétente pour connaître des pourvois en cassation contre les décisions rendues en dernier ressort par les juridictions de fond d'un État partie, lorsque les affaires concernées soulèvent des questions relatives à l'application du « droit OHADA » (les actes uniformes). La CCJA retrouve ainsi son trait qui la rapproche de la Cour de cassation.

Mais c'est une Cour de cassation spécialisée exclusivement sur le droit OHADA, puisque sont expressément exclues de sa compétence les décisions appliquant des sanctions pénales, par exemple[56].

Cette attribution restrictive de compétence permet aux cours suprêmes des États membres de subsister et de continuer à connaître en cassation, des décisions qui ne portent pas sur le domaine du droit OHADA.

Mais la répartition de compétence entre cours suprêmes nationales et CCJA pourrait se révéler incertaine, les situations litigieuses portant très souvent sur des matières qui ne se limitent pas toujours au domaine de définition du droit des affaires. C'est le cas des litiges dits « mixtes », définis comme *« les situations juridiques qui relèvent à la fois du droit OHADA et du droit national, soit parce qu'elles posent des questions qui dépassent le champ du droit OHADA, soit parce que le droit OHADA "régit" la question, mais comporte des lacunes sur certains aspects du rapport »*[57].

Déjà confrontée à une question qui déborde sur le droit national (application de l'article 136 AUS et de l'article 1382 du Code civil ivoirien), la CCJA s'est reconnue compétente[58]. Il reste malgré tout difficile d'y voir

sur l'AUDCG : *Rec. CCJA* 2003, p. 59. – Avis n° 01/2009/EP, 15 avr. 2009 sur certaines dispositions de l'AUPC : *Rec. CCJA* n° 13, 2009, p. 167.

[55] Voir Avis n° 01/2006/JN ou avis n° 001/99/JN, 7 juill. 1999, sollicité par le Tribunal judiciaire de première instance de Libreville, Ohada.com/Ohadata J-02-01 : RD aff. int. 1999, p. 677 s., obs. P. K. Agboyibor.

[56] Voir J. Issa Sayegh, « La fonction juridictionnelle de la Cour commune de justice et d'arbitrage de l'Organisation pour l'harmonisation en Afrique du droit des affaires », *Mél. R. Decottignies* : Presses universitaires de Grenoble, 2003, p. 175. Voir également Gérard Anou, *op. cit.*

[57] Gérard Anou, *op. cit.*, p. 32.

[58] CCJA, arrêt n° 021/2007, 31 mai 2007, Mme Amani Yao : www.ohada.com, Ohadata J-08-223.

une solution pérenne. En effet, si confronté à l'interprétation d'un texte familier à la CCJA, le droit OHADA restant fortement marqué des traits de son géniteur civiliste, qu'en serait-il de l'interprétation accessoire du droit contractuel du Cameroun anglophone, par exemple ? Les lignes de cet ouvrage consacrées à la *common law* des affaires permettront d'illustrer cette appréhension.

Mais auparavant, il convient de compléter la présentation de cette fonction contentieuse de la CCJA par le rappel de traits principaux de la procédure applicable.

b) Les principaux points de la procédure devant la CCJA

La procédure devant la CCJA est une procédure écrite, ce qui allège les audiences où ni la présence des parties, ni la plaidoirie ne sont obligatoires, sauf cas exceptionnels[59].

En outre, le ministère d'un avocat est obligatoire devant la CCJA. Cet avocat doit justifier de sa capacité à intervenir devant les juridictions d'un État membre et justifier d'un mandat spécial[60] et élire domicile à Abidjan, ville du siège de la CCJA.

Quant à l'initiative de la saisine, elle appartient aux parties et aux juridictions nationales des États membres.

Le premier cas de saisine, saisine par une partie au litige, est le cas d'un recours en cassation classique. Toute partie à un différend soumis aux juges nationaux peut directement se pourvoir en cassation devant la CCJA, si l'affaire soulève des questions relatives à l'application du droit OHADA.

Aux termes de l'article 28 du règlement, ce pourvoi est présenté au greffe dans les deux mois de la signification de la décision entreprise par l'avocat du requérant, dans les conditions de fond et de forme prévues par cet article 28.

Sous cette même catégorie de saisine par une partie, figure également la possibilité de saisine offerte à la partie qui a soulevé sans succès l'incompétence d'une juridiction nationale saisie à tort. C'est l'hypothèse prévue par les articles 18 du traité et 52-1 du règlement. Dans cette hypothèse, la CCJA, saisie dans un délai de deux mois à compter de la notification de la décision contestée, la déclarera réputée nulle et non avenue s'il s'avère que la juridiction nationale s'est déclarée compétente à tort[61].

Le deuxième cas de saisine est la saisine faite par une juridiction nationale de cassation saisie d'un pourvoi en cassation, alors qu'elle est

---

[59] Articles 34 et 35 du Règlement.

[60] Article 19 du Traité et 23-1 du Règlement.

[61] Voir notamment : CCJA, arrêt n° 038/2008, 17 juill. 2008, Sté Delmas Vieljeux : *Rec. CCJA*, n° 12, 2008, p. 150. – Voir dans le même sens, CCJA, arrêt n° 015/2008, 24 avr. 2008, SGBCI et a. : *Rec. CCJA*, n° 11, 2008, p. 114. – CCJA, arrêt n° 028/2008, 30 avr. 2008, Sté OLAM Burkina : *Rec. CCJA*, n° 11, 2008, p. 119).

incompétente parce que le pourvoi soulèverait des questions régies par un acte uniforme.

Cette hypothèse est prévue aux articles 15 du traité et 51 du règlement.

Concrètement, après avoir saisi la CCJA, la Cour nationale lui transmet l'ensemble du dossier et se dessaisit.

Si la CCJA estime que l'affaire ne relève pas du droit OHADA, elle retourne le dossier à la juridiction nationale initialement saisie[62].

Mais chaque fois qu'elle se reconnaît compétente, la CCJA présente la particularité de devoir évoquer l'affaire au fond.

Le rappel des traits procéduraux de la CCJA ne sera pas complet sans cette principale particularité qu'est le pouvoir d'évocation. En effet, selon l'article 14, paragraphe 5 du traité, *« en cas de cassation, elle évoque et statue sur le fond »*. Autrement dit, dans l'hypothèse où la CCJA casse la décision du juge national du fond, elle ne renvoie pas l'affaire devant une autre juridiction nationale. Elle évoque et statue sur le fond.

De ce point de vue, un 3e degré de juridiction est mis en place en cas de cassation. Dans les faits, ce fonctionnement original par rapport au modèle qui est attribué à l'OHADA est illustré par une jurisprudence naturellement abondante puisqu'elle concerne tous les dossiers de cassation[63], à quelques exceptions près, dans lesquelles la CCJA casse sans évoquer. On est alors proche de la cassation sans renvoi de la Cour de cassation française.

c) Les effets découlant des arrêts la CCJA

L'efficacité du « mécanisme OHADA » est également liée aux effets attachés aux décisions qui en découlent. La célérité dont il est dit qu'elle est indispensable à la vie des affaires commande notamment que des possibilités du dilatoire soient réduites dans toute la mesure du possible quand il faut exécuter une décision de la CCJA.

Cette préoccupation est prise en compte de par l'autorité attachée à la chose jugée, la force exécutoire et le sursis à exécution des décisions de la CCJA.

Ces trois effets sont consacrés à l'article 20 du traité qui dispose : « Les arrêts de la Cour commune de justice et d'arbitrage ont l'autorité de la chose jugée et la force exécutoire. Ils reçoivent sur le territoire de chacun des États parties une exécution forcée dans les mêmes conditions que les décisions juridiques nationales. »

Du point de vue de l'autorité de la chose jugée, il s'évince de cette disposition que le même litige (identité de parties, de cause et d'objet) tranché par la CCJA n'est susceptible que de voies de recours

[62] Voir pour illustration : CCJA, arrêt n° 013/2009, 26 févr. 2009, Sté Eka Benya : *Rec. CCJA*, n° 13, 2009, p. 30.
[63] Voir pour illustration : CCJA, arrêt n° 005/2009, 5 févr. 2009, Sté SEEG : *Rec. CCJA*, n° 13, 2009, p. 117. – CCJA.

extraordinaires[64], et que la décision produit ses effets dans tous les États parties alors qu'une décision de justice n'a normalement autorité de chose jugée que dans l'État où elle a été rendue.

Quant à la force exécutoire, l'article 46 du règlement énonce : « *La formule exécutoire est apposée, sans autre contrôle que celui de la vérification de l'authenticité du titre, par l'autorité nationale.* »

La formule exécutoire n'est donc soumise à aucun formalisme ou condition en particulier et elle peut être demandée dans tout État membre dans lequel l'exécution est nécessaire.

Cette possibilité de libre circulation et de libre exécution d'une décision de justice dans dix-sept pays confère, en théorie, un avantage appréciable aux procédures CCJA dont les décisions se trouvent dispensées d'*exequatur*.

Cette force exécutoire est par ailleurs renforcée par le fait que d'après l'article 20 du traité, aucune décision contraire à un arrêt de cette Cour ne peut donner lieu à exécution forcée sur le territoire d'un État membre.

Enfin, la force exécutoire des décisions de la CCJA est renforcée par la quasi-impossibilité de sursis à exécution.

En effet, selon l'article 46-2 du règlement, l'exécution forcée d'un arrêt de la Cour ne peut être suspendue qu'en vertu d'une décision de celle-ci, à l'exclusion des juridictions nationales de type Juge de l'exécution ou Premier président de Cour d'appel.

Comme annoncé, ces différents éléments justifient pleinement la nécessité de nuancer la réduction de la CCJA à une Cour de cassation à la française ou aux cours suprêmes nationales. De par sa seule fonction contentieuse, elle est effectivement une Cour singulière. Cette singularité se renforce assurément par le fait d'être (ou d'abriter) un centre d'arbitrage.

B) La CCJA, un centre d'arbitrage

Le volet centre d'arbitrage de la CCJA est consacré aux articles 21 et suivants du Traité OHADA.

Concrètement, la CCJA, comme toute institution d'arbitrage, n'arbitre pas elle-même les litiges mais nomme ou confirme les arbitres et statue sur les projets de sentence avec une compétence limitée aux seules modifications de forme.

Le centre d'arbitrage de la CCJA tient sa compétence des clauses compromissoires ou des compromis d'arbitrage, et cette compétence semble limitée à la matière contractuelle si l'on se réfère à l'article 21 du traité qui dispose : « *En application d'une clause compromissoire ou d'un compromis d'arbitrage, toute partie à un contrat, soit que l'une des parties ait son domicile ou sa résidence dans un des États parties, soit que le contrat soit*

[64] Les arrêts de la CCJA peuvent faire l'objet de trois types de recours extraordinaires prévus aux articles 47 à 50 du règlement : la tierce opposition, le recours en interprétation dans les trois ans du prononcé et le recours en révision.

exécuté ou à exécuter en tout ou partie sur le territoire d'un ou plusieurs États parties, peut soumettre un différend d'ordre contractuel à la procédure d'arbitrage prévue par le présent titre. »

Cette limitation de compétence, aussi bien spatiale que matérielle, reste discutable, particulièrement pour la dernière. Pourquoi limiter la compétence à la matière contractuelle alors que les potentialités de différend débordent largement ce domaine que, par ailleurs, le droit OHADA ne régit pas encore ?[65]

Comme indiqué, la CCJA est habilitée à apporter des modifications de forme aux projets de sentence. Restreindre son intervention à la forme est certainement salutaire et éviterait tout risque de judiciarisation des procédures arbitrales.

Mais l'apport déterminant de la CCJA est de garantir l'*exequatur* aux sentences arbitrales uniquement rendues sous son égide. En effet, elle a seule compétence pour rendre cet *exequatur* en vertu des articles 25 et 30 du règlement d'arbitrage CCJA. Et cet *exequatur* a une portée significative dans la mesure où il revêtit la sentence d'un véritable titre exécutoire communautaire, susceptible d'exécution forcée dans les dix-sept pays de l'OHADA.

Cette première section qui s'achève a cherché à donner un aperçu de l'OHADA dans un aspect plus institutionnel que normatif. Il est à présent question d'aborder le droit, la norme, et dans un premier temps de manière plus générale avant que le chapitre qui suit ne rentre dans des illustrations.

SECTION 2 : LE DROIT OHADA

L'emblème le plus connu du droit OHADA est constitué par les fameux actes uniformes qui ne sont en réalité que le droit dérivé (paragraphe 2), qui découle du droit primaire (paragraphe 1).

Paragraphe 1 : Le droit primaire OHADA : le traité constitutif et son adaptation

L'OHADA est née en 1993 avec le traité de Port-Louis du 17 octobre 1993 : c'est le traité constitutif (I). Ce traité a été modifié par le traité de Québec du 17 octobre 2008 (II)[66].

---

[65] Voir *infra* sur la présentation prospective du projet de droit contractuel.

[66] Une coïncidence a voulu qu'aussi bien le traité constitutif que le traité modificatif fussent signés en marge d'un sommet des chefs d'État et de gouvernement de l'Organisation internationale de la francophonie. Simple coïncidence ou conséquence logique de ce que d'aucuns qualifient de droit trop français et pas assez africain ?

I) TRAITÉ CONSTITUTIF DE PORT-LOUIS DE 1993

Ce traité qui marque la naissance de l'OHADA a été signé à Port-Louis (île Maurice) le 17 octobre 1993 et il est entré en vigueur le 18 septembre 1995, soit soixante jours après le dépôt du septième instrument de ratification auprès du gouvernement du Sénégal, habilité à les recevoir.

Dès le départ et selon l'article 53 de ce traité, l'adhésion a été ouverte à tout État membre de l'OUA (devenue l'Union africaine), voire des États non africains, à condition qu'ils soient invités de commun accord à adhérer.

Comme tout texte constitutif, le traité indique le but et la philosophie générale de l'OHADA. Il y est rappelé que l'objet de l'organisation est l'harmonisation du droit des affaires, lequel droit couvre *« l'ensemble des règles relatives au droit des sociétés et au statut juridique des commerçants, au recouvrement des créances, aux sûretés et aux voies d'exécution, au régime du redressement des entreprises et de la liquidation judiciaire, au droit de l'arbitrage, au droit du travail, au droit comptable, au droit de la vente et des transports, et toute autre matière que le Conseil des ministres déciderait, à l'unanimité, d'y inclure, conformément à l'objet du [...] traité et aux dispositions de l'article 8 »*[67].

On y trouve également des dispositions sur le processus d'élaboration des règles uniformes, les principes qui gouvernent leur interprétation et leur application, ainsi que les institutions de l'OHADA.

Mais très vite, le traité de Port-Louis s'est révélé mal adapté sur certains de ses aspects, ce qui a conduit à l'adoption du traité de Québec de 2008.

II) TRAITÉ DE QUÉBEC DE 2008

Le droit OHADA tel que consacré par le traité de Port-Louis n'avait pas toute la mesure de l'ambition d'un droit commun à un si grand nombre d'États dans toute leur diversité.

Par exemple, alors qu'au nombre de ces États figuraient un pays lusophone[68], un pays hispanophone[69], un pays bilingue français-anglais[70], le traité initial n'avait reconnu que le français comme langue de travail.

À cette problématique de la langue de travail s'ajoutent d'autres points qui n'avaient été initialement anticipés : l'engorgement de la CCJA, l'élaboration des actes uniformes, les privilèges et immunités diplomatiques, le financement de l'OHADA, etc.

C'est dans ce contexte qu'intervient le 17 octobre 2008 le traité portant révision du traité OHADA de Port-Louis du 17 octobre 1993. Ce traité est venu notamment consacrer quatre langues de travail : le français, l'anglais, l'espagnol et le portugais.

---

[67] Article 2 du traité.

[68] La Guinée-Bissau.

[69] La Guinée équatoriale.

[70] Le Cameroun.

Il comporte d'autres apports d'importance comme la création d'une conférence des chefs d'États et de gouvernement, l'augmentation du nombre de juges au niveau de la CCJA, une modification institutionnelle de cette Cour avec la création d'un Secrétariat général, etc.

Toujours dans le cadre du droit primaire OHADA, à ces textes constitutifs, il convient de rajouter des règlements sectoriels et les décisions de la CCJA.

Au rang des règlements, l'on peut citer le règlement de procédure de la CCJA du 18 avril 1996, pris en application de l'article 19 du traité constitutif qui sert de « Code de procédure civile » devant la CCJA. Il y a également le règlement d'arbitrage du 11 mars 1999 qui fixe la procédure arbitrale, le règlement financier des institutions de l'OHADA du 30 janvier 1998, le règlement relatif au mécanisme de financement autonome du 18 octobre 2003.

Enfin, l'on peut rajouter à cette catégorie le statut de l'ERSUMA et toutes les décisions prises à divers niveaux en application des textes sus-énumérés.

Cependant, si le droit primaire ainsi décliné offre un cadre à l'OHADA, le contenu concret de ce droit se trouve dans le droit dérivé et les fameux actes uniformes.

Paragraphe 2 : Le droit dérivé OHADA

Les différents actes uniformes constituent les règles matérielles et l'essentiel du droit OHADA. À côté de ces règles matérielles applicables aux commerçants et à leurs activités, aux contrats commerciaux, aux sûretés, aux sociétés, à la comptabilité des entreprises, d'autres actes uniformes portent sur des règles de nature procédurale : arbitrage, insolvabilité et recouvrement des créances.

Avant de présenter ces différents actes uniformes (II), il convient de dire un mot sur leur élaboration (I).

I) ÉLABORATION DES ACTES UNIFORMES

Tout d'abord, au stade de leur conception, interviennent trois catégories d'acteurs : le Secrétariat permanent, les gouvernements des États parties et les commissions nationales OHADA[71].

On peut tout de suite remarquer l'absence des parlements nationaux. Cette exclusion des parlements nationaux des États de l'OHADA a pu être

[71] La gestation des actes uniforme est régie par l'article 6 du traité et l'article 7 du traité révisé.

expliquée par le souci de célérité dans l'élaboration du nouveau droit[72], explication insuffisante aux yeux de certaines critiques[73].

En pratique, le Secrétariat permanent prépare les projets d'acte uniforme en concertation avec les gouvernements des États parties, projets qui sont soumis à ces mêmes gouvernements pour observations. Les gouvernements doivent en principe se prononcer dans un délai de quatre-vingt-dix jours à compter de la réception du projet d'acte, sauf prorogation. À l'issue de ce délai, le projet d'acte est transmis à la CCJA pour avis. Cette dernière dispose de soixante jours à compter de cette demande d'avis pour se prononcer. À l'expiration de ce délai, le Secrétariat permanent établit une version définitive du projet d'acte uniforme et propose son inscription à l'ordre du jour du prochain Conseil des ministres pour adoption.

Le Conseil des ministres est donc l'organe législatif de l'OHADA en vertu des articles 6 et 8 du traité. Il délibère et adopte les actes uniformes à l'unanimité des représentants des États membres présents et votants[74], étant précisé que pour qu'un acte uniforme soit valablement adopté, deux tiers au moins des États membres doivent être représentés. Mais alors, quels sont les actes uniformes adoptés jusque-là ?

II) PRÉSENTATION DES DIFFÉRENTS ACTES UNIFORMES

En un temps record, l'OHADA s'est dotée d'actes couvrant un large domaine du droit des affaires et plus précisément dans les domaines du droit commercial, du droit des sociétés et des groupements d'intérêt économique, du droit des sûretés, des procédures simplifiées de recouvrement et des voies d'exécution, des procédures collectives d'apurement du passif, du droit de l'arbitrage, du droit comptable, du droit du transport de marchandises par route. Plusieurs projets d'acte sont en cours et portent sur le contrat de consommation, le droit du travail, le droit matériel des contrats, la preuve, et les sociétés mutuelles et coopératives.

a) L'acte uniforme sur le droit commercial général

L'acte uniforme relatif au droit commercial général, adopté le 17 avril 1997, est entré en vigueur le 1er janvier 1998[75]. Cet acte uniforme est réparti en cinq livres qui s'appliquent respectivement au statut du commerçant, au registre du commerce et du crédit mobilier avec notamment des règles relatives à l'inscription des sûretés mobilières, au bail commercial et au

---

[72] J. Issa-Sayegh et J. Lohoues-Oble, *OHADA, Harmonisation du droit des affaires, op. cit.*, n° 288.

[73] Un auteur a parlé « d'un droit imposé, venu d'en haut, d'un droit importé, venu d'ailleurs » (P. Bourel, *À propos de l'OHADA : libres opinions sur l'harmonisation du droit des affaires en Afrique, op. cit.*, p. 969).

[74] À noter toutefois que l'abstention d'un représentant ne fait pas obstacle à l'adoption de l'acte.

[75] *JO OHADA* n° 1, 1er oct. 1997, p. 1.

fonds de commerce, aux intermédiaires de commerce (commissionnaire, courtier, agent commercial) et à la vente commerciale.

Cet acte est applicable à *« tout commerçant personne physique ou morale, y compris toutes sociétés commerciales dans lesquelles l'État, ou une personne morale de droit public, est associé, ainsi que tout groupement d'intérêt économique, dont l'établissement, ou le siège social, est situé sur le territoire de l'un des États parties »*[76].

b) Les sociétés commerciales et groupements d'intérêt économique[77]

Cet acte uniforme est organisé en quatre parties. La première est constituée des règles communes à toutes les sociétés. Sont concernées : la constitution de la société et son immatriculation *(livre I)*, son fonctionnement *(livre II)*, la responsabilité des dirigeants sociaux *(livre III)*, les liens de droit entre les sociétés *(livre IV)*, la transformation de la société commerciale *(livre V)*, les restructurations (fusion, scission, apport partiel d'actif, objet du *livre VI*), la disparition de la société (dissolution et liquidation, objet du *livre VII*), la nullité de la société et des actes sociaux *(livre VIII)* et, enfin, les formalités et la publicité relatives aux sociétés *(livre IX)*.

La deuxième partie porte sur des règles particulières à chaque type de société : la société en nom collectif *(livre I)*, la société en commandite simple *(livre II)*, la société à responsabilité limitée *(livre III)*, la société anonyme *(livre IV)*, la société en participation *(livre V)*, la société de fait (livre VI) et le groupement d'intérêt économique *(livre VII)*.

La troisième partie concerne les dispositions pénales. Elle fixe des incriminations et laisse à chaque État partie le soin d'arrêter les sanctions appropriées en fonction du contexte.

Enfin, la dernière partie porte logiquement sur les dispositions finales et transitoires, qui sont d'ordre public, sans possibilité de dérogation, sauf dans les hypothèses où l'acte uniforme autorise à substituer des stipulations statutaires ou à compléter ces dispositions[78].

Pour ce qui est de son champ d'application, l'article 1er de l'acte uniforme précise qu'il s'applique à toute société et à tout groupement d'intérêt économique dont le siège social est situé sur le territoire d'un État membre, incluant, il va sans dire, les formes de société existant dans le système de *common law*[79].

---

[76] Article 1er.

[77] Acte uniforme relatif au droit des sociétés commerciales et du groupement d'intérêt économique, adopté le 17 avril 1997 et entré en vigueur le 1er janvier 1998 (*JO OHADA* n° 2, 1er oct. 1997, p. 1).

[78] G. Issa Sayegh, « Le caractère d'ordre public des dispositions de l'acte uniforme relatif au droit des sociétés commerciales et du groupement d'intérêt économique (AUSCGIE) », *Penant*, 2009, n° 869, p. 393 s.

[79] Voir *infra*, cette inclusion est envisagée dans la perspective d'un éventuel rapprochement mais surtout à travers l'îlot de *common laws* en zone OHADA que constitue le Cameroun anglophone.

Sont, en revanche, exclues de ce champ les sociétés civiles, les sociétés coopératives ou mutuelles sauf si elles ont un objet commercial ou adoptent une forme de société commerciale prévue par l'acte : société anonyme, société à responsabilité limitée, société en nom collectif, société en commandite simple.

c) Les voies d'exécution et procédures simplifiées de recouvrement

L'acte uniforme portant organisation des procédures simplifiées de recouvrement et des voies d'exécution a été adopté le 10 avril 1998 et est entré en vigueur le 10 juillet 1998[80].

Il régit l'ensemble des procédures civiles de recouvrement (injonction de payer, injonction de délivrer ou de restituer) et d'exécution (saisie conservatoire, saisie-vente, saisie-attribution des créances, saisie et cession des rémunérations, saisie-appréhension, saisie-revendication, saisie des droits d'associé et des valeurs mobilières, saisie immobilière et distribution du prix).

Comme dans d'autres domaines, l'OHADA a procédé au remplacement des textes obsolètes hérités de la colonisation[81]. Mais contrairement à d'autres domaines, ce texte a entendu faire table rase de tout le passé en ce sens qu'il précise qu'il n'abroge pas seulement les dispositions nationales contraires, mais *« toutes les dispositions relatives aux matières qu'il concerne dans les États parties »*[82]. Cette option s'est révélée limitée en pratique et, du fait de son incomplétude, la CCJA a été obligée de faire appel aux textes nationaux[83].

Outre cette incomplétude dans une certaine mesure non assumée, cet acte uniforme se trouve également limité par la portée des décisions prises qui ne sont directement applicables que dans le pays concerné et non dans tout l'espace OHADA. Cette dernière hypothèse ne serait possible qu'à la faveur d'un *exequatur* préalable dans l'État dans lequel l'exécution est souhaitée[84].

d) Les procédures collectives d'apurement du passif

L'acte uniforme portant organisation des procédures collectives d'apurement du passif[85] est entré en vigueur le 1er janvier 1999 en remplacement des législations nationales qui étaient essentiellement

---

[80] *JO OHADA* n° 6, 1er juin 1998, p. 1.

[81] Voir N. Diouf et A.-M. Assi-Esso, OHADA, *Recouvrement des créances :* Coll. Droit uniforme africain, Bruxelles, Bruylant, 2002, n° 5.

[82] Article 336.

[83] Voir dans une jurisprudence abondante, *CCJA*, Arrêt n° 005/2008, 28 févr. 2008, Fenacopah-CI : *Rec. CCJA*, n° 11, 2008, p. 29. – *CCJA*, Arrêt n° 025/2008, 30 avr. 2008, Société générale de banque en Côte d'Ivoire : *Rec. CCJA*, n° 11, 2008, p. 61.

[84] Article 33 de l'acte uniforme concerné.

[85] Acte uniforme du 10 avril 1998 portant organisation des procédures collectives d'apurement du passif (*AUPC, JO OHADA* n° 7, 1er juill. 1998, p. 1)

constituées du Code de commerce français de 1807, modifié par la loi du 28 mai 1838, la loi du 4 mars 1889 sur la liquidation judiciaire et les décrets-lois du 8 août et du 30 octobre 1935[86].

Cet acte uniforme prévoit un règlement préventif, une procédure de redressement judiciaire ou de liquidation des biens des entreprises qui sont en état de cessation des paiements, des règles relatives à la faillite personnelle et à la réhabilitation ainsi que certaines incriminations telles que la banqueroute.

En droite ligne de la volonté de sauvegarder l'entreprise dans la mesure du possible, pour maintenir l'activité et l'emploi, sauf dans les cas où l'entreprise n'est pas viable, il existe une phase de prévention (procédure d'alerte, règlement préventif) et une phase de traitement de la cessation des paiements en fonction de sa gravité (redressement, liquidation).

Une procédure ouverte dans un État de l'espace OHADA produit tous ses effets dans d'autres États de l'espace[87].

e) Les sûretés

Les sûretés font l'objet de l'acte uniforme du 17 avril 1997 portant organisation des sûretés, entré en vigueur le 1er janvier 1998[88].

Sont régis par cet acte uniforme les sûretés personnelles (cautionnement, lettre de garantie), les sûretés mobilières (droit de rétention, gage, nantissements, privilèges), les hypothèques, la distribution et le classement des sûretés.

Comme dans les domaines précédemment évoqués, cet acte uniforme est venu réformer des règles vétustes héritées de la colonisation et du Code de commerce français de 1804.

Le droit OHADA a apporté des éléments nouveaux comme l'affirmation du principe du caractère solidaire du cautionnement, l'extension de l'obligation pour le créancier d'informer la caution, la réglementation de la lettre de garantie, l'institution d'un gage des créances, d'un nantissement sans dépossession des parts sociales et des valeurs mobilières, etc.

Sont exclues du domaine de cet acte uniforme les sûretés propres au droit fluvial, maritime et aérien en ce qu'elles sont soumises à des dispositions particulières, très souvent issues des conventions internationales.

---

[86] F. M. Sawadogo, *in* J. Issa-Sayegh *et al. (ss coord.)*, OHADA. *Traité et actes uniformes commentés et annotés : Juriscope*, 3e éd. 2008, p. 877.

[87] Articles 4, 247 et 251 de l'acte uniforme.

[88] *JO OHADA* n° 3, 1er juill. 1998, p. 1.

f) L'arbitrage de droit commun[89]

L'acte uniforme du 11 mars 1999 relatif au droit de l'arbitrage régit le droit commun de l'arbitrage dans les États parties[90]. Il régit ainsi les arbitrages *ad hoc* et institutionnels dans les États membres, à l'exception de l'arbitrage institutionnel CCJA qui relève du régime spécial issu du traité et du règlement d'arbitrage CCJA.

Cet acte uniforme a vocation à s'appliquer à tout arbitrage, civil ou commercial, dont le siège du tribunal arbitral se trouve dans un État partie[91]. Il s'applique également lorsque les parties l'ont choisi comme droit applicable à la procédure, même si le siège du tribunal arbitral se trouve dans un État tiers[92].

Il s'applique enfin aux sentences arbitrales rendues sur le fondement de règles différentes de celles de l'acte uniforme, mais dont l'*exequatur*, dans les États parties, n'est pas régi par une convention internationale[93].

Au plan procédural, il appréhende les différents aspects d'une procédure arbitrale : composition du tribunal arbitral, instance arbitrale, sentence, recours contre la sentence, reconnaissance et exécution des sentences arbitrales. Mais encore faut-il, pour que l'acte s'applique, que l'arbitrage entre dans son champ d'application spatial.

g) Le droit comptable

L'acte uniforme du 24 mars 2000 portant organisation et harmonisation des comptabilités des entreprises régit le droit comptable de l'OHADA[94].

Entré en vigueur le 1er janvier 2001 pour les comptes personnels des entreprises et le 1er janvier 2002 pour les comptes consolidés et les comptes combinés, il couvre tout le domaine des procédures comptables, des principes comptables, des états financiers annuels, des règles d'évaluation et de détermination des résultats, du contrôle des comptes, des sanctions encourues en cas de violation de ces règles, etc.

h) Le transport de marchandises par route

Cet acte uniforme régit la formation et l'exécution du contrat, la responsabilité du transporteur et le contentieux du transport, selon le modèle

---

[89] Il convient de rappeler que l'arbitrage est soumis à un régime dualiste dans l'espace OHADA : un régime de droit commun et un régime spécial pour l'arbitrage institutionnel rendu sous l'égide de la CCJA.

[90] *JO OHADA* n° 8, 15 mai 1999, p. 2.

[91] Voir art. 1er AUA. – En ce sens, CA Abidjan, arrêt n° 1157, 19 nov. 2002, Société *Ivoire Commodities : www.ohada.com*, Ohadata J-03-300.

[92] P. Meyer, OHADA. *Droit de l'arbitrage*, Coll. Droit uniforme africain, Bruxelles, Bruylant, 2002, n° 404, p. 237.

[93] Art. 34 AUA.

[94] *JO OHADA* n° 10, 20 nov. 2000, p. 1.

de la convention de Genève du 19 mai 1956 sur le contrat de transport international de marchandises par route (CMR)[95].

Le législateur OHADA s'est rendu à l'évidence de la nécessité de cet acte uniforme dans un contexte où, du fait de l'enclavement des États, l'essentiel des échanges se fait par route[96].

L'existence d'un droit spécifique à chacun des ensembles sous-régionaux de l'OHADA portait atteinte au principe d'uniformisation au sein de l'espace OHADA. Cet acte uniforme a en effet trouvé en place et remplacé la convention de Cotonou (Bénin) du 29 mai 1982 portant réglementation des transports routiers inter-États de la Communauté économique des États de l'Afrique de l'Ouest et la convention inter-États de transport routier de marchandises diverses du 5 juillet 1996, applicable dans les pays de la CEMAC.

Avec son adoption, quels que soient le domicile et la nationalité des parties au contrat, l'acte uniforme s'applique à tout contrat de transport de marchandises dont le lieu de prise en charge ou de livraison de la marchandise se trouve sur le territoire d'un État membre. Peu importe que ce transport soit au départ ou à destination d'un État tiers.

Il exclut de son champ d'application les transports de marchandises dangereuses, les transports funéraires, les transports de déménagement et les transports effectués en vertu de conventions postales internationales.

De manière résumée, le corpus de règles consacrées par les différents actes uniformes s'applique et bénéficie d'une interprétation uniforme, et par moments créatrice de la CCJA.

Après cette vue d'ensemble du corpus juridique OHADA, il sera question, par la suite, d'être moins général et un peu plus illustratif. Ce sera l'objet du chapitre qui va suivre qui fera un double focus, sur l'application d'un pan de ce droit et sur l'évolution supputée vers d'autres horizons. Ce chapitre amorcera également l'entrée dans le vif du sujet puisque la présentation du domaine ciblé se fera de manière à rappeler les enjeux du point de vue d'un éventuel rapprochement avec la *common law* des affaires.

---

[95] Adopté le 22 mars 2003 (*JO OHADA* n° 13, 31 juill. 2003, p. 3), il est entré en vigueur le 1er janvier 2004.

[96] Voir E. Bokalli et D. Sossa, OHADA, *Droit des contrats de transport de marchandises par route*, Coll. Droit uniforme africain, Bruxelles, Bruylant, 2006, n° 12 s.

CHAPITRE 2

Le droit OHADA et son évolution

Comme il est ressorti du chapitre précédent, le droit OHADA est un droit dynamique[97], au vu de son implantation et du temps de la mise en œuvre du processus. À ce jour, l'OHADA s'est dotée de huit actes uniformes qui couvrent les domaines les plus divers du droit des affaires. L'objectif de départ a été et reste d'occuper les innombrables *no man's lands* juridiques qui auraient pour conséquence de dissuader l'investisseur. Dans ce chapitre, il est question non pas de restituer toutes les pièces de cet ouvrage ou de ce chantier qu'est l'OHADA, mais de donner une illustration qui serait en fait non seulement de l'OHADA, mais du lien « privilégié » entre ce droit « venu d'ailleurs »[98] et le droit français.

L'action en recherche de paternité du droit OHADA que nous nous retrouverions en train d'exercer se trouverait par moments (par droits) superfétatoire, tant ce droit OHADA paraîtrait marqué par les traits de son géniteur, le droit français. Le droit commercial, déjà en application (section 1), a tout de ce clonage juridique, les ressemblances étant, pour le coup, indiscutables.

Le système OHADA serait par ailleurs dans l'attente d'un heureux évènement depuis de nombreuses années, une attente qui commence à être longue, la naissance de son droit des contrats. Pour ce droit en gestation (section 2), l'établissement du lien de filiation avec le droit français risque de s'avérer plus complexe, un recours au test ADN n'étant pas à exclure. C'est que pour ce droit en gestation, le législateur OHADA s'est abreuvé non pas directement dans l'arsenal hexagonal, mais dans les principes UNIDROIT. Pourtant, cette réalité réclamée d'un droit qui puise ses sources dans des principes anationaux, ne doit pas faire oublier le fait que le droit commun des pays OHADA et le droit supplétif au futur droit des contrats OHADA, reste le Code civil français[99]. De plus, les principes UNIDROIT n'ont rien d'exotique par rapport au droit français, ni d'ailleurs à la *common law*, la

---

[97] Nous faisons allusion au temps très court pris pour concrétiser le processus.

[98] P. Bourel, *op. cit.*, p. 971.

[99] Dans une version largement désuète en France !

matière contractuelle semblant se soustraire à ces clivages. Chassé le droit français du droit OHADA, il revient au galop serait-on tenté de dire finalement !

SECTION 1 : UN DROIT EN APPLICATION : LE DROIT COMMERCIAL

Le droit commercial OHADA permet une bonne illustration de ce phénomène de mimétisme vis-à-vis du droit français[100]. En effet comme en droit français, le droit OHADA a fait de la « commercialité », la pierre angulaire de son système (paragraphe 1). Ce faisant, l'OHADA, à l'instar du droit français, consacre une distinction très civiliste, la distinction « droit civil » – « droit commercial » (paragraphe 2).

Paragraphe 1 : La « commercialité » : pierre angulaire des systèmes français et OHADA

Le processus OHADA s'est voulu un processus, non pas de rupture, mais de continuité par rapport au système existant avec notamment cette distinction entre ce qui est commercial et ce qui ne l'est pas. L'on pourrait presque conclure que ce qui n'est pas « commercial » n'intéresse pas l'OHADA. En cela, le droit OHADA fait de la commercialité, la clé de voûte de son système. En effet dans le droit français, tout part d'une catégorie rigoureusement identifiée d'actes, les actes de commerce (I), et de personnes, les commerçants (II). En mettant en avant les actes de commerce et les commerçants, nous visons donc l'objectif de montrer que le droit OHADA a repris une approche incontournable du droit français qui distingue entre le civil et le commercial.

I) LES ACTES DE COMMERCE

La théorie des actes de commerce en elle-même nous est d'un intérêt limité. C'est en partie pour cette raison que nous ne ferons pas de la définition de ces actes une grande priorité. On peut d'ailleurs remarquer que le Code de commerce français n'a jamais véritablement proposé une définition stricte et générique des actes de commerce. Dans le Code de commerce français, il est simplement procédé à une énumération dont on se demande d'ailleurs si elle est exhaustive[101]. Ce procédé définitionnel a été

[100] Pour une vue d'ensemble de ce droit commercial français, voir notamment Y. Reinhard et S. Thomasset-Pierre, *Droit commercial, Actes de commerce. Commerçants. Fonds de commerce. Concurrence. Consommation*, Litec, 7e éd. 2008.

[101] À l'article L. 110-1 du Code de commerce français, on peut lire : « La loi répute actes de commerce : tout achat des biens meubles pour les revendre… ».

repris par le législateur OHADA qui a adopté la même méthode énumérative, avec l'indication expresse qu'il s'agit d'une énumération simplement indicative[102]. Le législateur OHADA a en effet fait usage de l'adverbe « notamment ». La définition des actes de commerce n'est donc prioritaire ni aux yeux du droit français, ni pour le droit OHADA. Cette définition n'intéresse pas davantage cet ouvrage ; ce qu'il serait intéressant de faire ressortir, c'est le fait pour les deux législateurs de consacrer divers types d'actes de commerce (A), mais surtout de soumettre les actes de commerce à un régime spécifique (B). Il s'agit là d'une spécificité importante part rapport à la *common law*.

A) Les divers types d'actes de commerce

Ici, il est question d'illustrer le mimétisme en montrant que le droit OHADA reprend l'essentiel, si ce n'est la totalité des catégories d'actes de commerce qui existent en droit français.

« Droit-joug », « droit-soleil », les auteurs[103] rivalisent, à juste titre de superlatif pour qualifier l'influence du droit français sur la communauté du droit africain[104]. À ce titre, il convient de noter la reprise par l'OHADA des trois catégories d'actes de commerce du droit français : les actes de commerce par nature, par accessoire et par la forme.

1) LES ACTES DE COMMERCE PAR NATURE

En reprenant cette catégorie du droit français, le législateur OHADA a repris pour l'essentiel l'énumération de l'article 632 (ancien) du Code de commerce français. Les quelques éléments rajoutés à cette énumération ne masquent en rien ce mimétisme.

Au titre des éléments repris, on peut distinguer, à l'article 3 de l'acte uniforme relatif au droit commercial général, l'achat des biens meubles pour les revendre, les opérations financières (banque, change, courtage, assurance), les opérations de manufacture, de transport, d'agent d'affaires, de commission, de location de meubles. Cette énumération ne reprend pas tous les actes de l'article 632, mais comme il s'agit d'une liste non exhaustive, il appartiendrait normalement aux États membres de compléter la liste. L'article 1er de ce même acte uniforme relatif au droit commercial reconnaît en effet la validité des dispositions nationales non contraires.

---

[102] Voir l'utilisation de l'adverbe « notamment » à l'article 3 de l'acte uniforme relatif au droit commercial général.

[103] Voir notamment, J. Vanderlinden, « Les destinées du droit français en Afrique », Recueil *Penant* 1962, p. 1 et s. ; Hilaire, « Nos ancêtres les Gaulois », *Annales africaines de l'Université de Dakar*, 1964, éd. Pédone, p. 7 et s. ; L.-D. Muka Tshibende, « Les Gaulois, nos ancêtres ? », *op. cit.*

[104] C'est une communauté qui intègre tous ceux qui interviennent à quelque niveau que ce soit (magistrats, avocats, professeurs de droit, etc.) et qui sont tous « sous le charme » du génie juridique hexagonal.

Ainsi, les droits nationaux semblent parfaitement fondés à s'aligner davantage sur le droit hexagonal, en incluant dans cette catégorie les actes de l'article 632 du Code de commerce non expressément repris par le droit OHADA. C'est le cas, par exemple, des entreprises de spectacle public, des entreprises de fourniture, etc.

En plus de la reprise presque *in extenso* des éléments listés à l'article 632 du Code de commerce français, le droit OHADA a rajouté d'autres actes. Il en est ainsi de l'exploitation industrielle des carrières et de tout gisement des ressources naturelles. Il s'agit là d'une véritable « innovation » de l'OHADA par rapport au droit français. D'autres opérations ne figurant pas dans la version de départ de l'article 632 ont été consacrées par le droit OHADA. Mais pour ces éléments, il ne s'agit pas d'une innovation à proprement parler. L'évolution subséquente du droit français implique plus ou moins la commercialité de ces opérations. C'est le cas des opérations de transit et de télécommunication, ou de façon plus discutable[105], des opérations portant sur les immeubles.

En somme, malgré ces petites particularités, le droit OHADA a copié le droit français sur les actes de commerce par nature. La même attitude s'observe s'agissant des actes de commerce par accessoire.

2) LES ACTES DE COMMERCE PAR ACCESSOIRE

Sur cette question des actes de commerce par accessoire comme sur celle des actes de commerce par nature d'ailleurs, le droit OHADA n'a en réalité point innové. Il a non seulement copié le droit français, mais aussi repris ce qui existait dans les droits nationaux des États membres, copies beaucoup plus conformes du droit français. Ces droits nationaux avaient en effet repris la distinction de la doctrine française entre l'accessoire subjectif et l'accessoire objectif[106]. L'accessoire subjectif se définit par son sujet, qui est soit un commerçant ou une société commerciale. Un acte normalement civil devient alors commercial si son auteur est commerçant. Quant à l'accessoire objectif, un acte normalement civil devient commercial parce qu'il a été accompli à l'occasion d'une opération commerciale. Les deux catégories étaient consacrées respectivement par les articles 632 alinéa 10 et 91 de l'ancien Code de commerce. C'est, par exemple, en vertu de cet article 91 que le gage constitué par un non-commerçant pour un acte de commerce était soumis au droit commercial.

C'est donc cette théorie que le droit OHADA reprend en la reformulant. L'idée de l'accessoire subjectif se révèle, par exemple, à l'article 3 de l'acte uniforme sur le droit commercial général qui reconnaît le caractère d'acte de

---

[105] Discutable dans le sens où en France, la montée de la spéculation immobilière avait finalement permis d'intégrer progressivement ces opérations dans la commercialité.

[106] Voir, par exemple, sur cette question Y. Chartier, *Droit des affaires*, PUF, Collection Thémis Droit, tome 1, 1993, p. 48 et s.

commerce aux contrats entre commerçants pour les besoins de leur commerce.

Cette référence expresse aux « contrats » n'est pas sans rappeler les vieilles discussions doctrinales sur le sort des obligations extra-contractuelles. En visant « les contrats entre commerçants pour les besoins de leur commerce », le droit OHADA a-t-il voulu exclure ces obligations extra-contractuelles ? Une reprise de la formulation de l'article 110-9 du Code de commerce français qui parle de « toutes obligations entre négociants, marchands et banquiers », par exemple, aurait évité ce questionnement. Cette formulation inclut en effet non seulement les obligations contractuelles, mais aussi les obligations quasi contractuelles, délictuelles, quasi délictuelles. De la même manière, non seulement les actes, mais aussi les faits juridiques sont concernés.

La doctrine ne s'accorde pas sur l'interprétation qu'il convient de faire du droit OHADA sur cette question. Faut-il s'affranchir de l'esprit du texte pour une interprétation extensive des obligations ou alors se limiter à la lettre et ne prendre en considération que les contrats ? Une interprétation à la lumière du « droit-modèle » permettrait de retenir la conception extensive. En effet, « si une obligation contractuelle peut devenir commerciale en étant rattachée aux nécessités du commerce, une obligation de nature extra-contractuelle peut être évidemment assujettie au même régime car, le lien avec l'activité commerciale du commerçant est aussi net dans les deux hypothèses »[107]. D'ailleurs, certains auteurs africains se sont basés sur cette quasi-unanimité de la doctrine et de la jurisprudence françaises sur la question pour interpréter l'article 3 de l'acte uniforme sur le droit commercial dans ce sens[108]. Il reste tout de même qu'il s'agit d'une interprétation qui perturberait la cohérence du système civiliste OHADA. Ce serait en effet inclure actes et faits juridiques dans les « contrats », toutes choses qui ne manqueraient pas de choquer les puristes du système civil. Le fait pour la *common law* de ne pas avoir une telle catégorisation simplifierait-il la situation ? La partie sur la *common law* permettra de donner quelques éléments de réponse. Le droit OHADA quant à lui est fidèle jusqu'au bout au droit français, car en plus des actes de commerce par nature et par accessoire, il a également repris la catégorie « actes de commerce par la forme ».

3) LES ACTES DE COMMERCE PAR LA FORME

Sur les actes de commerce par la forme, le législateur OHADA a procédé de la même façon qu'il a fait avec les actes de commerce par nature : reprise des éléments classiques de l'ancien Code de commerce français, et rajout de quelques éléments supplémentaires. Les éléments repris sont les sociétés par

---

[107] T. Dubaele, *Rep. com.* « Ve Acte de commerce », n°s 499 et s.

[108] Voir, par exemple, J. Nguebou, Le *droit commercial général dans l'acte uniforme OHADA*, Éditions PUA, Yaoundé 1998, p. 17.

actions, la SARL et la lettre de change. L'article 4 de l'acte uniforme sur le droit commercial général cite ainsi la lettre de change, tandis que l'article 6 alinéa 2 de l'acte uniforme relatif au droit des sociétés commerciales et du GIE déclare commerciales, par la forme, les sociétés en nom collectif, les sociétés en commandite simple, les sociétés à responsabilité limitée et les sociétés anonymes.

Il s'agit là de la catégorie la moins évidente et d'ailleurs dans sa rédaction première, le Code de commerce n'avait pas cité les actes de commerce par la forme. Il a fallu attendre que des lois postérieures viennent les y introduire progressivement. On peut ainsi citer la loi du 1er août 1893 modifiant la loi du 24 juillet 1867 sur les sociétés par actions, la loi du 7 juin 1894 sur les lettres de change, la loi du 7 mars 1925 sur les sociétés à responsabilité limitée. Certes nous parlons des lois proprement françaises, mais il s'agit en même temps des lois qui étaient applicables à la plupart des pays membres de l'OHADA, dont la souveraineté était exercée par la France. Donc, quand nous parlons de lois de cette époque, nous ne faisons aucune distinction entre lois françaises et lois de certains pays africains qui n'existaient qu'en tant que parties de la France. Au fond, l'on comprend que la logique de consécration de cette catégorie d'actes de commerce soit contestée[109]. Comment comprendre et comment faire comprendre à un juriste de *common law* que la lettre de change soit toujours considérée comme un acte de commerce alors que le chèque, par exemple, est civil ou commercial en fonction de la qualité de l'émetteur ? L'explication selon laquelle historiquement la lettre de change est un instrument de paiement et de crédit utilisé par les commerçants ne semble pas décisive et n'enlève rien à l'ambiguïté[110] de cette catégorie d'actes de commerce.

Confrontés à la *common law*, ni les actes de commerce par la forme, ni d'autres catégories n'ont véritablement de sens. Pour que ces actes de commerce aient un sens, il aurait fallu qu'ils soient distingués des actes civils. Or, comme on le verra[111], ce n'est pas le cas pour la *common law*. S'il faut forcer un rapprochement entre l'OHADA et le droit civil, l'on dira que ce qui a été retenu pour les chèques, à savoir commercial si la personne qui l'émet est commerçant, semble plus proche de l'esprit de la *common law*. Ce rapprochement se fait par ailleurs, toutes proportions gardées ; la *common law* ne distinguant pas formellement le commerçant du non-commerçant, le critère de la personne émettrice n'est pas très opérant. Toujours est-il que l'OHADA, comme le droit français, soumet les actes de commerce à un régime spécifique.

---

109 Yves Guyon, *op. cit.*, p. 50.

110 Pirovano, *L'ambiguïté des actes de commerce par la forme*, Dalloz, 1976, p. 249.

111 Voir titre suivant sur la *common law* africaine.

B) La soumission des actes de commerce à un régime spécifique

Comme pour insister sur le distinguo à établir entre la sphère civile et la sphère commerciale, le législateur OHADA, mimant son homologue français, a prévu un régime dérogatoire pour les actes de commerce.

La prescription est l'un des éléments qui matérialise cette dérogation. On peut lire à l'article 18 de l'acte uniforme relatif au droit commercial général que « les obligations nées à l'occasion de leur commerce entre commerçants, ou entre commerçants et non-commerçants, se prescrivent par cinq ans si elles ne sont pas soumises à des prescriptions plus courtes ». Comme en droit français jadis, il est retenu le principe d'une prescription plus courte pour les actes de commerce. Ce principe de courte prescription des obligations commerciales remonte à une loi française du 18 août 1948[112] qui a introduit dans le Code de commerce une disposition dérogatoire au principe de la prescription alors trentenaire du droit civil en prévoyant que les obligations nées entre commerçants à l'occasion de leur commerce se prescrivent par dix ans, sauf s'il est prévu un délai de prescription plus court. On retrouve cette disposition à l'article 189 bis de l'ancien Code de commerce qui était en vigueur dans la plupart des pays membres de la zone franc. Le droit OHADA, tout en reprenant le principe, s'est voulu quelque peu différent du droit français en retenant une prescription quinquennale au lieu de celle, initialement, décennale du droit français[113]. Toutefois, la dernière réforme française en la matière est venue gommer les différences en consacrant le principe d'une prescription générale quinquennale[114].

Le domaine de la preuve complète cette spécificité du régime des actes de commerce. Les pays de l'OHADA tiennent d'abord du droit français une distinction inconnue en *common law*, la distinction entre acte et fait juridiques. De cette distinction découle une différence de régime probatoire, le principe de l'écrit pour les actes juridiques et la liberté de la preuve pour les faits juridiques. Les actes de commerce dérogent à cette distinction, et le principe de liberté de la preuve est retenu. Les pays de l'OHADA avaient en effet conservé l'article 109 de l'ancien Code de commerce dans sa version antérieure à 1980 qui disposait que « les achats et les ventes se constatent : par actes publics, par actes sous signature privée, par le bordereau ou arrêté d'un agent de change ou courtier dûment signé par les parties, par une facture acceptée, par la correspondance, par les livres des parties, par la preuve testimoniale dans les cas où le tribunal croira devoir l'admettre ». Il a été déduit de ce texte le principe d'une liberté générale de preuve pour tous

---

[112] Voir à titre indicatif R. Houin, « La prescription décennale des obligations commerciales », *RTD com.*, 1949, p. 3 et s.

[113] Il est vrai que, pour le droit français comme pour le droit OHADA, les cinq ou dix ans n'ont qu'une valeur de plafond, avec possibilité de prévoir des délais de prescription plus courte.

[114] Loi française du 17 juin 2008 portant réforme de la prescription en matière civile.

les actes de commerce[115]. Et la jurisprudence exige que soient réunies deux conditions cumulatives pour que la règle de la liberté de preuve puisse être valablement invoquée[116] : il faut, d'une part, que l'acte soit commercial et, d'autre part, que la personne contre qui la preuve est faite soit commerçante. C'est exactement la solution retenue par le droit OHADA lorsqu'il dispose à l'article 5 de l'acte uniforme relatif au droit commercial général : « Les actes de commerce peuvent se prouver par tout moyen à l'égard des commerçants. » Cette disposition permet au droit OHADA de rester « loyal » au droit français, mais en même temps, elle ne risque peut-être pas de contrarier le rapprochement avec la *common law* où les usages définissent quelques fois les modes de preuve, par principes libres.

À ces deux éléments spécifiant le régime des actes de commerce, il faut rajouter des actes que le droit OHADA, suivant le droit français, soumet à un régime dérogatoire au droit commun. C'est le cas de l'opération de vente du fonds de commerce dont les règles dérogent à celles des ventes ordinaires. De la lecture des articles 115 à 136 de l'acte uniforme relatif au droit commercial général, on retient, entre autres, l'imposition du respect de conditions de forme et de publicité particulières, et la reconnaissance d'un droit d'opposition aux créanciers du vendeur.

De façon plus générale, l'OHADA exclut de son champ d'application les ventes civiles et mixtes et s'occupe exclusivement des ventes commerciales[117]. La distinction, que le droit OHADA opère entre le civil et le commercial, se manifeste non seulement à travers les actes de commerce, mais aussi à travers les commerçants.

II) LE DROIT OHADA : DROIT DES COMMERÇANTS

De la même manière que le droit OHADA a soumis à un régime spécifique des actes bien définis, les actes de commerce, il a soumis au même régime spécifique (B) une catégorie bien définie d'opérateurs économiques, les commerçants (A). Ce faisant, le législateur OHADA puise une fois encore à la source que constitue le droit français de commerce et se démarque de la *common law*.

A) Les commerçants

Le mot « commerçant » dépasse largement la définition traditionnelle de l'article 121-1 du Code de commerce français reprise par l'OHADA. D'ailleurs, bien avant l'OHADA, les pays civilistes africains ont adopté la définition de l'article premier de l'ancien Code de commerce français selon

---

[115] Voir Martin et Hovasse, *Rép. Dalloz, Dr com*, « La Preuve », n° 7 et suivants, cité par Mamadou Koné, *op. cit.*, p. 71.

[116] En France, une loi a consacré cette solution, voir loi n° 80/525 du 12 juillet 1980 : *JO*, 13 juillet 1980, p. 757.

[117] Article 202, acte uniforme relatif au droit commercial général.

laquelle le commerçant est la personne qui effectue des actes de commerce à titre de profession habituelle. C'est cette même définition qui est maintenue par le droit OHADA. L'article 2 de l'acte uniforme relatif au droit commercial général dispose en effet que « sont commerçants ceux qui accomplissent des actes de commerce et en font leur profession habituelle ». Il s'agit donc d'une définition étroitement liée aux actes de commerce. Rien que pour cette raison, deux remarques s'imposent :

D'abord, bien que se référant à « ceux qui accomplissent des actes de commerce » de façon habituelle sans aucune autre forme de distinction, il va sans dire que ce n'est pas de tous les actes qu'il s'agit. Seuls les actes de commerce par nature sont concernés. Les autres types d'actes de commerce ne sont pas visés. Les actes de commerce par la forme sont, selon la formulation du Code de commerce, commerciaux « entre toutes mains »[118], que l'auteur soit commerçant ou pas. D'un autre côté, leur accomplissement, même répété, ne saurait conférer la qualité de commerçant.

Quant aux actes de commerce par accessoire, leur caractère commercial résulte de la qualité de commerçant de leur auteur. Ils ne peuvent donc pas, en eux-mêmes, conférer la qualité de commerçant. Pour ces deux dernières catégories, il est évident que la définition sus-donnée du commerçant est insuffisante. Par moments, l'on se retrouve dans la situation de la poule et de l'œuf ; qu'est-ce qui précède l'autre ? Certains actes accomplis, à titre de profession habituelle, confèrent la qualité de commerçant. D'autres actes sont considérés comme actes de commerce simplement parce qu'ils ont été accomplis par des personnes ayant déjà la qualité de commerçant. Dans tous les cas, il s'agit d'une querelle, si querelle il y a, « civilo-civiliste » à laquelle le *common lawyers* ne comprendrait pas grand-chose, ou à tout le moins, n'y trouverait pas grand intérêt.

On aura compris qu'en réalité sont commerçants ceux qui accomplissent « certains actes de commerce » à titre de profession habituelle, et l'accomplissement de certains autres actes n'a pas pour effet de faire de leurs auteurs des commerçants. C'est que ces auteurs sont déjà commerçants, indépendamment de tout acte de commerce. C'est l'hypothèse déjà évoquée de la commercialité par la forme. Certaines sociétés bénéficient ainsi d'office de la qualité de commerçant en raison de leur seule forme, alors même qu'elles peuvent n'accomplir aucun acte de commerce[119]. Au départ limité à la société anonyme et à la SARL, l'acte uniforme, suivant en cela la loi française du 24 juillet 1966, étend la technique de la commercialité par la forme à la société en nom collectif et à la société en commandite simple. C'est le sens de l'article 6 al. 2 de l'acte uniforme sur le droit des sociétés

[118] L'article L110-1 du Code de commerce français emploie l'expression « entre toutes personnes ».

[119] Une société qui s'est régulièrement constituée mais dont l'effectivité n'a pas encore commencé pour x raison ne reste pas moins commerciale si elle a l'une des formes définies par le droit OHADA.

qui dispose : « Sont commerciales, à raison de leur forme et quel que soit leur objet, les sociétés en nom collectif, les sociétés en commandite simple, les sociétés à responsabilité limitée, et les sociétés anonymes ».

Cette extension va dans certains cas au-delà des personnes morales, pour en embrasser les associés, personnes physiques. C'est le cas des associés des sociétés en nom collectif ou des associés commandités des sociétés en commandite simple. Ces personnes ont la qualité de commerçant du seul fait de leur qualité d'associés. C'est d'ailleurs pour cette raison que seules peuvent être associées, d'une société en nom collectif ou associé commandité d'une société en commandite simple, les personnes réunissant toutes les conditions d'accès à la qualité de commerçant. Il s'agit toutefois des commerçants d'un type particulier car ils échappent en partie au régime juridique normal de ces derniers. Ils ne sont pas propriétaires à titre personnel d'un fonds de commerce. En outre, ils ne sont personnellement tenus ni à l'inscription au registre du commerce et du crédit mobilier, ni aux obligations comptables des commerçants.

En somme, la commercialité par l'objet définie par l'article 2 de l'acte uniforme relatif au droit commercial général concerne un domaine marginal, et la commercialité par la forme reste le principe. Mais alors, cette difficulté à donner une définition satisfaisante du « commerçant » rejaillit-elle sur le régime auquel il est assujetti ?

B) LE RÉGIME SPÉCIFIQUE DES COMMERÇANTS

Comme en droit français, les commerçants constituent pour le droit OHADA une catégorie *sui generis*, soumise à des règles spécifiques et ayant des droits et devoirs particuliers. Du point de vue civiliste, il ne s'agirait là que du pur bon sens. Mais vis-à-vis de la *common law*, c'est certainement loin d'être d'une telle évidence.

Pour ce qui est de la convergence avec le droit français, elle se note qu'il s'agisse des commerçants, personnes physiques ou personnes morales.

Pour les personnes physiques, ces règles concernent essentiellement les conditions d'accès aux professions commerciales. À ce propos, l'acte uniforme relatif au droit commercial général reprend toutes les conditions traditionnelles d'accès aux professions commerciales du droit français, notamment du point de vue de capacité, de compatibilité et d'absence d'interdiction. Cette reprise du droit français a d'ailleurs lieu bien avant l'OHADA, à travers la colonisation.

D'après l'article 6 de l'acte uniforme relatif au droit commercial général, nul ne peut accomplir des actes de commerce à titre de profession habituelle s'il n'est juridiquement « capable d'exercer le commerce ». Cette disposition n'est pas suffisamment explicite sur ce qu'il convient d'entendre par capacité. Il faut donc se référer aux droits nationaux comme c'est le cas à chaque fois que le droit communautaire présente une lacune.

Concernant les conditions de compatibilité, le principe est posé à l'article 8 al. 1er de l'acte uniforme sur le droit commercial général qui dispose que « nul ne peut exercer une activité commerciale lorsqu'il est soumis à un statut particulier établissant une incompatibilité ». Quelques exemples de professions incompatibles avec le commerce sont énumérés à l'article 9 du même acte uniforme. Mais cette énumération n'est pas limitative car le dernier alinéa de cet article vise de façon générale « toute profession dont l'exercice fait l'objet d'une réglementation interdisant le cumul de cette activité avec l'exercice d'une profession commerciale ». Mais comme en droit français, les actes accomplis par une personne en situation d'incompatibilité sont en principe valables à l'égard des tiers de bonne foi qui pourront s'en prévaloir.

Enfin, l'accès aux professions commerciales est limité par la règle des interdictions. Cette règle vise à écarter du commerce des personnes dont on a des raisons de douter de la moralité[120]. Ces interdictions peuvent être prononcées par les juridictions étatiques qui entraînent une déchéance générale d'exercer le commerce ; c'est-à-dire que la personne qui en est victime ne peut exercer aucune activité commerciale ni directement, ni par personne interposée. C'est le cas des personnes qui ont fait objet d'une condamnation définitive à une peine privative de liberté pour un crime de droit commun, ou à une peine d'au moins trois mois d'emprisonnement sans sursis pour un délit contre les biens ou une infraction en matière économique ou financière. C'est également le cas lorsqu'une interdiction générale, définitive ou temporaire, est prononcée par une juridiction d'un État partie. C'est enfin le cas du commerçant dont la faillite a été prononcée dans le cadre d'une procédure de redressement et de liquidation judiciaires.

Toutes ces questions d'incompatibilité et de capacité n'ont de sens que pour les personnes physiques. Mais même pour les personnes morales, le droit OHADA ne s'applique qu'à celles ayant le statut de commerçant, à l'exception des personnes comme les associations et les syndicats, par exemple.

Cependant, ce qui fait la particularité du statut du commerçant, c'est surtout ces droits et obligations qui lui sont reconnus ou imposés. Au titre des droits, on peut citer le fonds de commerce et les avantages que le commerçant en tire. À la différence d'autres professionnels indépendants, le commerçant est titulaire d'un fonds de commerce qu'il peut nantir pour se procurer du crédit, vendre ou donner en location-gérance.

Les difficultés d'un commerçant sont aussi traitées différemment avec les procédures collectives dont le but premier est de le sauver et de l'aider dans ses difficultés. Il est vrai que pour les personnes morales, cet avantage n'est plus exclusif au commerçant mais pour les personnes physiques, le droit OHADA est clair : selon l'article 2-4° de l'acte uniforme relatif aux procédures collectives, le redressement judiciaire et la liquidation des biens

[120] Voir articles 10 et 11 pour ces interdictions.

sont applicables aux seules personnes physiques ayant la qualité de commerçant.

Enfin comme pour les actes de commerce, le domaine de la preuve est plus souple pour le commerçant ou à l'égard du commerçant. Il lui est, par exemple, possible d'utiliser ses livres de commerce comme preuve si ceux-ci sont régulièrement constitués.

Ayant des droits spécifiques, les commerçants sont également tenus à des obligations de divers ordres : obligations fiscales, sociales, comptables, etc. De toutes ces obligations, il y en a deux qu'ils ne partagent pas avec les non-commerçants : l'obligation d'inscription au registre du commerce et celle de tenue de livres comptables. En somme, le droit OHADA a tenu, à l'instar du droit français et contrairement à la *common law,* à distinguer le commerçant de celui qui ne l'est pas.

Paragraphe 2 : La distinction du droit civil et du droit commercial

La distinction entre acte civil et acte de commerce, entre commerçant et non-commerçant est au cœur du droit OHADA. Pourtant, même dans le modèle français, cette distinction est critiquée et contestée, et elle a d'ailleurs été abandonnée dans nombre de systèmes civilistes[121]. Et pourtant, une unification du droit privé par l'OHADA est difficilement concevable (I), malgré les limites du maintien de cette spécificité du droit commercial (II).

I) LES DIFFICULTÉS D'UNIFICATION DU DROIT PRIVÉ PAR L'OHADA

Évoquer l'éventualité de l'unification du droit privé, fût-ce dans l'espace OHADA, ne manquera pas de rappeler le débat qui agita jadis la doctrine française entre les partisans de l'unification du droit privé et les défenseurs du maintien des spécificités du droit commercial. Ce débat étant épuisé en France, il n'est pas question de le rouvrir en Afrique, si ce n'est dans le dessein de ne pas éluder tout soupçon d'obstacle à l'éventuel rapprochement de l'OHADA avec la *common law*. De plus, il est des incohérences qui commandent non pas l'édification d'un droit privé incluant tout le droit commercial, mais un droit commercial ouvert et doté des passerelles à tous les niveaux et vers tous les droits. Le processus OHADA ne semble pas avoir intégré cette donnée et a plutôt consacré un droit commercial traditionnel, largement remis en cause. Cette option ne se justifie évidemment pas du point de vue des arguments traditionnels au maintien des spécificités du commerçant (A), pas plus qu'elle ne se justifie du point de vue des positions nouvelles des commercialistes (B).

---

[121] Par exemple, l'Italie, le Québec, les Pays-Bas. Voir O. Moréteau, *Droit anglais des affaires*, *op. cit.*, p. 6.

A) L'insuffisance des arguments traditionnels du maintien de la spécificité du droit commercial[122]

Traditionnellement, le principe d'une régulation spécifique aux commerçants est admis et défendu par des considérations qui ont pour l'essentiel trait au besoin de célérité, de crédit, et de sécurité liés à tous les risques inhérents au domaine. Ce domaine commercial serait dominé par un impératif de célérité, lequel impératif qui justifierait que le commerçant soit dispensé de longues et onéreuses formalités du droit civil[123]. *Time is money* ne serait donc pas uniquement anglo-américain. Le principe de la liberté de la preuve en matière commerciale ou l'admission de la clause compromissoire sont deux exemples d'éléments mis au service de cet impératif de célérité.

Il est également constaté un recours massif au crédit dans le commerce. Ceci justifie qu'il soit développé des règles favorisant le crédit à destination des commerçants (technique de mobilisation de créances, nantissement du fonds de commerce, etc.). En droit français sur lequel se base le droit OHADA, il a été aménagé tout un mécanisme qui facilite le rapport du commerçant au crédit, et ce, de façon exclusive par rapport aux non-commerçants[124].

De même, l'activité commerciale est source d'une grosse insécurité et comporterait des risques non seulement pour les commerçants eux-mêmes, mais également pour les tiers. Il en a été tenu compte, et des règles de sécurité particulières ont été mises sur pied : (procédure de redressement judiciaire, obligations comptables, inscription au registre du commerce, etc.).

Nous nous limitons à ces trois éléments bien que la liste ne soit pas exhaustive, parce qu'ils permettent largement de montrer que l'argumentaire qui s'y appuie pour justifier le besoin d'un statut à part pour le commerçant est discutable. Sans aucune remise en cause de ces impératifs du secteur commercial, l'évolution a fait en sorte qu'ils ne soient plus spécifiques aux seuls commerçants. Le même impératif de célérité dans les transactions, par exemple, s'observe dans les professions libérales, artisanales et agricoles qui pourtant sont considérées comme civiles. Mieux encore, même pour les particuliers, le droit civil apparaît par moments lent, lourd, trop formaliste, etc. C'est le cas dans les transactions immobilières, c'est encore le cas dans le domaine cambiaire[125]...

---

[122] Sur les justifications traditionnelles, voir notamment J. Hamel, G. Lagarde et A. Jauffret, *Traité de droit commercial*, tome I, V° 1, 1980, *op. cit.*, n° 4.

[123] Voir à ce propos, Y. Guyon, *op. cit.*, p. 72 et s.

[124] Mais comme nous l'avons dit, la dichotomie entre commerçants et non-commerçants se fissure considérablement, y compris en droit français. Une catégorie non clairement définie, les « professionnels », bénéficie des mêmes facilités. Pour ces facilités, voir, par exemple, les articles L 313 et s. du Code monétaire et financier.

[125] Il ne s'agit pourtant pas d'une découverte, les bases de la distinction entre droit civil et droit commercial ont commencé à faire l'objet d'une remise en cause en droit français bien avant l'accès des colonies françaises d'Afrique à la souveraineté internationale. Voir, par

Le besoin de crédit, non plus, n'est plus spécifique aux commerçants. D'autres entités dites civiles, en tout cas en dehors du champ de compétence du droit OHADA, ont le même besoin de crédit que les commerçants. C'est le cas des coopératives agricoles qui pullulent en Afrique. Jusque chez les particuliers, le besoin de crédit s'est imposé et intervient dans la moindre transaction (achat d'une maison, d'une voiture, d'un bien de consommation). L'essor de la microfinance, par exemple, est révélateur de cette place du crédit dans des aires extra-commerciales[126].

De la même manière, l'argument du risque et de la sécurité n'est pas spécifique aux commerçants, il est tout aussi valable pour les non-commerçants.

Le fonds de commerce a aussi été présenté comme un bien d'une telle particularité que des règles bien spécifiques étaient nécessaires et, en conséquence, qu'il ne fallait pas soumettre un tel bien au droit civil, par exemple. Ce fonds de commerce était perçu comme un bien spécifique aux commerçants qui repose sur l'idée que ce qui en fait la valeur, ce à quoi la clientèle est attachée, réside moins dans la personne du commerçant que dans des éléments extérieurs transmissibles (enseigne, nom commercial, etc.). Le fonds de commerce a donc été imaginé comme un bien détachable de la personne du commerçant que celui-ci peut nantir, vendre ou mettre en location respectivement pour se procurer du crédit ou se retirer du commerce[127]. Une telle construction ne siérait pas aux professions non commerciales où la valeur de l'exploitation serait inhérente à la personne de l'exploitant, à son savoir-faire, à son habileté, qualités qui sont par principe incessibles et inaliénables. C'est ce caractère détachable de l'exploitation qui a justifié la construction de la théorie du fonds de commerce en tant que bien propre aux commerçants. Une fois encore, on se retrouverait dans l'impossibilité de ne pas prévoir des règles spécifiques.

Cet argument est aussi discutable que les précédents. D'abord, le caractère détachable du fonds de commerce mis en avant peut aussi se retrouver dans des professions civiles. C'est le cas de l'agriculture. La valeur d'une exploitation agricole, par exemple, ne réside pas dans la personne de l'exploitant. C'est aussi le cas de certaines professions libérales où l'outillage peut parfois prendre une importance qui dépasse celle de l'habileté personnelle de l'exploitant. Ripert cite l'exemple du médecin qui exploite une clinique privée, cas où la valeur de l'exploitation n'est pas nécessairement liée au savoir-faire de l'exploitant. Tout ceci rappelle en réalité un des fondements historiques du droit français où les richesses sont envisagées dans une perspective statique avec peu de mobilité. Cette

---

exemple, *Mélanges Ripert*, *op. cit.*, p. 261 et s., et pour une bibliographie plus fournie sur la question, Mamadou Koné, *op. cit.*, p. 83 et s.

[126] Il en est de même de cette tontine à l'africaine qui participe des opérations de crédit selon des standards informels.

[127] Voir en ce sens J. Derrupé, *Le fonds de commerce*, Dalloz (Connaissance du droit), 1994.

philosophie à la base de la distinction *civil law – common law* a été reprise par l'OHADA.

En somme, le droit OHADA a accordé la même « importance excessive »[128] que le droit français au fonds de commerce. Ce faisant, il est resté cohérent dans la démarche[129], mais il n'a pas été mis dans les meilleures prédispositions de compatibilité avec la *common law* des affaires[130]. Et d'une façon générale, tous les arguments avancés traditionnellement pour justifier la spécificité du régime des commerçants ont été remis en cause, mais le droit OHADA est passé outre. *Quid* alors des arguments moins traditionnels ?

B) Les contestables arguments nouveaux du maintien de la spécificité du droit commercial

Face à ce qu'on appellerait la « faillite » des arguments traditionnels du maintien d'un droit spécifique aux commerçants, d'autres défenseurs de ce maintien ont fait valoir des arguments nouveaux, sans être décisifs à ce qu'il paraît. Pour certains de ces auteurs[131], il y aurait entre le droit civil et le droit commercial une différence qui se situerait à trois niveaux.

D'abord, le droit commercial aurait une optique « globale », contrairement au droit civil qui aurait une optique « élémentaire ». Autrement dit, le droit commercial placerait au premier plan de ses préoccupations les notions de « groupement », « d'ensemble », et, au second seulement, celles « d'unité » et « d'élément ». Pour le droit civil, ce serait plutôt l'inverse.

Et puis, le droit commercial aurait une optique « concrète » que n'aurait pas le droit civil. En effet, contrairement au droit civil qui mettrait l'accent sur la nature des choses et leur attachement à une personne, le droit commercial mettrait en avant leur valeur pécuniaire. « L'argent, bien absolument fongible, est la valeur de toute chose »[132] en droit commercial.

Enfin, contrairement à l'optique « statique » civiliste de conservation des biens, de subsistance personnelle et familiale, la vie commerciale comporterait une optique « dynamique » avec une recherche de profit dans un contexte de concurrence et de mutation perpétuelle[133].

---

[128] C'est Y. Guyon qui a fait le constat de cette « importance excessive » concernant le droit français. Voir *Droit des affaires*, *op. cit.*, p. 770.

[129] Nous faisons allusion à la démarche générale qui consiste à copier le droit français.

[130] Il serait plus question en Grande-Bretagne, par exemple, d'une position sur le marché, plus souple que le bien incorporel du droit franco-OHADA. Voir le concept de *goodwill.*

[131] Nous nous basons essentiellement sur D. Lefebvre, « La spécificité du droit commercial, réflexions sur la place tenue, en droit privé, par le droit commercial par rapport au droit civil », *RTD com.* 1976, p. 285 et suivants.

[132] D. Lefebvre, *op. cit.*, p. 286. Ceci explique-t-il la domination anglo-américaine en droit commercial ? Le rapport avec l'argent y est en tout cas moins tabou qu'en France.

[133] Voir J. P. Marty, « La distinction du droit civil et du droit commercial dans la législation commerciale », *Rev. trim. dr. com.*, 1981, p. 681 et s.

Cette argumentation est sans doute valable dans le cadre d'une comparaison entre le droit commercial et le droit civil, surtout qu'on s'en tient là à des considérations très générales, voire philosophiques. Par contre, ça paraît très insuffisant et même largement discutable à titre de justificatif du maintien d'un droit spécifique aux commerçants[134].

En réalité, il s'agit des généralités dont une interprétation orientée tirerait les conclusions les plus contradictoires. Prenons tout d'abord l'opposition entre l'optique de « *globalisation* » qui caractériserait le droit commercial et l'optique « *élémentaire* » du droit civil[135]. On peut facilement remarquer qu'il s'agit là d'un critère très discutable de différenciation entre le droit civil et le droit commercial. En effet, les groupements et les personnes morales sont utilisés dans la vie civile et donc, en droit civil, dans une très large proportion et ce n'est pas les exemples qui manquent : les diverses formes d'associations (associations sportives, syndicats, partis politiques, etc.), des coopératives, des mutuelles, etc. Rien ne permet *a priori* d'affirmer que ces groupements ont un caractère marginal en droit civil. À l'inverse, ce que l'auteur appelle l'optique élémentaire n'est pas absent du droit commercial. En plus des commerçants personnes physiques, des sociétés unipersonnelles, le droit commercial appréhende individuellement et séparément chacun des éléments constitutifs d'une société (apporteurs de capitaux, fonds de commerce, salariés, etc.).

Le deuxième élément de l'argumentation n'est pas plus décisif que le premier. On ne saurait en effet opposer un droit commercial essentiellement monétaire et un droit civil qui serait lui dans une optique « concrète », sans un travail d'explication et surtout sans beaucoup de nuance.

Il n'est en effet pas très exact de dire que le droit commercial n'envisage les choses que dans une optique pécuniaire et monétaire. Il suffit de songer à l'*intuitu personae*. Ce principe, important en droit des sociétés, met l'accent moins sur la valeur pécuniaire de la part sociale ou de l'action que son attachement à une personne bien déterminée[136]. À l'inverse, cette considération pécuniaire est loin de manquer en droit civil. La responsabilité civile, qu'elle soit contractuelle ou délictuelle, se résout bien souvent en paiement d'une somme d'argent[137].

Enfin, le dernier point opposant le droit commercial qui aurait une optique dynamique et le droit civil qui aurait une optique statique est autant, sinon plus discutable. Il s'agit à tout le moins d'une conception datée de la vie civile. Les achats suivis des reventes, les mariages suivis des divorces, etc. sont autant d'indicateurs d'une situation qui n'a rien de « statique ». Ce

---

[134] Il s'agit là d'une des précisions qu'apporte L. Mazeaud dans « Vers la fusion du droit civil et du droit commercial français », *L'unité du droit des obligations*, Padova 1974, cité par M. Koné, *op. cit.*, p. 85.

[135] Opposition attribuée principalement aux thèses de D. Lefebvre sus-cité.

[136] I. Pascual, « La prise en considération de la personne physique dans le droit des sociétés », *RTD com.*, 1998, p. 273 et s.

[137] M. Koné, *op. cit.*, p. 88.

dynamisme auquel il est fait allusion n'est donc plus l'apanage de seuls commerçants. Les professions libérales, par exemple, n'ont plus grand-chose à envier aux commerçants en termes de dynamisme. C'est dire qu'il y a des réelles possibilités d'extension des spécificités du droit commercial aux non-commerçants.

II) LES POSSIBILITÉS D'EXTENSION DES SPÉCIFICITÉS DU DROIT COMMERCIAL

Quelles sont les spécificités du droit commercial qui auraient pu être étendues aux non-commerçants ? C'est à cette question que nous nous proposons de répondre. Pour ce faire, nous distinguons entre les spécificités expressément prévues par le droit OHADA (A) et celles issues du droit commercial général (B)[138].

A) Les spécificités issues du droit OHADA

Les principales spécificités du droit commercial expressément prévues par l'OHADA sont le principe de liberté de preuve des actes de commerce[139] et le principe des courtes prescriptions. En fait, les raisons qui justifient l'institution de ces règles pour les commerçants sont tout aussi valables pour certains non-commerçants.

S'agissant tout d'abord de la liberté de la preuve, il est loin d'être injustifié d'en demander l'extension aux actes professionnels (professionnels mais non-commerçants) de façon générale, voire aux actes simplement civils. Le fondement de cette liberté étant que la recherche de la rapidité d'un côté, l'inutilité du formalisme au regard du caractère répétitif des opérations commerciales (souvent entre les mêmes personnes) de l'autre, est tout à fait transposable aux non-commerçants. Les mêmes raisons commanderaient qu'on allège la preuve à tous les professionnels pour les actes relevant de leurs activités[140].

Entre particuliers également, les raisons d'admission du principe de la liberté de la preuve ne manquent pas et d'ailleurs, ces raisons sont particulièrement marquées en Afrique. D'abord pour le juge, l'admission de plusieurs modes de preuves lui permettrait peut-être de plus affermir sa conviction. Et vu le contexte africain où une bonne partie de la population est sous-scolarisée, ne sachant pas lire et écrire, la logique voudrait qu'on ne limite pas la preuve à l'écrit, fût-il pour des actes juridiques. Et puis de toutes les façons, la dématérialisation en cours du fait notamment de l'essor

---

[138] En réalité, il s'agit, pour la plupart des pays, d'une fausse distinction dans la mesure où le droit commercial, issu du droit français, complète ce droit OHADA.

[139] « Les actes de commerce peuvent se prouver par tout moyen à l'égard des commerçants ». Article 5, acte uniforme sur le droit commercial général.

[140] Y. Guyon, *op. cit.*, p. 74.

de l'informatique s'accommoderait mal de l'écrit et du papier[141]. En somme, il n'y aurait rien de choquant à ce que la liberté de la preuve soit généralisée sous certaines conditions. Bien entendu, pour les actes d'une certaine importance, comme la vente d'un immeuble, l'écrit notarié notamment a toute sa place.

Et en ce qui concerne le principe des courtes prescriptions, la question semble se poser dans d'autres termes. Nous nous interrogeons en effet sur le sens des prescriptions courtes dans un contexte où les justiciables sont peu enclins à s'adresser à la justice. En Afrique plus qu'ailleurs, un mauvais arrangement, voire une absence totale d'arrangement, vaut toujours mieux qu'un procès appréhendé à juste titre. Et pourtant, comme on l'a déjà relevé, le législateur OHADA a opté pour une prescription plus abrégée qu'en droit français dans sa version d'avant la réforme de 2008 : « Les obligations nées à l'occasion de leur commerce entre commerçants, ou entre commerçants et non-commerçants, se prescrivent par cinq ans si elles ne sont pas soumises à des prescriptions plus courtes. »[142] Faut-il étendre ce principe de courte prescription aux non-commerçants ? Il est difficile de se prononcer ni dans un sens, ni dans l'autre. À raccourcir la prescription des non-commerçants pour niveler à celle, courte, des commerçants, on peut voir une vertu du point de vue de la cohésion sociale, qui voudrait qu'on n'attise pas un conflit qu'on a laissé éteindre. Mais cinq ans, est-ce bien suffisant pour déminer les ressentiments ? Il nous semble que ce délai très bref risque de pénaliser des personnes de toute bonne foi qui, pour une raison légitime, n'auraient pas agi promptement.

L'autre solution consisterait à procéder au nivellement sur le délai le plus long, celui des non-commerçants. Une telle option satisferait peut-être le besoin de faire converger droit OHADA et *common law*, en gommant un élément de singularisation du statut des commerçants par rapport à des non-commerçants. Mais ce serait oublier que dans la logique civiliste, cette courte prescription n'a pas qu'un intérêt idéologique. Il y a en effet du bon sens à prévoir une courte prescription dans un domaine où tout va vite avec des mutations permanentes, des difficultés à conserver les éléments de preuve[143]. La sérénité des affaires voudrait par ailleurs que le commerçant n'ait pas constamment l'épée de Damoclès d'un procès sur la tête pour des faits qui auraient daté. Le législateur français semble d'ailleurs avoir opté pour des prescriptions globalement courtes avec la réforme de 2008[144]. Il est

[141] Mais là encore, il ne faut pas oublier le fossé numérique qui subsiste malgré le progrès des dernières années. L'accès au numérique reste en effet largement modeste.

[142] Article 18, acte uniforme sur le droit commercial général. Voir aussi CCJA, arrêt n° 20 du 17 juin 2002 ou Cour d'appel d'Abidjan, arrêt n° 436 du 15 avril 2005.

[143] Il est vrai que d'un autre côté, le droit OHADA vide cette considération d'une partie de son sens, en fixant la durée de conservation des livres et documents comptables à dix ans (article 24 AUCE).

[144] Voir Loi du 17 juin 2008 portant réforme de la prescription en matière civile.

fort probable que bon nombre des pays de l'OHADA répercutent dans leurs droits nationaux le contenu de cette réforme, dans un avenir proche.

En somme, sur cette question de prescription spécialement courte pour les commerçants, la meilleure solution serait peut-être de conserver la distinction entre régime des commerçants et celui des non-commerçants.

B) Les spécificités issues du droit commercial général

Il est des spécificités liées aux commerçants qui s'appliquent dans la plupart des pays membres de l'OHADA, sans qu'elles soient expressément prévues par les différents actes uniformes. Il n'y a aucune anomalie à cela, il faut simplement rappeler que le droit OHADA se base sur les droits nationaux qui lui servent de droit commun. Dans ces différents droits nationaux qui sont, comme on l'a dit, autant des copies conformes du droit français, on retrouve donc des éléments qui singularisent ce statut des commerçants. Faut-il les étendre aux non-commerçants ? La réponse à cette question doit se faire au cas par cas. Il est en outre difficile de donner une réponse générale au regard, entre autres, de la difficulté à avoir une liste complète de ces spécificités.

L'admission des clauses compromissoires, par exemple, semble être une prérogative exclusive des commerçants. Une telle clause n'est admise qu'entre commerçants. Le législateur protège les particuliers en les empêchant de se priver de la justice étatique alors que l'importance du litige n'est pas encore connue[145]. De plus, cette clause permet une dérogation à des règles de base comme celles de la compétence territoriale, toutes choses qui engendrent une incertitude trop grande pour le particulier. Pour le commerçant en revanche, l'éloignement du lieu d'arbitrage de son centre d'affaires n'est pas forcément une gêne. La clause compromissoire en elle-même lui permet de contourner une justice étatique lourde et lente. Cette clause lui garantit ainsi une certaine célérité. Si l'exclusion du particulier s'explique et se justifie comme on a pu le constater, sa limitation aux seuls commerçants a quelque chose d'incohérent. D'autres professionnels, des artisans, des agriculteurs, peuvent se prévaloir en effet des mêmes raisons. En France, une loi du 15 mai 2001 a étendu la validité des clauses compromissoires à tous les contrats conclus à raison d'une activité professionnelle même civile, faisant dire à Yves Guyon qu'« un des derniers bastions de l'originalité du droit civil disparaît »[146]. Il y a certainement des raisons de souhaiter la même disparition en Afrique.

La présomption de solidarité est un autre exemple de spécificité du droit commercial. En droit civil, la solidarité ne se présume pas de telle manière que l'insolvabilité éventuelle d'un débiteur est simplement supportée par le créancier. Si plusieurs personnes contractent ensemble, il est né, au mieux,

---

[145] Y. Guyon, *op. cit.*, p. 78.

[146] *Op. cit.*, p. 79.

une obligation conjointe sans présomption de solidarité entre les débiteurs. En droit commercial, en revanche, une règle coutumière crée une présomption de solidarité entre les commerçants, et chaque débiteur est tenu de l'exécution de la totalité de l'obligation, quitte à se retourner contre ses consorts[147].

La réponse à la question de l'extension de cette spécificité à des catégories non-commerçantes se formule dans les mêmes termes que pour la question précédente de la clause compromissoire : rien ne justifie le fait que d'autres catégories professionnelles non-commerçantes, dans le sens strict du terme, échappent ou se voient privées d'une telle présomption. De même, l'extension de cette règle aux particuliers non commerçants pourrait entraîner des conséquences fâcheuses, où des personnes non averties se verraient tenues à des engagements qu'elles étaient loin d'avoir imaginés, à plus forte raison, voulus lors de la signature de leur contrat[148].

En conclusion de cette question de l'opportunité d'unifier le droit privé de l'OHADA, nous disons d'abord, pour ce qui est du fondement de la distinction, que cette dernière tient moins à tout ce qui a été avancé[149] qu'à l'histoire. Et l'histoire du droit commercial dans les pays membres de l'OHADA est simplement que la quasi-totalité de ces pays ont repris le droit français qui tient tout aussi historiquement à cette distinction entre droit des commerçants et celui des non-commerçants. Car comme le fait remarquer Yves Guyon, « la situation du droit français ne découle pas d'un « *a priori* » logique. Elle est beaucoup plus le résultat de l'évolution historique »[150]. Le cheminement de certains pays nous a toutefois montré qu'il n'y a rien d'inéluctable dans ces choix historiques. Des pays ont en effet abandonné cette conception dualiste pour des systèmes unitaires : c'est le cas de l'Italie, des Pays-Bas, des pays scandinaves ou le Québec. On a même vu le mouvement inverse quand les États-Unis sont sortis de la conception unitaire de la *common law* avec son Code de commerce uniforme[151] sans pour autant créer un statut de « commerçant »[152]. Assez paradoxalement, quand on reste à l'intérieur d'un système, on trouve des justificatifs solides à l'option pour cette solution plutôt que pour telle autre. Il en est ainsi du régime spécial des commerçants dans le système OHADA, solution difficilement compréhensible chez les *common lawyers*. Comme quoi, « vérité en deçà des Pyrénées, erreur au-delà » !

Pour l'OHADA, nous estimons qu'il n'y a pas un besoin urgent de chambouler un système en construction et donc, l'unification du droit privé ne semble pas très opportune, même pas du point de vue du rapprochement

---

[147] Réq. 7 janvier 1946, Dalloz 1946, 132.
[148] Mamadou Koné, *op. cit.*, p. 92.
[149] Voir arguments traditionnels et nouveaux exposés ci-haut.
[150] Yves Guyon, *op. cit.*, p. 12.
[151] Yves Guyon, *op. cit.*, p. 11.
[152] Voir sur la question A. Levasseur, *Le droit des États-Unis*, Précis Dalloz, 2e éd. 1994, ou *Pratique du droit des affaires aux États-Unis*, Précis Dalloz, 1995.

avec la *common law*. Car comme nous essayerons de le soutenir tout au long de ce livre, ce rapprochement ne nécessite pas une assimilation, mais juste un état de compatibilité. Cette recherche de compatibilité ne devrait d'ailleurs pas épargner le droit contractuel en gestation.

SECTION 2 : UN DROIT EN GESTATION : LE DROIT CONTRACTUEL

Comment présenter un droit qui n'existe pas ? Tel est le problème que pose le droit du contrat dans l'espace OHADA. À ce jour, l'acte uniforme sur le droit des contrats n'est pas formellement adopté, n'est pas entré en vigueur, mais le projet, vraisemblablement final, existe. En fait, UNIDROIT, à qui le Conseil des ministres de l'OHADA avait demandé de préparer un projet de texte, a chargé le Professeur Marcel Fontaine[153] de rédiger le texte en question. C'est ainsi qu'il a remis un projet de texte au Secrétariat permanent de l'OHADA en septembre 2004. Ce dernier a soumis le texte à l'avis de la Cour commune de justice et d'arbitrage début 2005, et il semblerait qu'aujourd'hui, seule une grande lenteur des procédures empêche l'adoption définitive de ce projet d'acte uniforme.

Comme à chaque fois qu'il a fallu légiférer au niveau de l'OHADA, la question s'est posée de savoir à quelle source s'abreuver. Et comme toujours, le choix n'était pas difficile, fallait-il légiférer à partir des terreaux proprement africains, ou copier le modèle hexagonal ? La décision s'est en effet révélée plus originale que d'habitude, car plutôt que de copier-coller le droit français, l'OHADA a préféré faire appel au « législateur » UNIDROIT[154]. À ce projet, s'est posé, entre autres, un problème civilo-civiliste[155] que les *common lawyers* auraient du mal à comprendre : l'acte uniforme sur le droit des contrats doit-il régir aussi bien les contrats civils que les contrats commerciaux, ou convient-il de le limiter aux seuls contrats commerciaux ? (paragraphe 1). La seule certitude reste que c'est un droit des contrats basé sur les principes UNIDROIT (paragraphe 2). On pourrait s'interroger sur le choix de principes UNIDROIT comme références, non pas que ces principes n'aient pas fait leurs preuves, mais l'on s'attendrait peut-être à voir l'OHADA s'arrimer à des projets plus spécifiquement

---

[153] Professeur à l'Université catholique de Louvain et membre d'une des commissions d'experts de l'UNIDROIT, entre autres.

[154] La décision de faire appel à l'UNIDROIT a été prise lors d'une réunion du Conseil des ministres de l'OHADA tenue à Brazzaville en février 2002.

[155] À cette nuance près que le problème s'est posé aux États-Unis dans les termes similaires à propos de l'applicabilité du *Uniform Commercial Code*.

hexagonaux comme, par exemple, le projet Catala de l'époque[156]. Peut-être, a-t-il été estimé que les principes UNIDROIT sont plus prêts à appliquer.

Paragraphe 1 : Contenu et domaine d'application du projet d'acte uniforme sur le droit des contrats

L'élaboration de ce projet d'acte uniforme sur le droit des contrats met en exergue une des différences qui existent entre le système OHADA et celui de la *common law*. Le système OHADA, en conformité avec le modèle français, distingue les contrats civils, commerciaux, administratifs, etc., et applique à chaque catégorie un régime spécifique. Nous verrons plus loin que la *common law* n'établit pas une telle distinction bien qu'elle ne soit pas totalement inconnue. La question qui se pose au niveau du projet OHADA est celle de savoir si l'acte uniforme en gestation régit uniquement les contrats commerciaux ou s'il faut un droit applicable à tous les contrats (II). Mais auparavant, il convient de préciser les nouveautés que porte ce projet (I).

I) QUELQUES NOUVEAUTÉS DU PROJET D'ACTE UNIFORME SUR LE DROIT DES CONTRATS

Ce projet d'acte uniforme sur le droit des contrats vient confirmer que l'OHADA participe réellement de la modernisation du droit de ses pays membres. En effet, on y trouve l'ouverture (A) et la flexibilité (B), deux exigences essentielles d'un droit des contrats qui se veut moderne[157].

A) Un droit des contrats ouvert

Pour une fois, l'OHADA semble s'ouvrir à la *common law*, par exemple, sans pour autant renier sa base civiliste. Dans son projet d'acte uniforme sur le droit des contrats, il est ainsi prévu une faculté de résolution unilatérale en cas d'inexécution, proche de ce qui existe dans la *common law*[158]. Dans le droit civil français[159] dont s'est inspirée la quasi-totalité des membres de

---

[156] Projet français de réforme des livres III et IV du Code civil (contrats, quasi-contrat, responsabilité civile, prescription) du nom du Professeur Pierre Catala qui a présidé la commission.

[157] La question de l'applicabilité (qui donne son sens à ce caractère moderne) n'est pas éludée ici. C'est qu'elle concerne tout le droit OHADA, voire tout le droit contemporain africain, avec cette existence d'une vigoureuse régulation informelle à laquelle nous faisons allusion tout au long de la thèse.

[158] Voir notamment la *termination for breach* et O. Moréteau, *Droit anglais des affaires*, *op. cit.*, p. 213 et s. Voir également *infra*, « Le socle contractuel dans la *common law* africaine ».

[159] Il est vrai que même en droit français, le principe d'une résolution non judiciaire a fait son chemin, voir sur la question C. Jamin, « Les conditions de la résolution du contrat : vers un modèle unique ? », dans M. Fontaine et G. Viney (dir.), *Les sanctions de l'inexécution des*

l'OHADA, la résolution d'un contrat en cas de manquement du cocontractant devrait en principe être demandée en justice jusqu'à la dernière réforme de 2016. Une telle mise en œuvre aurait pour vertu de faire obstacle aux abus, à des résolutions arbitraires décidées par la partie forte. Mais elle est surtout liée au principe *pacta sunt servanda* qui veut que l'on puisse contraindre la partie défaillante à l'exécution.

Donc, l'OHADA a décidé d'adopter le principe d'une résolution sur simple notification suivant ainsi l'esprit des principes UNIDROIT, la *common law* et ce qui a cours dans bon nombre de pays européens[160]. On peut lire au projet d'article 7.3.1. que « la résolution du contrat s'opère par notification au débiteur ». La résolution par simple notification, si elle est bien encadrée, permettra une plus grande célérité dans un domaine où la qualité d'une règle s'apprécie aussi par le gain de temps qu'elle permet. Ce mécanisme permet également de désengorger les tribunaux qui ploient sous les litiges non tranchés. Alors qu'une telle résolution ne prend que le temps de la mise en demeure[161] et de la notification, la résolution judiciaire prend toujours des mois, voire des années. Dans la résolution sur simple notification, le contrôle judiciaire se fait *a posteriori* pour corriger les abus éventuels et réparer s'il y a lieu. Si cette option se confirme, l'OHADA aura une autre facette moderne à faire valoir et par rapport à la thèse du rapprochement avec les *common lawyers*, il s'agit assurément d'une bonne prédisposition.

Dans l'optique de ce rapprochement avec la *common law*, il ne serait pas possible d'éluder la question de la cause (le « contenu » dans la dernière version du droit français) et de la *consideration*. Qu'a donc prévu le projet d'acte uniforme OHADA sur le droit des contrats sur cette question ? La logique voudrait que l'OHADA reste fidèle aux éléments essentiels du droit civil français, c'est du reste ce qu'elle a fait jusque-là, à quelques exceptions près. Dans ce système civiliste, surtout français, il reste difficilement concevable de ne pas avoir la « cause » dans les éléments essentiels du contrat : pas de contrat (pas d'obligation) sans cause, pas de contrat si la cause est illicite[162]. La cause qu'il ne faut pas confondre avec la *consideration* dont on verra qu'elle occupe, dans la *common law*, une place encore plus importante que celle de la cause en droit civil.

Le futur acte uniforme sur le droit des contrats ne retient ni la cause, ni la *consideration*, conformément aux principes UNIDROIT. Il a été décidé une fois encore de suivre les principes UNIDROIT qui ne retiennent ni l'une, ni l'autre. Avec une telle option, l'OHADA résout ainsi un conflit potentiel en

---

obligations contractuelles, Bruxelles et Paris 2001. Mais les droits africains utilisent la version du Code civil français d'avant les années 60.

[160] Allemagne, Suisse, Portugal, Belgique notamment.

[161] Le projet d'acte uniforme exige quand même une mise en demeure même pour cette hypothèse de résolution unilatérale.

[162] Articles 1108 et 1131 et s. du Code civil français.

son sein : la *consideration* du Cameroun anglophone et la cause du reste de l'espace OHADA. En réalité, il n'y a rien de choquant à ne retenir ni l'une, ni l'autre, car le but poursuivi par ces deux concepts (spécialement la cause) peut être satisfait autrement (Nullité des contrats contraires à la loi, à l'ordre public, aux mœurs… non-validité des contrats à titre gratuit, etc.). D'ailleurs, le droit allemand, par exemple, ne fait pas du tout de la cause un élément fondamental[163] et l'évolution du droit français a permis de l'écarter.

En somme, ce futur acte uniforme sur le droit des contrats recèle beaucoup de nouveautés par rapport à ce que les pays membres de l'OHADA avaient comme droit des contrats. On peut également reconnaître une certaine flexibilité à la nouvelle législation.

B) Un droit des contrats flexible

La plupart des droits des contrats des pays membres de l'OHADA ne permettent pas une prise en compte des éléments nouveaux pour renégocier un contrat dont les circonstances d'exécution auraient notablement changé. Certes, elles peuvent s'exonérer en cas de force majeure, du reste très restrictivement admise. Ces droits des contrats manquent de flexibilité. La sacralité ainsi conférée à la parole contractuelle induit par ailleurs une grande injustice contractuelle dans l'hypothèse où toutes les circonstances, prévisibles par les parties au moment de contracter, ont été modifiées sans pour autant que soient réunies les conditions d'une force majeure. Le futur acte uniforme sur le droit des contrats a tenté de pallier cette insuffisance à travers le projet d'articles 6.2.1. et suivants. Ce projet d'acte uniforme introduit la notion bien connue en contrats internationaux de *hardship*. « Il y a *hardship* lorsque surviennent des événements qui altèrent fondamentalement l'équilibre des prestations. »[164] Avec ce texte, la parole contractuelle ne sera pas figée et sacrée. Les parties peuvent, à défaut d'accord amiable et en cas de survenance d'un *hardship*, demander au tribunal d'imposer la renégociation[165].

Il s'agit à coup sûr d'une importante démarcation par rapport au droit français où la théorie de l'imprévision n'a jamais véritablement triomphé[166]

---

[163] Voir, par exemple, K. Zweigert et H. Kötz, *An Introduction to Comparative Law*, éd. 1977, II, 69 ; le droit allemand ne connaît la notion de cause que dans le contexte de l'enrichissement « sans cause ». Voir aussi H. Kötz et A. Flessner, *European Contract Law*, Oxford (1997), I, 54.

[164] Article 6.2.1.

[165] La nouveauté mérite toutefois d'être relativisée, car ce concept de *hardship* n'est pas très éloigné du mécanisme français d'imprévision, mécanisme qui est globalement rejeté par le juge civil et admis par le juge administratif.

[166] Pour les principaux courants doctrinaux sur la question, voir à titre indicatif Carbonnier, *Flexible droit*, *op. cit.*, p. 175 à propos de l'arrêt civ., 6 mars 1876 ; *Les grands arrêts de la jurisprudence civile*, 12e édition 2008, p. 183 ; H. Lécuyer, « Le contrat, acte de prévision », *Mélanges Terré*, 1999, p. 643 ; Com. 18 déc. 1979, *Bull. civ.* IV, n° 339, *RTD civ.* 1980.180, obs. G. Cornu ; Civ. 1re, 16 mars 2004, 1754, note. D. Mazeaud, *RDC* 2004. 642, obs. D.

avant la dernière réforme. Mais il s'agit surtout d'un couteau à double tranchant. Certes, un tel mécanisme est nécessaire en Afrique où surviennent toutes sortes d'instabilité, les unes aussi imprévisibles que les autres : instabilité politique, économique et même monétaire. Il suffit de se rappeler la brusque dévaluation du franc CFA du début des années 90 pour s'en convaincre. Beaucoup d'opérateurs économiques y ont laissé plus que des plumes à l'époque. Le mécanisme du *hardship* aurait permis une légitime renégociation du contrat. Le risque éventuel d'une crise sanitaire globale en ce début de l'année 2020 avec le coronavirus aurait occasionné un cas de *hardship*, voire de force majeure.

L'autre tranchant du couteau est la possibilité pour une partie de mauvaise foi d'invoquer des circonstances pas forcément exceptionnelles pour se dérober. Le rédacteur du projet d'acte uniforme a cru se prémunir contre un tel risque en laissant une part prépondérante au pouvoir judiciaire dans l'appréciation des circonstances invoquées. Il faut espérer que le pouvoir judiciaire gagne partout en efficience pour jouer pleinement son rôle.

Mais globalement, la liberté prise par le projet OHADA vis-à-vis de la théorie française des obligations sur cette question l'inscrit dans une tendance forte et peut être plus adaptée. C'est la même tendance qui domine le projet européen de codification du droit des contrats[167] ou encore la Convention de Vienne sur la vente internationale des marchandises.

Sur un tout autre plan, les dispositions protectrices de la partie faible participent de cette même justice contractuelle. Les droits contractuels vétustes de la plupart des pays membres de l'OHADA datent d'avant l'essor du mouvement consumériste et n'ont pas pris en compte cette modernité contractuelle. Le projet d'acte uniforme leur permet donc de prendre le train de cette modernité. Rien n'a été oublié : clauses pénales[168], clauses exonératoires[169], avantages excessifs[170], etc. À chaque fois, il est fait référence à la partie réputée faible comme c'est les cas dans tous droits modernes et c'est ce que va confirmer la présentation du domaine d'application du futur acte uniforme sur le droit des contrats.

Mazeaud, C. Thibierge-Guelfucci, « Libres propos sur la transformation du contrat », *RTD civ.* 1997. 380. Voir également Cass. com., 29 juin 2010, n° 09-67.369 : *Jurisdata* n° 2010-010742 ; *JCP G* 2010, note 1056, Th. Favario ; *D.* 2010, p. 2481, note D. Mazeaud et p. 2485, note Th. Génicon : visa des articles C. civ., art. 1131 et CPC, art. 873. M. Mekki, « Hardship et révision », *JCP G* 2010, note 1219.

[167] Les Principes européens de droit des contrats ont été élaborés par plusieurs commissions successives, sous la direction du Professeur Lando (version française sous la direction de G. Rouhette, éd. Société de législation comparée, 2003), travaux repris sous la direction du Professeur Von Bar. Il y a une convergence certaine entre ces principes européens et les principes UNIDROIT.

[168] Article 7.4.13.

[169] Article 7.1.6.

[170] Article 3.10.

II) DOMAINE D'APPLICATION DE L'ACTE UNIFORME SUR LE DROIT DES CONTRATS

Aux auteurs du projet d'acte uniforme sur le droit des contrats, s'est posée la question de savoir s'il fallait cantonner cet acte aux seuls contrats commerciaux ou l'appliquer à tout type de contrats. Les consultations réalisées par le rédacteur du projet d'acte uniforme sur le droit des contrats font apparaître une préférence très nette pour un acte uniforme limité aux seuls contrats commerciaux[171]. À l'appui de cette position, on peut voir la nécessité de rester cohérent avec ce qu'a fait l'OHADA jusque-là (A), et celle de ne pas provoquer une très grande extension de la compétence *ratione materiae* de la Cour commune de justice et d'arbitrage (B).

A) La cohérence d'ensemble du droit OHADA

Le droit OHADA est un droit commercial dans le sens civiliste du concept. Jusque-là, il s'est attaché à exclure les opérations de nature civile de son champ de compétence. Il ne serait pas cohérent qu'une telle exclusion fasse l'objet d'une dérogation pour ce qui est des contrats. Il est vrai que dans certaines matières, l'extension du champ d'application d'actes uniformes OHADA aux opérations civiles a été admise. Mais il s'agit souvent des domaines qui sont peu développés en dehors de la sphère commerciale, voire qui faisaient jusque-là l'objet d'un vide juridique de telle manière qu'un conflit entre une règle civile et une règle commerciale est peu probable. C'est le cas des actes uniformes sur les sûretés, l'arbitrage, les procédures de recouvrement. Pour tous ces domaines, il a été expressément décidé de l'extension aux opérations civiles.

Mais cela n'enlève rien au fait que le droit OHADA, ou d'une manière plus générale le droit commercial, a une autonomie certaine vis-à-vis du droit civil. Dès lors, la cohérence voudrait que dans le domaine contractuel comme dans celui des ventes, par exemple, un régime d'exception soit aménagé. Il est vrai qu'il existe un courant qui conteste l'autonomie du droit commercial par rapport au droit civil[172]. Mais pour nous, la question ne se pose pas dans les mêmes termes. Qu'on admette cette autonomie ou qu'on la conteste, il est important de s'en tenir à une position unique qui ne varierait pas d'une matière à l'autre, à l'intérieur d'un même système. Si la lisibilité reste une des conditions de l'attractivité d'un droit, cette cohérence participerait certainement de cette lisibilité.

Force est toutefois d'admettre que dans un contexte africain comme celui de l'OHADA, la difficulté d'assurer cette cohérence est réelle quand bien même on aurait cantonné le futur droit contractuel au seul domaine commercial. Comment rédiger, par exemple, un code contractuel tellement

---

[171] C'est d'ailleurs l'option retenue dans le projet.

[172] A. Viander et J. Vallansan, *Actes de commerce, Commerçants, Activité commerciale*, 2e éd. (1986), 23 ; J. Dupichot, *Droit commercial*, 1er volume, Paris, Montchrestien, nos 6 et s.

complet qu'il dispense de tout recours au droit commun ? Une telle prouesse est non seulement impossible mais pas forcément souhaitable. La solution serait de continuer à faire jouer au droit civil son rôle supplétif, de sorte qu'il intervienne uniquement pour combler un vide, pour servir de support à un droit avant tout commercial. Mais cette option ruine dans une certaine mesure l'unification réalisée en renvoyant, à titre supplétif, à des droits nationaux fort disparates[173].

Entre un acte uniforme limité aux seuls contrats commerciaux et un acte uniforme portant sur tous les contrats, le choix n'est définitivement pas aisé. Si la première option a l'avantage d'assurer une politique législative cohérente, la deuxième option faciliterait plus le rapprochement avec les *common lawyers*, qui ne font pas de distinction entre un contrat « civil » et un contrat « commercial ».

L'autre élément dont il faut tenir compte est le risque de rajouter des actes qui n'ont rien de commercial au champ de compétence de la CCJA, ce qui n'ira pas sans un chamboulement de l'organisation judiciaire au niveau national.

B) Le risque d'une extension de la compétence de la CCJA

La CCJA peut-elle jouer son rôle de gardienne d'une interprétation harmonieuse du droit communautaire si l'on rajoutait les contrats civils dans son champ de compétence ?

L'exemple du Code de commerce uniforme aux États-Unis montre qu'il est possible de procéder à une répartition claire de compétence qui évite des engorgements inutiles. Ce code est une législation unitaire, inspirée de la *common law* britannique et du droit allemand[174], qui évolue vers la dualité avec la mise en vigueur d'un Code de commerce uniforme (*Uniform Commercial Code*) réglementant la plupart des activités économiques des entreprises, alors que les contrats entre particuliers demeurent régis par la législation de chaque État. C'est cet équilibre entre la compétence du droit communautaire et celle des droits nationaux qui doit être recherché dans le cadre africain.

Mais il aurait fallu plus de cohérence dès l'entame du processus d'harmonisation du droit des affaires en Afrique. Les droits nationaux semblent attendre du futur acte uniforme sur le droit des contrats qu'il vienne combler tout le déficit de réforme et d'adaptation de leur droit des obligations. Dans ces conditions, il paraît difficile de reproduire la solution

[173] À part le Mali et le Sénégal qui se sont dotés des codes ou loi couvrant toutes les obligations, qu'elles soient civiles ou commerciales, les autres pays se réfèrent à une version relativement ancienne du droit civil français ou de la *common law* pour le Cameroun anglophone.

[174] K. Llewellyn qui a dirigé le travail de codification avait en effet une bonne connaissance du droit allemand dont il s'est inspiré. Voir O. Moréteau, *Droit anglais des affaires*, *op. cit.*, p. 100.

du *Uniform commercial code* américain, et le risque est probable de voir les Cours de cassation nationales dépouillées d'une bonne partie du contentieux privé. Déjà, cette compétence est renforcée par le pouvoir d'évocation qui est reconnu à la CCJA et qui permet à un juge de cassation, juge du droit, de statuer au fond des litiges[175]. L'on voit mal en effet comment soumettre tous les contrats au seul juge OHADA, alors que le travail de rapprochement des législations des différents pays est limité à des aspects précis. Il y aurait une réelle difficulté à faire accorder les violons des droits nationaux sur un domaine aussi vaste que le champ contractuel[176]. Il faut pour cela procéder à un travail préalable assez titanesque : harmoniser ce vaste champ qui inclut le droit contractuel général, les contrats spéciaux, etc.[177]. Le litige né de l'exécution d'un contrat de bail d'habitation, par exemple, se retrouverait *in fine* devant la CCJA.

Si l'on prend en compte le fait qu'un tel litige pourrait venir de tous les pays membres, l'on voit tout de suite qu'il sera difficile, sinon impossible à une structure comme celle de la CCJA de répondre aux défis qui se poseront. Il en résulterait, à coup sûr, une lenteur, voire un blocage, alors que la CCJA est une cour spécialisée, dont l'une des raisons d'être est d'assurer la célérité que les cours nationales ne sont pas en mesure de donner[178].

Cette CCJA, rappelons-le, ne pourrait fonctionner de façon efficace qu'avec le concours des ordres judiciaires nationaux. Il y aurait déjà une méfiance réelle de ces ordres envers la CCJA et ce n'est certainement pas en « chiffonnant » leur compétence qu'ils vont être amenés à collaborer[179].

Dans le rapport entre la CCJA et les cours suprêmes nationales, il y a comme un malaise, en tout cas une incongruité juridique. Il est difficile d'expliquer la logique de la répartition de compétence entre les deux, et la juxtaposition donne l'impression d'une complexité qui n'est pas forcément de nature à rassurer les investisseurs.

Pas rassurants pour les investisseurs, l'organisation et le fonctionnement de la CCJA ne le seraient certainement pas davantage pour les pays de la *common law* dans l'hypothèse d'un rapprochement. Ce juge apparaîtrait trop déconnecté pour connaître de tous les litiges contractuels.

En somme et pour toutes ces raisons, il paraît de meilleur ton de limiter le futur acte uniforme sur le droit des contrats aux seuls contrats commerciaux.

---

[175] Article 14 alinéa 5. Traité de l'OHADA.

[176] Cette difficulté n'existera pas si des critères uniformes et clairs sont définis préalablement, mais le législateur africain, en homme pressé, n'aime pas les travaux préalables, quoiqu'indispensables.

[177] Les disparités sont en effet très importantes entre les droits des différents pays de l'OHADA.

[178] Voir à ce propos D. Ndoye, *La Cour commune de justice et d'arbitrage des pays de l'OHADA : Organisation, procédure et jurisprudence*, éd. Juridiques Africaines, 2009.

[179] Voir à ce sujet Brou Kouakou, « Bilan de l'application des actes uniformes », *Juris-OHADA* n° 1, 24 ; J. Lohoues Oble, « Le Traité OHADA, 5 ans après », *Juris-OHADA* n° 1.

Ce serait finalement rester dans le domaine de l'UNIDROIT dont se nourrit le projet.

Paragraphe 2 : Les principes UNIDROIT et la prise en compte des réalités africaines dans le projet de droit des contrats OHADA

Si le projet venait à se concrétiser, le fait pour le législateur OHADA d'avoir reposé tout son droit contractuel sur les principes UNIDROIT est dans une large mesure un gage de modernisme et d'ouverture vers des pratiques contractuelles éprouvées (I). Cependant, cette option ne marginalise-t-elle pas plutôt les Africains ? En d'autres termes, le futur acte uniforme sur le droit des contrats prend-il suffisamment en considération les réalités africaines (II) ?

I) LE RECOURS AUX PRINCIPES UNIDROIT

La sécurité juridique étant une des raisons d'être de l'OHADA, le recours aux principes UNIDROIT pour son droit contractuel lui permet de réaffirmer cet objectif (A). Ce recours permet également la modernisation d'un droit contractuel en état de vétusté avancée pour certains pays (B).

A) Le recours à l'UNIDROIT, gage de sécurité juridique

La sécurité juridique dans les affaires, c'est d'abord connaître « la règle ». Avec le futur acte uniforme sur le droit contractuel, cette règle serait bien connue, puisqu'il s'agit globalement de ce qui a cours dans la vie des affaires. La situation qui prévaudra jusqu'à l'adoption de cette règle est celle déjà dénoncée et qui prévalait avant l'OHADA. L'opportunité du toilettage du droit contractuel de la plupart des pays de l'OHADA est telle qu'on se demande comment ils ont pu fonctionner jusqu'aujourd'hui. Le Mali et le Sénégal sont les rares exceptions où un travail d'adaptation a été fait. Dans l'immense majorité, ce sont les vieux textes hérités de la colonisation qui sont en vigueur. Et pourtant, dès les années 70, des voix s'étaient élevées pour réclamer un droit des obligations digne de ce nom. Ce fut le cas en 1977 avec le Professeur René David qui, à l'occasion d'un colloque à Dakar, avait plaidé une telle cause en raison de la multiplication des échanges[180]. La sécurité juridique exigeant un corps de règles connues, avec le futur acte uniforme sur le droit contractuel, cette exigence sera satisfaite.

Un droit issu des principes UNIDROIT est en effet un droit dont les composantes sont connues des acteurs du monde des affaires. Non seulement ces principes ont inspiré la pratique contractuelle internationale dont ils s'inspirent, mais ils ont également inspiré la législation contractuelle dans

[180] R. David et X. Blanc-Jouvan, « La résistance du droit africain à la modernisation », Actes du Colloque de Dakar 5-9 juillet 1977, *Revue sénégalaise de droit* (1977), p. 33.

des nombreux pays à travers le monde. Il y a ainsi une grande convergence entre les instruments préparés par les instances du commerce international et les principes UNIDROIT. Il en est ainsi des modèles proposés par la Chambre de commerce internationale[181], c'est également le cas avec le Centre de commerce international[182]. Les principes UNIDROIT facilitent en quelque sorte la convergence droit civil-*common law*. Il a été évoqué la grande proximité observable entre ces principes, le projet européen du droit des contrats, la Convention de Vienne notamment, des instruments largement consensuels du point de vue des variations entre le droit civil et la *common law*.

Un autre aspect, qui fait des principes UNIDROIT et des droits qui s'en inspirent un ensemble familier, est l'application dont cet ensemble a fait l'objet à l'occasion de différents litiges contractuels. Cette large application jurisprudentielle rajoute du crédit aux principes UNIDROIT et permet une meilleure compréhension des droits qui s'en inspirent. La description qui a été donnée de ce droit à l'occasion d'une sentence arbitrale de la Chambre de commerce internationale est à ce propos fort éloquente : « Les raisons, pour lesquelles le tribunal considère que les principes UNIDROIT constituent l'élément essentiel des règles et des principes généraux relatifs aux obligations contractuelles internationales recueillant un large consensus international, et constituent le droit applicable aux contrats, sont nombreuses : ils constituent une formulation des principes juridiques internationaux applicables aux contrats du commerce international élaborés par un groupe d'éminents experts internationaux originaires des principaux systèmes de droit dans le monde, sans l'intervention des États ni des gouvernements. Ces deux éléments contribuent à la très haute qualité et à la neutralité du produit et à son aptitude à refléter l'état actuel du consensus sur des règles juridiques internationales et les principes régissant les obligations contractuelles internationales dans le monde, en raison surtout de l'équité et de la pertinence des principes pour les opérations du commerce international qui entrent dans leur champ d'application. »[183]

Dit autrement, en recourant aux principes UNIDROIT, l'OHADA a voulu se doter d'un droit contractuel qui a fait ses preuves du point de vue de la sécurité juridique ; elle se sera par la même occasion dotée d'un droit contractuel moderne.

---

[181] On peut citer, à l'actif de cette Chambre, des textes en matière de : agence commerciale (1991 et 2001), concession commerciale (1993 et 2001), vente internationale de produits manufacturés destinés à la revente (1997), franchise internationale (2000), fourniture d'usine clés en main (2003), opérations de fusions et d'acquisitions (2004).

[182] Voir, par exemple, J.-P. Vuilliety, « Le contrat-type pour les *Joint-Ventures* contractuelles du Centre du Commerce International au regard des Principes d'UNIDROIT et d'autres normes d'unification du droit des contrats », *Uniform Law Review/Revue de droit uniforme*, 2004, 295 et s.

[183] Sentence CCI n° 7110, *Bulletin de la Cour internationale d'arbitrage de la CCI*, vol. 10, n° 2, 2e semestre 1999.

B) Le recours à l'UNIDROIT, gage de modernité juridique

Le recours aux principes UNIDROIT pour l'élaboration de son droit contractuel signifie, pour les pays de l'OHADA, un arrimage à la modernité contractuelle. Ils passent, d'un coup, d'un droit colonial à un droit contemporain des contrats. Faut-il le rappeler, les pays qui ont fait un effort d'adaptation du droit hérité de la colonisation sont peu nombreux[184]. Le Mali s'est doté d'un Code des obligations civiles et commerciales avec sa loi du 29 août 1987. Auparavant, il y avait eu le Sénégal à travers les lois du 10 juillet 1963 et du 13 juillet 1966. Il en est de même de Madagascar avec sa loi du 2 juillet 1966 sur la théorie générale des obligations. Si on enlève ces trois pays, le droit contractuel des pays membres de l'OHADA semble globalement mal adapté aux exigences du moment.

Avec l'adoption de ce projet d'acte uniforme, ces pays intégreront les notions incontournables de la pratique contractuelle contemporaine, notions qui ne se trouvent pas dans la version du Code Napoléon en application[185]. C'est le cas, par exemple, du « bouleversement des circonstances » déjà évoqué. Les contractants dont le bouleversement des circonstances rendrait la prestation plus onéreuse se voient ainsi mieux assistés.

Mais le futur acte uniforme sur le droit des contrats ne tient pas sa modernité du seul fait des concepts nouveaux intégrés. Il contient également une formulation plus adaptée des concepts déjà connus. Sur la question de l'inexécution contractuelle, par exemple, le projet d'acte uniforme a une formulation plus claire et plus intelligible que ce qu'il y a dans les droits des pays membres[186]. Les préoccupations consuméristes et le concept d'équité contractuelle, toutes mal exprimées dans la vieille version du Code Napoléon toujours en vigueur, vont occuper une bonne place dans le futur acte uniforme sur le droit des contrats. L'exigence de la bonne foi dans l'exécution du contrat s'y trouve renforcée[187]. Les contractants se voient imposer un devoir de loyauté, de coopération comme c'est le cas dans tous les droits contractuels modernes. De même, la partie faible bénéficie d'une protection qui la met à l'abri de toutes sortes d'abus. En somme, on retrouve dans ce projet d'acte uniforme l'essentiel de ce qui fait le modernisme des droits contractuels contemporains, y compris le droit français.

Participe du même modernisme le caractère ouvert du droit contractuel inspiré des principes UNIDROIT. Avec ce projet d'acte uniforme, l'OHADA ne se cloisonne pas seulement dans un système fondamentalement civiliste et français. Il s'agit là d'une option plus

---

[184] Dès l'introduction, nous avons souligné que sans l'OHADA, certains pays n'auraient certainement rien changé aux droits coloniaux, qu'il s'agisse du droit contractuel ou des autres domaines qui ont fait l'objet d'un acte uniforme.

[185] Globalement, le Code civil français dans sa version en vigueur en 1960.

[186] Voir l'article 07 du projet d'acte uniforme sur le droit contractuel qui définit les concepts d'exécution, d'inexécution, de correction, etc.

[187] Voir notamment les articles 1.7 ; 1.8 ; 7.3 du projet.

qu'opportune, car la pratique contractuelle internationale s'est affranchie des clivages entre droit civil et *common law*. Dès lors, un droit communautaire qui se veut moderne ne saurait déroger à ce fait. Si ce projet d'acte uniforme est adopté de façon définitive, le rapprochement avec la *common law*, déjà relativement moins compliqué dans le domaine contractuel, se trouverait facilité.

S'inspirer des principes UNIDROIT permet de prendre en compte les principales exigences d'un droit contractuel adapté aux réalités actuelles du commerce. Mais l'OHADA ne risque-t-elle pas, une fois encore, d'oublier de puiser dans ses propres terreaux ?

II) LA PRISE EN COMPTE DES RÉALITÉS AFRICAINES

Parlant du droit africain, le Professeur Decottignies faisait remarquer que « tout changement de législation, quel qu'il soit, apporte par lui-même un trouble aux transactions »[188]. Cette remarque appelle une certaine nuance : d'abord, le juge applique au contrat le droit en vigueur au moment de sa formation ; ensuite, le droit contractuel avec sa dimension supplétive échappe aux incertitudes des réformes.

Ceci étant, la réalité africaine est bien particulière avec une certaine emprise de la loi sur les stipulations contractuelles. Plus exactement, le réflexe des stipulations contractuelles n'étant pas aussi développé, la règle supplétive trouve plus à s'appliquer. Il importe donc de veiller que le droit contractuel ne rentre pas en conflit avec l'environnement dans lequel il va s'appliquer[189]. Cette donnée a-t-elle été suffisamment prise en compte dans l'acte uniforme en préparation sur le droit des contrats ? Par réalités africaines, nous entendons bien sûr les réalités socioculturelles de l'espace OHADA (A), mais aussi une réalité juridique (B).

A) La prise en compte des réalités socioculturelles de l'espace OHADA

On ne le dira jamais assez, l'efficacité d'une norme, son acceptation et sa bonne application dépendent dans une très large mesure du degré d'ancrage de celle-ci à son environnement socioculturel. C'est notamment le sens de cette affirmation de René David lorsqu'il dit : « Le droit doit composer avec

---

188 R. Decottignies, « La résistance du droit africain à la modernisation en matière d'obligations », Actes du Colloque de Dakar 5-9 juillet 1977, *Revue sénégalaise de droit* n° 21 (1977-1978), p. 59 et s.

189 À vrai dire, la question est plus profonde et concerne le modèle de régulation sociale africaine qui est historiquement différent avec notamment des « modèles partiellement sacralisés de résolution des tensions » qui sont organisés autour de la religion, de la morale, des droits et des mœurs. Voir sur la question J. Poirier, « Éléments de réflexion pour une théorie du droit africain », *À la recherche du droit africain du XXIe siècle*, éd. Connaissances et Savoirs, 2005, p. 38. Mais cette présentation reste dans la logique du système auquel le droit africain s'identifie, le système occidental.

les données sociales et respecter dans une certaine mesure les sentiments, les manières de voir naturelles à la société, à peine de demeurer une œuvre théorique et de perdre même le caractère de droit ; car il ne serait plus, en dépit de toute sa valeur morale, ce qui est juste pour la société envisagée. »[190] Dans le cas de l'OHADA, il ne fait aucun doute que les réalités premières dont il faut toujours tenir compte ont trait à la sous-scolarisation, avec comme corollaire une faible culture juridique et à la très grande place du secteur informel dans les transactions.

L'auteur de l'avant-projet sur le droit contractuel s'est montré très au fait de ces réalités et soutient en avoir tenu compte, mais uniquement pour dire qu'il n'appartient pas au droit des contrats d'apporter une solution à ces problèmes. Il constate que « les problèmes en cause ne sont d'ailleurs aucunement spécifiques au droit des contrats. Ils se posent sur un plan général, et notamment à propos des actes uniformes OHADA déjà en vigueur, dont l'application effective est encore souvent problématique ». Dès lors, « le remède consiste dans la poursuite et l'intensification des efforts d'information et de formation déjà entrepris »[191]. Aux problèmes non juridiques, il ne faut pas demander des solutions juridiques, semble-t-il dire.

L'option d'un droit simplifié et accessible à une moindre culture juridique a été ainsi écartée, pour « une armature juridique susceptible d'attirer les investisseurs et de permettre aux États membres de participer à armes égales aux échanges internationaux ». Ce qu'il faut aux pays de l'OHADA, c'est un « droit harmonisé des contrats qui contienne des règles sophistiquées quant au processus de formation, quant aux sanctions de l'inexécution, quant à la transmission de ces obligations »[192]. Ce n'est peut-être pas avec ce futur acte uniforme sur le droit des contrats que l'OHADA cessera d'être pris pour un droit venu « d'en haut » et « d'ailleurs »[193]. Ceux qui pensent que le droit OHADA n'est pas le droit africain des affaires, mais le droit des entreprises françaises en Afrique ne manqueront certainement pas de se faire réentendre, sauf cette fois, à dire que c'est le droit de la mondialisation.

Il devient presque étonnant de constater que le processus OHADA continue de s'amplifier et de s'étendre avec une préoccupation perfectible pour ce qui est des conditions de son application. Les statistiques du contentieux porté devant la CCJA ont pourtant de quoi s'alarmer : sur les dix-sept pays membres de l'OHADA, en termes de volume ramené au contentieux, seuls deux pays semblent appliquer ce droit de manière significative [194]. Et sur tous les actes uniformes adoptés à ce jour, celui sur le

---

[190] R. David, « La refonte du Code civil dans les États africains », *Annales africaines*, 1962, p. 162.
[191] M. Fontaine, *op. cit.*, p. 260.
[192] M. Fontaine, *op. cit.*, p. 10.
[193] Expressions de P. Bourel, *op. cit.*, p. 969 et s.
[194] Le Cameroun et la Côte d'Ivoire.

recouvrement des créances et les voies d'exécution a occupé une large proportion du contentieux[195]. Dans les autres pays et sur les autres actes uniformes, il ne faut surtout pas conclure qu'il n'y a pas de litige. L'explication la plus plausible est qu'il n'y a pas une application des actes uniformes et, par conséquent, pas de contentieux relatif à ces actes. C'est que le secteur informel qui abrite la quasi-totalité des transactions commerciales n'a jamais été pris en compte par les rédacteurs des différents actes uniformes. Et pourtant, nous avons la conviction que le succès du processus OHADA et de toute politique législative sur le droit des affaires dépend de la prise en compte de ce secteur, sauf bien sûr si ce droit n'est conçu que pour attirer les investisseurs étrangers. La pédagogie législative est indispensable pour ce faire, il s'agit avant tout d'amener les opérateurs informels vers la règle formelle. Mais est-ce bien nécessaire ? L'informel ne met-il pas l'opérateur africain à l'abri d'un appareil judiciaire dont le fonctionnement ne permet pas toujours de préserver ses intérêts ? Il est bien évident que les efforts ne doivent pas se limiter au seul législateur, une réelle volonté de combattre l'analphabétisme, un appareil judiciaire crédible, etc. sont autant d'éléments indispensables.

N'ayant pas suffisamment pris en compte les réalités socioculturelles de ses destinataires en raison surtout de l'existence de ce monde informel, le futur acte uniforme sur le droit des contrats a-t-il au moins tenu compte des réalités juridiques ?

B) La prise en compte des réalités juridiques de l'espace OHADA

Prendre en compte les réalités juridiques africaines dans une réforme, c'est d'abord ne pas méconnaître l'existence en Afrique d'un droit traditionnel et surtout accepter que ce droit reste toujours d'actualité. Nous évoquions le rôle que jouerait la très grande proportion du secteur informel dans la faible application et l'adhésion au droit OHADA. Ce secteur informel n'est pourtant pas un domaine de non-droit, un domaine où le non-droit s'appliquerait en lieu et place du droit OHADA. C'est un secteur qui fonctionne selon les usages, les coutumes qui constituent la règle à respecter. Ces usages et ces coutumes ne sont consignés nulle part, mais sont acceptés par tous les opérateurs et font l'objet d'une véritable appropriation. Il s'agit d'un droit traditionnel ou coutumier africain, et la problématique de l'effectivité de la norme juridique ne trouvera pas de solution tant que cette variante du droit n'est pas intégrée. Le futur acte uniforme sur le droit des contrats l'a-t-il pris en compte ? Rien n'est moins sûr. En tout cas, si cela avait été le cas, toutes ces questions sur les conséquences de la sous-scolarisation et la faible culture juridique se poseraient dans d'autres termes.

---

[195] Voir F. Onana-Etoundi, « Les Principes d'UNIDROIT et la sécurité juridique des transactions commerciales dans l'avant-projet d'acte uniforme OHADA sur le droit des contrats », *Revue de Droit Uniforme*, 2005-4, p. 709.

L'erreur serait de considérer que le droit traditionnel appartient uniquement à une époque lointaine et serait de ce fait désuet. Il est toujours d'application dans le secteur informel notamment. L'autre erreur est commise par les militants de l'instauration aujourd'hui de ce droit traditionnel de cette époque lointaine[196]. Un auteur dénonçait la « momification » du passé[197], on pourrait voir la même attitude dans celui qui reconnaît une validité à des règles dont l'histoire a enseigné qu'elles avaient été en vigueur à une époque donnée.

Dans le droit traditionnel qui s'applique dans ce secteur, il y avait pourtant de quoi s'inspirer pour un droit contractuel plus simple. L'exemple de la preuve testimoniale est éloquent et montre comment le droit dit moderne crée un problème qu'il décrit par la suite : de façon générale, dans tous les droits traditionnels africains, la validité d'un contrat est subordonnée à la présence d'un témoin. Ce contrat est fondamentalement solennel. La présence du témoin permet la formation du contrat, en même temps, les engagements des parties ont une preuve en ce témoin. Le droit contractuel dit moderne est venu instituer un formalisme (exigence de l'écrit, mentions obligatoires, forme notariée, etc.) qui n'est pas toujours compatible avec la situation de la portion analphabète de la population. Cette population, qui n'a pas les moyens intellectuels de s'approprier le droit nouveau, continue de se référer à ses usages d'antan, témoin pour un contrat, etc. C'est alors que des voix se font entendre pour déplorer la très grande place du secteur informel. Le législateur colonial n'a pas intégré cette donnée, les législateurs postcoloniaux ne l'ont pas fait davantage, et le futur acte uniforme sur le droit des contrats ne l'a pas pris en compte. Et pourtant, les systèmes qui font (à tort ou à raison) figure de référence, la *common law* et le droit français, se sont construits sur des bases coutumières[198].

En outre, ce futur acte uniforme ayant pour base les principes UNIDROIT qui sont des principes « anationaux »[199], par principe n'étant rattachés à aucun système, il est à craindre un heurt entre cet acte uniforme et les droits qu'il remplace. Les pays de l'OHADA appliquent dans leur immense majorité le droit des obligations issu du Code Napoléon. Ce droit des obligations, bien que d'origine extérieure, fait désormais partie des meubles dans ces pays. Dès lors, la prise en compte des réalités juridiques de l'espace OHADA signifie aussi la prise en compte de ce droit issu du Code Napoléon, voire de la *common law* pour le Cameroun anglophone. Il n'y a

---

[196] Mongo Beti fait partie de ceux qui ont dénoncé cette attitude à travers notamment « Identité et tradition », in *Négritude : tradition et développement* (s. la dir. de Guy Michaud), Bruxelles, éd. Complexes, 1978, p. 18 et s., et Maurice Kamto dénonçait une spécificité culturelle avec une « consonance tragique d'agonie sociale, de repli sur soi », *Pouvoir et droit en Afrique noire*, *op. cit.*, p. 496.

[197] M. Kamto, *Pouvoir et droit en Afrique noire*, *op. cit.*, p. 497.

[198] Voir la référence aux usages dans le Code civil français, ou le rôle de la coutume marchande dans l'édification de la *common law* des affaires.

[199] Nous empruntons le terme à F. Onana Etoundi, *op. cit.*, p. 701.

surtout aucune contradiction dans cette double réclamation de prise en compte du droit traditionnel d'un côté et celui jusqu'ici applicable de l'autre. Parlant du droit OHADA, un avocat camerounais déplore qu'il « échoie de manière quasi brutale du fait du processus qui donne lieu à son applicabilité. La méthode ressemble à une espèce d'expertisation du droit, une espèce de bébé-éprouvette ou encore d'usine clés en main. En effet, cette législation nouvelle vient remettre en question les assises juridiques des praticiens du droit, et du coup, les sages d'hier deviennent des ignorants »[200]. Sur cette dernière exigence, il convient d'admettre néanmoins que bien qu'« anationaux », les principes UNIDROIT réalisent une certaine synthèse des systèmes, mais surtout, il s'agit des fruits de la pratique et d'une certaine expérience contractuelle. Autrement dit, il y a forcément un peu du droit civil ou de la *common law* dans ces principes.

Conclusion du titre 1

En résumé de ce titre sur l'OHADA, des liens de parenté existent entre le droit français et le droit OHADA. Le droit commercial retenu pour l'illustration n'a rien d'exhaustif, le même constat se fait sur d'autres domaines ayant fait l'objet d'actes uniformes OHADA. En cela, l'OHADA n'a pas dérogé à la règle et est restée fidèle à une pratique constante de l'histoire moderne africaine[201] : la réception (et l'adoption) du « droit-soleil »[202] français, celui-là qui illumine tous les pays africains francophones, y compris les ex-colonies belges. Muka-Tsibende disait du droit de l'ex-Congo belge[203] qu'il a pour père le droit belge et pour grand-père le droit français. Il constate d'ailleurs une tendance à court-circuiter la généalogie pour emprunter plus chez le grand-père que chez le père : « Le grand-père n'est-il pas bien souvent le père idéal ? »[204]

La reprise du droit français est une règle, et le droit des contrats en préparation voudrait offrir d'exception à cette règle puisque cette fois-ci, ce ne sont pas les experts hexagonaux qui ont été mis en avant, mais les experts UNIDROIT, ce qui n'enlève rien à la filiation française du droit OHADA. Cette donnée filiale n'est sans doute pas le meilleur allié du rapprochement avec la *common law* des affaires dont il sera question dans le titre qui va suivre.

---

[200] Communication de Me Ch. Tchoungang, aux journées du GICAM – Groupement Inter patronal du Cameroun – Douala, 2001, cité par F. Onana Etoundi, *op. cit.*, p. 709.

[201] Peut-on parler d'histoire pour des repères aussi récents ? Cette histoire moderne commence en effet avec les décolonisations.

[202] L.-D. Muka-Tshibende, « Les Gaulois, nos ancêtres ? », *op. cit.*, p. 386.

[203] Ex-Zaïre et actuelle République démocratique du Congo.

[204] *Op. cit.*, p. 388.

TITRE 2

La *common law* des affaires en Afrique

La présentation qui vient d'être faite du droit des affaires dans la partie francophone de l'Afrique a montré que l'avènement du droit dit moderne est étroitement lié à la colonisation, et on a pu constater que le droit du principal colonisateur, le droit français en l'occurrence, continue d'inspirer aujourd'hui encore les législateurs africains. La filiation française du droit OHADA en est une bonne illustration. Dans la partie anglophone également, l'on retrouve une *common law* avec sa base très anglaise, l'explication se trouvant là aussi dans ce qui fut l'Empire colonial de Sa Majesté dont relevèrent bon nombre de pays africains. De ce giron anglais, la *common law* africaine a évolué vers une plus grande autonomie, s'autorisant au passage une tropicalisation sans pour autant couper tous les liens avec le colonisateur d'antan dont les éléments de jurisprudence conservent une autorité presque intacte.

Du giron anglais à la tropicalisation subséquente de la common law africaine

L'invasion normande, le passage de la *curia regis* aux cours royales contemporaines, la rigidité du système des *writs* devant la Cour de *King's Bench* et l'avènement de la *Court of Chancery* et de l'*Equity* pour y remédier sont certes autant de repères incontournables de l'histoire de la *common law*. Mais ce serait remonter plus haut qu'il ne faut que de chercher l'histoire de la *common law* africaine de ce côté-là de l'histoire. Celle-ci se situe plus pertinemment à la période coloniale, précisément à la fin du XIXe siècle lorsque des représentants de l'Empire colonial anglais ont instauré l'applicabilité du droit anglais à ses colonies africaines. Une série de traités a été signée en ce sens en 1863 avec bon nombre de territoires, dont le Nigeria[205]. Le *Foreign (Jurisdiction) Act 1890* est venu consacrer de façon plus officielle, l'autorité des lois anglaises sur les colonies. En substance, cette loi reconnaît au Parlement anglais la pleine compétence pour prendre

[205] Aminu Kurfi, *Business Law in Nigeria*, Benchmark Publishers Limited, Kano, 2005, p. 2.

des lois applicables à tout l'Empire colonial. L'autorité des précédents, déjà exceptionnelle dans le temps, s'étend à l'espace et s'affirme par-delà les mers, sous les lointains tropiques.

S'il arrive que le fameux pragmatisme anglais fasse l'objet d'une exagération que se plaisent à dénoncer des esprits plus ou moins « anglophobes », il importe de reconnaître que ce pragmatisme n'est pas qu'un mythe inventé *ex nihilo* par les Anglais et les anglophiles. La politique législative coloniale en est un des révélateurs. En même temps que le colonisateur anglais consacrait la compétence de ses propres lois et l'applicabilité de celles-ci sur toute l'étendue du territoire colonial, il avait été reconnu une nécessité de les adapter au contexte dans lequel elles s'appliquent. Le principe de l'*Indirect rule*, par exemple, participe indirectement d'une telle nécessité. En investissant les chefs traditionnels des colonies de la responsabilité de faire appliquer une loi dont ils n'ont qu'une connaissance approximative, l'Angleterre permettait implicitement une adaptation, voire une dénaturation de cette loi. D'ailleurs, dans le *Foreign Act* sus-évoqué, il est reconnu à l'administration coloniale (qui peut être une autorité traditionnelle locale) cette faculté de prendre des actes normatifs allant dans le sens d'une meilleure gouvernance du territoire colonial.

La totalité des pays africains colonisés par l'Angleterre ont accédé à l'indépendance avec l'énorme legs que constituent les règles de *common law*, les doctrines de l'*equity* et les lois générales en vigueur au 1er janvier 1900 en Angleterre. Ces pays se sont tout de suite empressés de consacrer l'idée d'une adaptation de ce patrimoine au contexte local. Contrairement à ce qui a cours dans les pays francophones[206], la volonté d'adapter est apparue réelle. L'*Interpretation Act 1964,* par exemple, a, à sa section 45 (1), reconnu la vigueur du droit anglais et son applicabilité au Nigeria sous condition que les circonstances locales le permettent[207].

La tropicalisation du droit anglais de départ vient également du fait de l'existence dans la plupart des pays d'une *customary law* qui ne fait pas que de la figuration. En Afrique et particulièrement dans les pays anglophones, il existe en effet un droit coutumier qui fait l'objet d'une abondante jurisprudence[208].

---

[206] Nous avons évoqué le cas insolite de la présence dans le droit camerounais de l'assurance des années 90, d'une disposition d'assurance contre le gel, phénomène climatique inconnu de ce pays situé en pleine zone équatoriale. Ceci témoigne d'une reprise désinvolte et servile de la législation française.

[207] "*The common law of England on 1st January, 1900, shall be in force and, in so far as they relate to any matter within the exclusive legislative competence of the Federal Legislature. Such imperial laws shall be in force so far only as the limits of the local jurisdiction and local circumstances shall permit.*"

[208] Voir, par exemple, « Eshugbayi Eleko v. Government of Nigeria », *AC 602-662;* « Ahmadou Tidjani v. Southern Nigeria (Secretary) » *2, AC 399 ;* « Adeniji v. Adeniji » *(1972)1, ANLR 298 ;* « Dawoodu v. Danmole » *(1962)1, WLR 1053*, etc. Toutes ces décisions ont été citées par Aminu Kurfi, *op. cit.*, p. 9-10.

En somme, il existe bel et bien une *common law* des affaires en Afrique, ou tout au moins des variantes nationales de ce qu'on pourrait appeler la *common law* africaine des affaires. Dès lors, comment donner un aperçu bref mais suffisamment complet de cette *common law* ?

Qu'on parle de « droit des affaires » ou de « *business law* », du reste deux concepts dont le contenu n'est ce jour pas arrêté, le problème des domaines à inclure dans la présentation se pose avec acuité. D'une part, les domaines ayant vocation à en faire partie sont illimités ; d'autre part, il convient de prendre en compte la singularité de la *common law* qui ne reprend pas les grandes systématisations et les grandes divisions du droit, telles qu'il en existe dans le système OHADA. La singularité par rapport au droit civil et donc, par rapport à l'OHADA, sera un autre fil conducteur dont il sera tenu compte tout au long de ce titre. Pour ce qui est du contenu, la place du contrat dans toutes les transactions commerciales et le rôle central des entités commerciales font que ces deux domaines paraissent incontournables[209] : le socle contractuel (chapitre 1) et le droit des sociétés (chapitre 2).

---

[209] Il s'agit en réalité d'un choix convenant, l'objectif n'étant pas de faire un traité de la *common law* africaine, mais d'en donner quelques échantillons, et de se faire une idée sur la singularité de ce droit par rapport au droit de l'OHADA.

CHAPITRE 1

Le socle contractuel dans la *common law* africaine

Les échanges commerciaux s'étant affranchis de bon nombre de barrières nationales, l'on verrait mal l'utilité de consacrer des développements importants au domaine contractuel, surtout que l'objectif est de présenter la *common law* dans ce qu'elle a de spécifique par rapport au droit OHADA. Après tout, il s'agit d'un domaine où, en raison de la pratique et d'un certain effet de standardisation[210] qu'elle induit, les conceptions se sont considérablement rapprochées. Tout ceci est vrai, sauf que les contrats ont souvent pour base des droits nationaux dont on ne pourrait pas dire qu'ils sont aussi proches les uns des autres. Mieux, en cas de litige, le juge ou l'arbitre devra, pour les régler, rechercher quel est le droit national applicable au contrat. Finalement, même dans ce domaine contractuel où la convergence des points de vue est bien amorcée entre droit civil et *common law*, l'on n'est pas à l'abri des incompréhensions. Comment expliquer, par exemple, au partenaire contractuel de *common law* qu'en ayant été « diligent » et de bonne foi, on a rempli toute sa part d'obligations contractuelles ? La réalité est que le domaine contractuel de la *common law* africaine, à l'instar de celui de la *common law* tout court, recèle des singularités que l'on s'attachera à ressortir tout au long de ce chapitre. D'abord, le régime général (section 1) donnera un premier aperçu de ce domaine ; ensuite, la présentation des principaux contrats (section 2) permettra d'illustrer ce régime.

SECTION 1 : RÉGIME GÉNÉRAL DES CONTRATS DANS LA *COMMON LAW* AFRICAINE

Cette présentation du régime général des contrats sera essentiellement basée sur les droits nigérian et surtout ghanéen. Ces deux pays sont

[210] Les grandes codifications internationales et les travaux UNIDROIT, les principes généraux de la *lex mercatoria*, etc. sont autant d'éléments de ce mouvement d'harmonisation.

suffisamment illustratifs de ce qui existe au plan général avec les évidentes particularités de chaque pays. Autre précision, pour ce régime contractuel comme pour bien d'autres aspects de la *common law* africaine des affaires, l'accès aux sources n'est pas très aisé, et l'on a l'impression d'une production pas très foisonnante, en tout cas par comparaison au droit OHADA. Mais il y a, par exemple, l'ouvrage de Martin Lamoureux, *Introduction au droit ghanéen des contrats*[211], qui offre une source complète et détaillée et sur laquelle s'est substantiellement appuyée la présentation qui suit.

La singularité du rapport contractuel sur laquelle il convient de mettre l'accent s'observe à tous les niveaux de la vie du contrat. L'objectif est moins d'être exhaustif dans la présentation de ces particularités que de cibler l'essentiel, d'en montrer les facettes les plus représentatives et les plus distinctives par rapport à l'OHADA. Pour ce faire, l'on se limitera aux particularités liées à la naissance du rapport contractuel (paragraphe 1) et celles liées à ses effets (paragraphe 2).

Paragraphe 1 : Naissance et particularités essentielles du rapport contractuel

La phase de la naissance du rapport contractuel en *common law* africaine comporte plusieurs particularités par rapport au droit civil. Comme la *common law*-mère, la *common law* africaine attache une grande importance à une expression claire de la volonté des parties contractantes. Ceci confère une importance relative à la phase précontractuelle, où la rencontre de ces volontés se prépare sans véritablement donner naissance à un engagement contraignant (I). Autre particularité par rapport à l'OHADA, la rencontre de deux volontés (offre et acceptation) ne suffit pas à sceller le rapport contractuel. Il est indispensable qu'il y ait la *consideration* (II), cette exigence de contrepartie paraîtrait quelque peu rigide, n'eût été l'existence d'atténuations (III).

I) LA PHASE PRÉCONTRACTUELLE

L'importance de la phase précontractuelle en *common law*[212] vient de l'exigence d'un parfait consensus entre les parties. Il faut en effet une volonté sans aucune équivoque de part et d'autre, une volonté qui comporte une intention de créer un lien juridique.

---

[211] M. Lamoureux, *Introduction au droit ghanéen des contrats*, Bruylant, Bruxelles, 2004.

[212] L'observateur non averti est généralement surpris de voir les pages consacrées à cette phase dans les études du contrat.

A) La nécessité d'un accord des volontés : une constance de la *common law* et de l'OHADA

Les volontés dont il est question d'accorder se déclinent en offre et acceptation de l'offre. De façon générale, sur ces aspects, la *common law* africaine ne se distingue pas nettement du droit civil dont relève l'OHADA.

Dans l'un et l'autre système, l'offre reste la promesse faite par une partie d'arriver à une entente avec l'autre partie sur la base des arrangements bien précis. Généralement, il s'agit d'un engagement à faire ou à s'abstenir de faire quelque chose bien défini. En raison notamment de la nécessité de préciser le contenu d'une offre, celle-ci se distingue d'une simple invitation à négocier.

Il n'est en revanche pas indispensable qu'une offre soit adressée à une personne ou à un groupe de personnes bien déterminé. Une offre peut en effet s'adresser à un public non défini[213].

L'offre peut être exprimée par tout moyen non équivoque. Elle peut être écrite, verbale, implicite (par le comportement ou la conduite). Le système dont relève l'OHADA offre les mêmes possibilités.

L'offre émise peut être révoquée en tout temps avant son acceptation. Cette révocation doit cependant faire l'objet d'une publicité relative. Le problème peut toutefois se poser s'il y a un décalage entre le moment où une acceptation éventuelle parvient à l'émetteur de l'offre. On peut envisager qu'il décide de révoquer son offre alors qu'une acceptation est en chemin. Les juges africains ont suivi les solutions posées en *common law* anglaise sur la question. Il a été décidé que c'est le cachet de la poste de l'acceptation qui fait foi, et toute révocation faite après cette date est non avenue. Il s'agit là d'une position de principe à laquelle il se greffe parfois des questions incidentes, « simples détails » aux yeux du civiliste, mais éléments dont la précision est indispensable pour les juristes de *common law*. L'affaire *Domins Fischeries Ltd v. Bremen Vegesacker Fischerei*[214], objet d'un jugement de la *High Court* d'Accra en 1973, est riche d'illustrations à ce propos[215]. Dans cette espèce, Bremen Vegesacker Fischerei (défendeur) offrit de vendre un navire de pêche à Domins Fischeries (demandeur). Ce dernier accepta, l'accord se fit verbalement et l'acheteur paya aussitôt une partie de ce qui est requis. Par la suite, le vendeur mit sur papier ce qui était convenu verbalement et demanda à l'acheteur de bien vouloir attester par écrit son acceptation. L'acheteur marqua son acceptation par une lettre du 23 novembre 1970, lettre dans laquelle il demandait également s'il pouvait

[213] Voir le précédent, largement cité par la doctrine et la jurisprudence africaines, « Carlill v. Carbolic Smoke Ball Co. » *(1893), 1 Q.B 256*. Dans cette espèce, une entreprise qui fabrique des produits pharmaceutiques a, dans sa publicité, offert 100 livres sterling à toute personne qui contracterait la grippe après avoir utilisé un de ses produits de prévention. M. Carlill a utilisé le produit en question de la manière prescrite, mais a attrapé la grippe. Il a notamment été décidé que la publicité avait tous les caractères d'une offre valide.

[214] « Domins Fischeries Ltd v. Bremen, Vegesacker Fischerei » *[1973] 2, G.L.R. 490.*

[215] Voir M. Lamoureux, *op. cit.*, p. 66.

se voir accorder un délai de trois mois avant de commencer les paiements des mensualités convenues. Le vendeur refusa cette dernière demande le 28 décembre, ce qui n'empêcha pas l'acheteur de confirmer par une lettre datée du 5 janvier 1971 son acceptation de l'offre aux conditions exigées par le vendeur. Le 6 janvier, le vendeur avisa l'acheteur que son offre ne tenait plus.

L'affaire fut portée en justice, et la Cour s'est attelée à la tâche de déterminer si l'offre avait été juridiquement acceptée et, si oui, à quel moment. Pour le vendeur, la lettre de l'acheteur du 23 novembre était une contre-offre du fait que l'acheteur y demandait que le paiement convenu soit différé et soumis à des mensualités. S'appuyant sur la « juste signification » de cette lettre du 23 novembre, ce que la Cour a appelé « *fair meaning* »[216], elle conclut qu'il s'agit d'une acceptation sans équivoque car, dit-elle : « *There is a world of difference between a counter-offer and a request for information.* »[217] Dès lors, les autres moyens du vendeur qui ont notamment trait à la caducité de l'acceptation sont sans conséquence. La révocation verbale de l'offre est de toute façon intervenue le 6 janvier, c'est-à-dire le lendemain d'une acceptation non équivoque.

Une dernière question pertinente qui se pose par rapport à l'offre est le cas des appels d'offres. Cette question consiste à déterminer s'il y a bien entrée en vigueur d'un contrat exécutoire dès le moment où un soumissionnaire est choisi, ou si le contrat ne commence à courir qu'au moment où la partie qui a lancé l'appel d'offres, le plus souvent un corps public, fera parvenir une commande spécifique de biens au soumissionnaire. La question s'est posée devant la *High Cour* d'Accra qui a décidé que le simple fait d'accepter la soumission d'un fournisseur faisait naître un contrat entre ce fournisseur et le gouvernement ghanéen[218].

L'acceptation, quant à elle, doit se faire sans aucune réserve. Lorsqu'il s'agit de déterminer si une acceptation est suffisamment claire ou pas, la *common law* africaine[219] ne déroge pas à la règle de la *common law* : le juge procède dans son ensemble et détermine objectivement à travers notamment les écrits, les paroles ou le comportement. L'acceptation peut être déduite du silence si les termes de l'offre et l'usage du domaine concerné le permettent[220].

---

[216] Il s'agit de la signification de la lettre dans son contexte, c'est-à-dire, ici en tenant compte de toutes les négociations qui avaient déjà lieu et de tous les documents déjà échangés, mais aussi en considérant ce qui s'avère commercialement raisonnable.

[217] Une distinction doit être faite entre contre-offre et simple demande d'information.

[218] Voir « Perbi v. A.G. » [1974]2, *G.L.R.* 167.

[219] Encore qu'il reste fort discutable de méconnaître une unité certaine à la *common law*, unité qui s'oppose à l'existence d'une *common law* spécifiquement africaine, mais *ubi societa ibi jus*.

[220] Voir le cas « Danjuma v. Standards Nigeria company limited » *(1922), 4, N.L.R. 52.*

L'arrêt *P.A.K. Aidoo & Others v. The Attorney General of Ghana* a donné l'occasion au juge de s'exprimer sur cette notion d'acceptation en 1984[221]. C'est une affaire de vente de maisons que le gouvernement du Ghana louait à des fonctionnaires en retraite. Dès 1967, les locataires entamèrent des négociations avec le gouvernement pour que les maisons soient vendues aux occupants. La requête demeura en suspens jusqu'en 1973 quand le gouvernement fit parvenir à la soixantaine de locataires une lettre dans laquelle il offrait à chacun de lui vendre la maison qu'il occupait. Cette lettre précisait que l'autorité chargée de la transaction en était encore à établir les termes exacts de la vente, mais que si l'occupant était intéressé, il devait compléter et retourner au plus tôt le formulaire en annexe. En septembre 1974, par une lettre envoyée à l'association de locataires, le gouvernement confirma les premières ventes (19 sur 61) intervenues, mais aussi décida d'annuler les ventes en cours et celles à venir. La Cour, saisie par l'association de locataires, condamna le gouvernement sur plusieurs points. Par rapport, l'offre dûment acceptée, la Cour dit que l'attitude du gouvernement était condamnable parce qu'un contrat en bonne et due forme se matérialisait entre le gouvernement et le locataire dès que ce dernier envoyait le formulaire dûment rempli. Le fait de compléter le formulaire et de le retourner au gouvernement est donc un moyen utilisé, à la demande du pollicitant, pour signifier une acceptation inconditionnelle[222].

La Cour rendit en effet une ordonnance d'exécution en nature afin que les ventes des maisons se fassent selon les mêmes termes que ceux de l'offre, ainsi qu'une ordonnance d'injonction perpétuelle pour éviter que les maisons soient vendues à d'autres personnes que les demandeurs.

En somme, une acceptation ferme qui rencontre une offre ferme crée le plus souvent un véritable lien juridique.

B) La volonté de créer un lien juridique

Que ce soit pour vérifier le caractère sérieux de l'offre, éclairé de l'acceptation, ou pour s'assurer que les parties ont entendu créer un lien juridique, le juge de la *common law* procède, de la même façon, un examen des éléments objectifs de l'échange. Ces éléments sont les termes expressément inclus dans le contrat, le comportement et les paroles des parties.

Mais de façon générale, se trouvent en principe exclus du cadre les accords familiaux ou domestiques, tels que ceux entre mari et femme, entre parent et enfant, etc. Il est présumé que l'intention première n'est pas de créer un lien juridique. Il appartient aux parties de renverser cette

---

[221] *P.A.K. Aidoo & Others v. The Attorney General of Ghana and the Secretary of Bungalow Allocution Committee, Ministry of Work and Housing* [1984].

[222] Voir sur cette jurisprudence, M. Lamoureux, *op. cit.*, p. 71.

présomption, si jamais elles avaient entendu dépasser le cadre de la solidarité familiale dans leurs intentions[223].

Entre « commerçants » par contre, la présomption est dans le sens inverse. L'intention de créer un lien juridique existe *a priori*. Là encore, il appartient aux parties de combattre la présomption et convaincre le juge que leurs transactions ne devraient emporter aucune conséquence sur le plan juridique. Elles peuvent, par exemple, montrer qu'elles ne se sont engagées que pour l'honneur[224].

L'intention de créer un lien juridique suppose acquis le caractère clair de l'expression de la volonté. Prérequis fondamental en *common law*, les juges africains en ont fait une condition non négociable. Dès 1961, la Haute Cour d'Accra a fait sienne cette attitude du système de la *common law*, à l'occasion de l'affaire *S.S. Turiqui & Bros v. Lamptey*[225]. Le juge de la *High Cour* d'Accra avait alors rappelé qu'il était indispensable que chaque partie exprime clairement ses prétentions de façon que le contrat ne soit pas basé sur une incompréhension mutuelle. Ainsi, aussi bien l'offre que l'acceptation de l'offre doivent être exprimées de la façon la moins vague et la plus nette possible. La Cour d'appel du Ghana n'a pas dit autre chose dans l'affaire *Addo v. Nartey*[226]. Lorsqu'une intention est clairement exprimée dans un contrat écrit, dit-elle, aucune volonté sous-entendue ne peut aller à l'encontre de cette intention, à moins que la conduite subséquente des parties n'indique que cette volonté a été mutuellement souhaitée par elles et que cette volonté se révèle absolument nécessaire à une exécution efficace du contrat[227].

Dans cette affaire *Addo v. Nartey*[228], Nartey offrit d'acheter une maison appartenant à Addo, offre que ce dernier accepta. Ils sont convenus que l'acheteur verserait la moitié du prix dès le départ, et l'autre moitié quand les titres de propriété lui seront transférés, ce qui se ferait dans le délai d'un mois. L'accord prévoyait aussi que l'acheteur pouvait percevoir dès le départ le loyer de la maison. La transaction ne vint pas à son terme car le vendeur de la maison n'en était que le locataire et ne pouvait donc pas en transférer la propriété. Il proposa alors de racheter la maison et de rembourser le paiement partiel déjà effectué, ce que l'acheteur accepta. Mais Addo n'ayant pas pu rembourser l'acheteur, ce dernier garda la maison et continua d'en percevoir le loyer. Addo (le vendeur) décida d'intenter une action en justice pour reprendre possession de la maison et en percevoir le loyer, une fois que l'acheteur aurait récupéré la somme avancée au départ. Pour le vendeur, une

---

223 La présomption a été combattue avec succès, par exemple, dans l'affaire *Mc Gregor v. Mc Gregor* (1888) 21, *Q.B.D.* 424, ou plus récemment, « Merrit v. Merrit » (1970), *WLR*, 1122.

224 Voir l'affaire « Rose & Frank v. J.R. Crampton & Bro Ltd » (1925), AC 445.

225 « S.S. Turqui & Bros. v Lamptey » (1961), 1 *G.L.R.* 190.

226 « Addo v. Nartey » (1972) 2, *G.L.R.* 318.

227 De façon générale, tous les juges des pays africains de la *common law* se réfèrent à l'arrêt anglais *The Moorcock* (1889)14, *PD* 64. Ceci entraîne une grande convergence des positions, voire une unanimité.

228 M. Lamoureux, *op. cit.*, p. 55.

relation fiduciaire s'était créée entre les parties, et les loyers perçus l'étaient en son nom, et ceci, en vertu d'un accord précédemment conclu.

Contre toute attente, la *High Cour* d'Accra accéda à sa demande, ce qui eut pour effet d'entraîner la désapprobation de la Cour d'appel du Ghana ultérieurement. Pour la Cour d'appel, en présence d'un contrat de vente dont les termes sont clairs et explicites, il ne saurait être possible de déduire une relation fiduciaire implicite entre les parties, de la même manière qu'en ayant possession de la maison et en étant propriétaire en *equity*, l'acheteur avait pleinement le pouvoir d'en percevoir le loyer dès le départ.

Sur tous ces aspects, la *common law* se distinguerait finalement assez peu de l'OHADA. En revanche, si l'on peut valablement estimer que l'acceptation d'une offre crée un lien juridique comme dans le système OHADA, il importe de faire remarquer que contrairement au droit civil, les responsabilités sont difficilement engagées pendant la phase dite de négociation. Le lien qui aura été créé n'a absolument aucune valeur contractuelle, et le non-respect des engagements pris n'engage aucunement la responsabilité de leurs auteurs tant que le contrat n'est pas définitif[229]. La *common law* se distingue ainsi nettement du système OHADA, où la responsabilité peut être engagée dès l'entame de la négociation.

L'autre élément qui singularise le contrat de la *common law* par rapport au contrat de droit civil est la contrepartie appelée *consideration.*

II) L'EXIGENCE D'UNE *CONSIDERATION*

De tous les éléments du contrat en *common law*, la *consideration* semble être l'élément le plus dépaysant pour le juriste OHADA, tant il est difficile d'en trouver une équivalence stricte dans l'ensemble contractuel du droit civil. Des efforts ont été faits ici et là pour la présenter comme l'équivalent civiliste de l'objet, mais surtout de la cause[230] du contrat. Le Professeur Moréteau a rappelé un élément qui distingue résolument la cause de la *consideration* : la subjectivité de la cause et le caractère objectif de la *consideration*[231]. La simple obligation morale, un temps envisagée comme pouvant constituer une *consideration* valide, a finalement été écartée pour le concept plus objectif de bénéfice[232].

---

[229] O. Moréteau, *op. cit.*, p. 213.

[230] Voir notamment E. G. Lorenzen, "Causa and Consideration in the Law of Contract" (1919) 28, *Yale Law Journal* 621, B. S. Markesinis, « La notion de *consideration* dans la *common law :* vieux problèmes ; nouvelles théories », *Revue internationale de droit comparé*, 1983, p. 735.

[231] O. Moréteau, « L'estoppel et la protection de la confiance légitime : éléments d'un renouveau du droit de la responsabilité (droit anglais et droit français) », thèse, Lyon 3, 1990, p. 588.

[232] « *A valuable consideration in the sense of the law, may consist in some right, interest, profit, or benefit, accruing to the one party, or some forbearance, detriment, loss or responsibility given, suffered or undertaken by the other* », Lush J. *in* Currie *v.* Misa (1875),

En tout état de cause, prendre la *consideration* pour la cause est, dans une mesure, vouloir forcer des concepts différents à renvoyer à une même réalité, pour satisfaire l'illusion de l'unité foncière du droit par-delà les frontières. Les systèmes juridiques n'ayant point besoin de similitudes strictes pour se rapprocher, il convient de se garder d'en créer là où il n'en existe pas. La solution envisagée dans le projet d'acte uniforme sur le contrat paraît plus indiquée. Dans ce projet, dérivé de l'UNIDROIT, il a été proposé de ne retenir ni la cause, ni la *consideration* comme élément du contrat. Le droit OHADA se rapprocherait ainsi du système allemand et des principes européens de droit de contrat. La *consideration* reste « typiquement anglaise »[233] de par sa nature (A) et ses caractéristiques essentielles (B).

A) Nature de la *consideration*

La *consideration* est une contrepartie, qui peut consister en un droit, un intérêt objectif, un profit, un bénéfice quelconque pour une partie. La *consideration* appauvrit une partie pour enrichir l'autre. Comme il est exigé une *consideration,* il y a en principe enrichissement et appauvrissement mutuels. Quand le contrat est unilatéral, l'idée est qu'une promesse n'a de valeur contractuelle que si le promettant reçoit une contrepartie en retour. Contrairement au droit civil dont relève l'OHADA où l'accord des volontés suffit à créer un contrat, la *common law* exige en plus de cet accord des volontés, la *consideration*. Quand l'engagement civiliste tel qu'il en existe dans le droit OHADA repose sur l'idée d'un engagement moral[234], la *common law* a une logique plus utilitaire basée sur l'idée du *bargain*.

Pour comprendre la logique d'une telle exigence, il convient de se rappeler le caractère empirique de la *common law*, construite au gré de l'évolution prétorienne. Dans le cas de l'inexécution d'une obligation contractuelle, par exemple, cette inexécution pourrait être rapprochée à un comportement délictuel qui ouvre un droit à réparation pour la victime[235], si cette dernière a, ne serait-ce que commencé l'exécution de sa part d'obligation contractuelle. Il est donc exigé « un minimum » de chaque partie avant de lui reconnaître le moindre préjudice, condition de la recevabilité de son action.

Les cours africaines de *common law* ont eu à connaître plusieurs cas de défaut de *consideration*[236]. Les affaires, dites *Tsede*[237] ou *Nugent*[238], sont les plus retentissantes. Ces cours africaines se sont du reste beaucoup référées

---

L.R. 10 Ex 153, p. 162. Passage cité par O. Moréteau dans *Droit anglais des affaires*, *op. cit.*, p. 589.

[233] O. Moréteau, *Droit anglais des affaires*, *op. cit.*, p. 255.

[234] *Pacta sunt servanda.*

[235] O. Moréteau, *Droit anglais des affaires*, *op. cit.*, p. 255.

[236] Voir aussi, pour le Nigeria, « Storbiliri & Co. V. Obasi » (1997) 9, *NWLR*, 293.

[237] « *Tsede and others v Nubuaser and another* » (1962)1, *G.L.R.* 338.

[238] Tagoe v. « Nugent » (1969), *C.C.* 148.

aux précédents anglais sur cette question comme sur toutes les autres. Il en est ressorti une stricte similitude dans les définitions anglaise et africaine de la *consideration*.

Cette contrepartie que représente la *consideration* peut ne pas être expressément identifiée. Elle peut être juste implicite, voire simplement sous-entendue. Ce principe a été réaffirmé par la *High Court* du Ghana à l'occasion de l'affaire *Tsede* sus-évoquée.

Dans cette espèce, le juge a procédé à une analyse des circonstances de la transaction pour conclure à l'existence d'une contrepartie. Précisément, il s'agit d'une affaire dans laquelle des proches parents du défendeur s'étaient engagés à rembourser à la place de celui-ci, et en cas d'une défaillance de sa part, une dette contractée auprès de son employeur. C'est donc un cautionnement de leur part. Mais au moment où ils ont été appelés à pallier la défaillance du débiteur principal, ils se sont montrés peu diligents et soutinrent du reste que le contrat de cautionnement qu'ils ont signé par le passé n'avait aucune valeur juridique, le créancier ne fournissant aucune contrepartie à leur promesse de paiement. La Cour en décida autrement, voyant dans la seule promesse faite par le créancier de s'abstenir de tout recours juridique, une *consideration* suffisante au remboursement de la dette par le débiteur principal ou la caution. Le juge avait alors insisté sur le fait qu'il n'y avait aucune obligation de déclarer expressément cette promesse, elle est susceptible d'être déduite des circonstances générales du contrat[239]. Finalement, il est surtout important que la *consideration* puisse revêtir un certain nombre de caractéristiques.

B) Les caractéristiques essentielles de la *consideration*

Les caractéristiques essentielles de la *consideration* en *common law* africaine ne diffèrent pas de celles de la *common law*-mère. L'essentiel de ces caractéristiques a trait à la licéité, dans une certaine mesure, à la provenance de la contrepartie, etc.

1) LA LICÉITÉ DE LA *CONSIDERATION*

La *consideration* doit être conforme à la loi et, de façon générale, à l'ordre public. À ce propos, les juges africains ne font pas une grande différenciation entre des contrats dont la *consideration* est illicite et des contrats dont l'illicéité ne se limite pas seulement à la *consideration*. Dans certains cas, cette différenciation eût été d'ailleurs d'une mise en œuvre délicate et d'un intérêt limité. La *High Court*[240] de Kumasi a eu à rejeter la

[239] Cette affaire est, dans une certaine mesure, révélatrice d'une conception particulière de la *consideration*. La Cour a considéré que la caution a bénéficié indirectement de l'avantage du débiteur principal. Il y a là une conception très souple de la *consideration* qui s'apparente plutôt à la « cause » implicite.

[240] Décision citée par M. Lamoureux, *op. cit.*, p. 124-125.

requête d'une personne qui cherchait à recouvrer l'argent qu'elle avait versé dans le cadre d'une entente contractuelle illégale. Il s'agissait d'un accord dans lequel le demandeur s'était engagé à effacer une vieille dette si, en retour, le débiteur usait de son influence politique pour favoriser son neveu. C'était donc clairement un cas de corruption qui heurte l'ordre public. Le juge n'a pas voulu favoriser une entente dans laquelle une personne, pour son intérêt financier personnel (effacement de la dette), contribuerait à l'élection d'un homme, possiblement non qualifié, au détriment des personnes compétentes. Est-ce que la décision eût été différente si la *consideration* avait consisté non pas en annulation d'une dette mais en paiement d'une somme d'argent ? Une telle différence n'a de toute évidence aucune incidence sur le principe que la justice ne prête pas main-forte au recouvrement des sommes ou biens ayant servi à la poursuite d'un acte illégal.

Dans une autre espèce[241], la *West African Court of Appeal* rappelle cette règle dans une autre formulation : dès lors que l'une des contreparties aux prestations contractuelles tombe dans l'illégalité, aucune des deux parties ne peut agir en justice sur la base d'un tel contrat. Autrement dit, il ne peut y avoir rupture du contrat puisqu'il n'y a pas contrat du tout.

2) LA *CONSIDERATION* DOIT PROVENIR DU BÉNÉFICIAIRE DE LA PROMESSE

Il s'agit là d'une exigence qu'on retrouve dans la *common law* générale. En vertu de cette exigence, la contrepartie doit provenir du destinataire de l'offre. L'une des implications importantes de cette exigence est que la partie qui paie le prix pour la promesse de l'offrant représente la seule personne qui a le pouvoir juridique de faire exécuter cette promesse devant un tribunal. Cette règle ne doit pas être prise pour celle connue sous le nom de *privity of contract*, qui se rapproche du principe de l'effet relatif des contrats. Cette équivalence est cependant bien limitée, car contrairement au droit civil, la *common law* ne connaît pas la stipulation pour autrui notamment. En conséquence, le principe de l'effet relatif des contrats est plus strict en *common law* que dans le système dont relève le droit OHADA[242].

À cette règle générale, le droit ghanéen des contrats a apporté une légère distorsion qui relève plus d'un certain pragmatisme que de la tropicalisation de la *common law* évoquée. Le *Contract Act* ghanéen spécifie notamment qu'« aucune clause ne doit être invalidée dans le cadre contractuel pour le seul motif que la contrepartie y afférente est fournie par une personne autre que le destinataire de l'offre »[243]. Cette formulation donne l'impression d'une certaine contradiction. En réalité, il n'en est rien, cet article vise

---

[241] « Francisco Canfailla *v.* Najib Joseph Chahin » 5, *W. A. C. A.* 104.

[242] O. Moréteau, *Droit anglais des affaires*, *op. cit.*, p. 259.

[243] Ceci corrobore l'idée d'une *consideration* plus assouplie que dans la *common law* anglaise.

notamment à prévenir l'hypothèse dans laquelle il serait soutenu que même si une troisième personne était partie à un contrat, celle-ci ne pourrait le rendre exécutoire du fait qu'elle n'a fourni aucune contrepartie.

3) LA *CONSIDERATION* NE DOIT PAS ÊTRE PASSÉE[244]

Il est exigé que la *consideration* ne soit pas donnée ou n'ait pas été exécutée avant la conclusion du contrat. Tout au plus, la contrepartie peut être fournie au moment même de la transaction ou après le moment de cette transaction. Il est ainsi rappelé que « *consideration must not be past* », simplement pour dire que la *consideration* ne peut pas être un avantage accordé ou une renonciation consentie dans le passé. Ainsi, dans un engagement où, en reconnaissance d'un service rendu, une personne A promet de verser une certaine somme d'argent à une personne B, le service rendu par le passé ne peut pas être utilement brandi comme la *consideration.*

À ces exigences, il faut rajouter la nécessité pour la contrepartie d'être suffisante. Cette notion de suffisance ne signifie nullement qu'il faille une équivalence quantitative, par exemple, entre les contreparties. L'équivalence n'est donc pas forcément exigée. C'est d'ailleurs, entre autres, au travers de l'admission des contreparties sans commune mesure que la rigidité de l'exigence de contrepartie s'est trouvée tempérée.

III) LES TEMPÉRAMENTS À LA RIGIDITÉ DE LA RÈGLE DE L'EXIGENCE D'UNE *CONSIDERATION*

L'exigence d'une contrepartie pour conférer au lien contractuel un caractère contraignant peut, poussée à un certain degré, priver d'efficacité des rapports objectivement établis. C'est ainsi que l'*equity*, par le *promissory estoppel* (A), et des initiatives au niveau des législations africaines interviennent pour servir des tempéraments (B) à la règle.

A) Le promissory estoppel

Le *promissory estoppel* ici est entendu dans son sens anglais, où son usage se limite à la modification des contrats préexistants. L'objectif que nous visons est moins de faire une présentation complète du *promissory estoppel*, ce qui nécessiterait l'équivalent d'un livre, mais d'en faire une présentation qui permette d'en saisir la quintessence. L'objectif final est surtout de souligner le fait que si, d'un côté, il y a dans l'ensemble contractuel de la *common law* une règle rigoureuse qui exige la *consideration*, le *promissory estoppel* permet, par hypothèse, de tempérer

---

[244] Une fois encore, nous renvoyons à l'excellent ouvrage du Professeur Moréteau, *Droit anglais des affaires*, *op. cit.*, p. 258, où l'explication est assortie de plusieurs exemples. L'on se limitera dans cette thèse à donner un bref aperçu de cette *consideration*, élément important de distinction entre *common law* et OHADA.

cette règle. Mais alors, de quelle manière le *promissory estoppel* tempère-t-il cette règle ?

Le *promissory estoppel* est une règle de procédure qui a été inventée « aux États-Unis avant d'avoir été découverte en Angleterre (sans aucune référence américaine !) »[245], et dont l'un des effets est de tempérer la rigueur de la doctrine de la *consideration* dans ce qu'elle a de rigide. Elle intéresse donc doublement le propos : d'abord en tant qu'élément spécifique à la *common law*, c'est-à-dire un élément qui participe à distinguer la *common law* de l'OHADA ; et de façon plus pertinente, le *promissory estoppel* tempère la rigidité de la règle de l'exigence d'une contrepartie. En quoi consiste donc ce *promissory estoppel* ?

Soit A et B, deux parties d'un rapport contractuel (bail, dépôt, etc.). À supposer que dans le contrat conclu par A et B, les circonstances (rupture de stocks, retard de production, mauvaise estimation des délais, etc.) ont dû changer de telle façon que B n'est plus en mesure de respecter scrupuleusement ses obligations contractuelles. A se montre alors compréhensif et donne délibérément l'impression à B qu'il accepte de modifier les termes de l'accord initial et qu'il abandonne certains de ses droits, eu égard aux nouvelles circonstances, sans que B donne une contrepartie en retour de cette attitude de A, alors même qu'il a modifié le cours de ses actes sur la base de ces nouveaux termes. Dans cette configuration, si A cherche à se servir de l'absence de *consideration* à ses concessions pour faire exécuter le contrat dans sa version originelle, le *promissory estoppel* l'en empêcherait. À ce titre, le *promissory estoppel* est un moyen de défense pour B, mais uniquement un moyen de défense. C'est en ce sens qu'il est dit que le *promissory estoppel* est un bouclier et non un glaive[246]. Et si l'*estoppel* interdit au promettant de revenir sur sa parole pour le passé, il n'en devient pas prisonnier pour l'avenir. Autrement dit, pour l'avenir, le promettant peut demander l'application des stipulations de départ[247].

Techniquement, le *promissory estoppel* suppose donc « l'existence des relations contractuelles ou juridiques antérieures. Ensuite, il implique une promesse à laquelle on ne peut reconnaître valeur contractuelle, faute de *consideration* »[248]. De plus, la promesse dont il s'agit doit avoir un caractère renonciatif, et il importe que le bénéficiaire ait altéré son attitude sur la base de cette promesse[249].

---

[245] O. Moréteau, *Droit anglais des affaires*, *op. cit.*, p. 92.

[246] Voir « Combe *v.* Combe » [1951] 2, *K. B.* 215, cité par O. Moréteau, *op. cit.*, p. 269. Point n'est besoin d'évoquer la variable américaine du *promissory estoppel* qui n'est pas celui adopté par les pays africains qui n'en a pas le même contenu et qui peut, lui, fonder une action.

[247] Voir sur cette question l'affaire Ajayi précitée et O. Moréteau, *op. cit.*, p. 269.

[248] O. Moréteau, *Droit anglais des affaires*, *op. cit.*, p. 267.

[249] *Idem*, p. 268.

Le juge Denning en donne une explication avec la pédagogie qu'on lui connaît : une promesse faite avec l'intention de lier son auteur et de servir de base à l'action de l'autre partie doit être considérée comme obligatoire du moment que l'autre partie agit sur cette base, nonobstant l'absence de *consideration*[250]. Une jurisprudence abondante[251] a permis de fixer les contours du *promissory estoppel* en Angleterre, et les juges africains ont fait leur cette abondante jurisprudence.

En somme, le *promissory estoppel* permet de tempérer notablement la doctrine de la *consideration.* Et parce que tout ce qui permet d'assouplir le principe de ce concept inconnu du système OHADA favorise leur rapprochement, ce *promissory estoppel,* en dépit de son « exotisme », reste un élément favorable, ou du moins neutre, dans la problématique du rapprochement *common law*-OHADA. D'autres dérogations sont porteuses de la même souplesse.

B) Les autres dérogations à la rigidité de la règle de l'exigence de contrepartie[252]

Le principe de la *consideration* ne s'est pas toujours appliqué sans grandes difficultés, surtout dans le domaine des affaires. Certaines de ces difficultés ont été pointées du doigt dès les années 30 en Angleterre où il a été question à cette époque de procéder à des réformes d'envergure[253]. Le grief invoqué à l'encontre de la *consideration* résidait dans le fait que le juge se basait sur des principes pas suffisamment flexibles et, quelques fois à l'encontre des attentes et intérêts légitimes des acteurs du monde des affaires, pour déterminer la « suffisance »[254] d'une contrepartie. La traditionnelle définition juridique de la contrepartie étant, pour ainsi dire, trop rigide, il fallait admettre une définition factuelle plus souple. Cette définition factuelle ou pratique admettrait, par exemple, tout acte ou promesse qui a une certaine valeur économique comme contrepartie valide. La définition juridique au contraire met l'accent sur l'absolue nécessité que l'exécution de cet acte ou promesse ne soit pas déjà juridiquement due, et ce, peu importe que l'offrant en retire un bénéfice ou non. Un effort a été fait partout (à commencer par l'Angleterre) pour faire appliquer une conception plus souple : les tribunaux recouraient alors à des éléments factuels pour déterminer s'il existe une contrepartie acceptable, un bénéfice certain pour l'offrant. Ceci étant, le problème semblait plus déplacé que résolu.

---

[250] Cité par O. Moréteau, *Droit anglais des affaires*, *op. cit.*, p. 266.

[251] « Central London Property Trust Ltd v. High Trees House Ltd. » *[1947], K.B. 130 ;* « Combe v. Combe », « Ajayi v. R.T. Briscoe (Nigeria) Ltd. » *[1946] 1, W.L.R.*

[252] Elles s'ajoutent au *promissory estoppel* qui est aussi une dérogation importante.

[253] Un rapport publié en 1937 par le *Law Revision Committee* appelait notamment à une abolition de cette doctrine de *consideration* dans les contrats.

[254] Comme on l'a vu plus haut, la « suffisance » fait partie des caractéristiques essentielles qui conditionnent la validité de la *consideration.*

Le juge se trouve confronté à la difficulté de composer avec les faits de chaque cas pour déterminer ce en quoi au juste consiste le bénéfice. Il en résulte une grande variabilité dans les éléments des décisions, variabilité qui va bien au-delà de celle, normale, attachée au caractère casuistique de la *common law*. L'Angleterre n'a pas saisi l'occasion de son *Contract (Rights of the Third Parties) Act* de 1999 pour apporter plus de lisibilité à cette question. Il aurait fallu, pour plus de simplicité, que cette « loi » réglât la question de l'abandon de l'exigence de contrepartie dans toutes les circonstances. Pour le coup, certains droits africains ont été plus complets que le modèle anglais.

Le Ghana, par exemple, a, dès 1960[255], modernisé ce concept de *consideration*, de façon à lui épargner le grief de rigidité, tout en restant respectueux de l'essence profonde de cette *consideration*, si justement chère à la *common law*. Ce faisant, le Ghana s'est peut-être mis dans une logique à laquelle l'OHADA est plus familière[256]. Le paragraphe 8 (1) de ce *Contract Act*, par exemple, dispense au destinataire d'offrir quelque chose en contrepartie de la promesse de l'offrant de maintenir son offre en vigueur une certaine période. Cet engagement de maintenir l'offre un temps ne nécessite pas de *consideration* pour être valide et contraignant[257].

Cependant, ne s'agit-il pas là d'un coup porté à la règle de l'absence de responsabilité précontractuelle ? La réponse est assurément non. Il convient plutôt de voir dans l'offre de l'offrant de garantir une période de temps à l'autre partie pour lui permettre de peser le pour et le contre comme un engagement accessoire, un contrat secondaire, qui a la particularité de ne pas nécessiter de *consideration* pour sa validité. C'est ce que dit ce paragraphe 1 de l'article 8 : « La promesse de garder une offre ouverte pour acceptation pendant une certaine période de temps ne doit pas être invalidée en tant que contrat pour le seul motif qu'il y a absence de contrepartie. » Cette disposition offre certainement un meilleur cadre de négociation, mais elle n'est pas sans limite. De façon résumée, le destinataire de l'offre se trouve dans une telle position de force qu'il n'est pas sans intérêt de s'interroger sur l'équilibre contractuel.

Le paragraphe 2 de ce même article 8 du *Contract Act* ghanéen s'inscrit aussi à contre-courant de la *common law* anglaise. D'après ce paragraphe 2, « une promesse de renoncer au paiement d'une dette ou d'une partie d'une dette ou à l'exécution de quelque autre obligation légale ou contractuelle ne doit pas être invalidée en tant que contrat pour le seul motif qu'il y a absence de contrepartie ». Il s'agirait là, du point de vue des puristes, d'un sérieux coup porté au mécanisme contractuel version *common law*.

---

[255] Voir le *Contract Act* ghanéen du 22 décembre 1960.

[256] Des rapprochements sont en effet possibles avec le régime civiliste des pourparlers.

[257] Cette idée d'irrévocabilité de l'offre montre que les échanges ont bien lieu entre le droit civil et la *common law*. C'est une idée originellement civiliste qui a fait son chemin en *common law*, aux États-Unis notamment avec le Code de commerce uniforme.

Et pourtant, l'explication se trouve dans un des principaux fondements des juristes anglais : le pragmatisme au nom duquel le droit reste attentif aux contraintes économiques. Dans le monde des affaires, il est indéniable que le créancier puisse se satisfaire d'un paiement partiel, notamment dans des circonstances où le débiteur est acculé à la faillite. Ou alors, on peut imaginer l'hypothèse d'un créancier qui a un besoin pressant de liquidités, qui accepte tout de suite un paiement moindre, mais immédiat, qui lui évite de devoir attendre un paiement complet mais échelonné.

Enfin, la dérogation la plus déroutante à la règle de *consideration* est celle de l'article 9 du *Contract Act* ghanéen qui dispose qu'il est possible d'accomplir en guise de contrepartie quelque chose qu'on était tenu de faire de toute façon en vertu d'un contrat déjà en cours ou d'une loi[258].

Au vu de toutes ces exceptions, peut-on dire que la *consideration* n'occupe plus qu'une place résiduelle dans le mécanisme contractuel des *common laws* africaines ? En réalité, ce dont l'essence a évolué, ce n'est pas l'ensemble contractuel qui, lui, ne déroge pas véritablement à la règle de la *common law*-mère, mais le bénéfice retiré par les parties. Sans être illusoire, ce bénéfice pourrait n'avoir qu'une dimension subjective, le critère du juge restant la « satisfaction » de ces parties. Cette souplesse serait certainement utile pour jeter un pont par-dessus les clivages avec l'OHADA. Une application trop rigoureuse de la doctrine de *consideration* constituerait certainement un obstacle de taille dans le rapprochement de la matière contractuelle entre juristes de l'OHADA et ceux de la *common law*. Toutefois, ce pont permettrait-il également aux juristes de *common law* et ceux de l'OHADA de se retrouver sur les effets du contrat ?

Paragraphe 2 : Les effets du contrat

De façon générale, encore une fois, dans le domaine contractuel, l'écart entre le système dont relève l'OHADA et celui de la *common law* n'est pas très considérable. Mais aussi, bien que n'étant pas considérable, cet écart existe et il convient d'en montrer l'essentiel du point de vue des effets mêmes du contrat. Une présentation classique de ces effets avec, d'une part, les effets entre les parties et, d'autre part, les effets à l'égard des tiers est tout à fait possible, mais une telle présentation serait sans véritable intérêt, ni pertinence. Aussi, nous permettrons-nous une présentation moins systématisée et dans laquelle le lecteur trouvera des éléments importants de différenciation avec le système OHADA. Il sera donc évoqué, tour à tour, les clauses normales (I), les clauses particulières (II) et la *privity of contract* (III).

---

[258] Pour l'application de cette dérogation et pour une vue détaillée d'un contrat de *common law* africaine, voir le très instructif précédent « Kessie *v.* Charmant » (1973) 2, *G.L.R.* 194.

I) LES CLAUSES NORMALES

Il s'agit des clauses qui font la convention et sur lesquelles, de façon générale, toutes les parties sont à peu près d'accord. Ces clauses appellent peu de commentaires dans la mesure où l'application des clauses contractuelles se fait de la même manière que l'on soit dans un système de *common law* ou de l'OHADA. D'une certaine manière, l'exécution des obligations ou le respect des droits nés d'un *contract* relève du respect de la « loi des parties ». La *common law* s'accorde donc parfaitement à l'article 1103 du Code civil français. Et pourtant, le contrat de la *common law* et celui du droit civil sont loin d'être blanc bonnet et bonnet blanc.

En effet, la rigidité, si caractéristique de la *common law*, emporte plus d'une conséquence sur le plan de l'exécution des stipulations contractuelles. Il a déjà été évoqué l'inefficacité des pourparlers dans la *common law* où il n'y a pas de responsabilité précontractuelle. Autant, jusqu'à la signature du contrat, les parties ne s'obligent à rien, autant une fois le contrat signé, « celui qui a promis en retour d'une contrepartie est tenu d'exécuter ce à quoi il s'est engagé »[259]. C'est donc dire, entre autres, que la distinction entre obligation de moyen et obligation de résultat que l'OHADA tiendrait du droit français est inconnue des *common lawyers*. La seule obligation reconnue, c'est celle du résultat stipulé. L'obligation de moyen n'a un certain sens que dans le domaine délictuel.

Mais on n'est jamais à l'abri d'un déficit de clarté dans les stipulations contractuelles, ce qui nécessite de la part du juge un effort d'interprétation, non pas de la volonté des parties, mais de ce qu'elles ont exprimé. La différence avec la philosophie civiliste de l'OHADA est importante. L'article 1188 du Code civil, par exemple, dispose que « le contrat s'interprète d'après la commune intention des parties plutôt qu'en s'arrêtant au sens littéral de ses termes ». En écho à cette disposition et pour déterminer cette « commune intention des parties, il a même été reconnu que le juge puisse se fonder sur le comportement ultérieur des parties et ne pas s'arrêter aux seules stipulations contractuelles »[260].

Un tel procédé est à l'opposé de ce que fait le juge de *common law*. Pour lui en effet, interpréter un contrat signifie simplement trouver « le sens le plus objectivement raisonnable de chaque propos, de chaque comportement, ou encore de s'attacher au sens littéral du texte lorsque les parties ont formalisé leur accord dans un écrit »[261]. Le très emblématique Lord Denning ne dit pas autre chose quand il affirme : *« In contracts, you do not look into the actual inteni in man's mind. You look at what he said and did. »*[262] Si jamais les éléments exprimés ne permettaient pas cette interprétation objective, il dispose d'un modèle auquel il confronte le comportement des

---

[259] O. Moréteau, *Droit anglais des affaires*, *op. cit.*, p. 213.

[260] Cass. 1re Civ., 13 décembre 1988, *Bull. Civ.* I, n° 352, p. 239.

[261] O. Moréteau, *Droit anglais des affaires*, *op. cit.*, p. 214.

[262] « Storter v. Manchester City Council » *[1974] 1, W.L.R. 1403.*

parties, celui du *reasonable man,* mais en aucun cas, il ne sera admis la preuve de l'intention subjective[263].

C'est d'ailleurs à cet effet que dans la pratique, on observe que les contrats rédigés dans des systèmes de *common law* sont plus détaillés et plus fournis que ceux auxquels le juriste de l'OHADA est habitué. Il y a chez les *common lawyers*, ce souci de tout régler et de ne rien laisser à l'autorité des « principes généraux », fussent-ils « de droit ».

En résumé, il s'est agi dans ces dernières lignes des généralités sur l'exécution des contrats dans la *common law*, généralités toujours envisagées en comparaison avec le système dont relève l'OHADA. À la suite de ces généralités, il est question de présenter ces clauses dans les différentes configurations possibles[264] sous l'intitulé des clauses particulières.

II) LES CLAUSES PARTICULIÈRES

Comme configurations possibles des clauses contractuelles, il y a la configuration clauses essentielles – clauses accessoires (A) ; clauses expresses – clauses implicites (B) et enfin, les clauses liées à la responsabilité (C). Pour toutes ces clauses, il sera principalement question de donner la position de la *common law* africaine qui n'est pas fondamentalement différente de celle de la *common law* – mère, mais aussi une rapide confrontation avec le système civiliste de l'OHADA.

A) Clauses essentielles-clauses accessoires

Cette distinction correspond à celle connue sous la dénomination de *conditions and warranties*[265], et les pays africains ne semblent pas se distinguer de la *common law* anglaise sur cette question. La distinction entre clauses essentielles et clauses accessoires ne revêt pas, chez les juristes de l'OHADA, l'importance qu'elle a en *common law*.

Mais en Afrique comme ailleurs, la pratique a conféré un sens incorrect, ou à tout le moins trompeur, aux concepts de *conditions* et *warranties.* Dans une pratique courante en effet, ils sont utilisés pour désigner « conditions » pour *conditions,* et « garanties » pour *warranties.* Dans ce sens « empirique », la distinction ne joue plus le rôle qui est le sien. Comme l'a rappelé le Professeur Moréteau[266], le mot *condition* désigne la clause essentielle du contrat, une obligation tellement essentielle que son inexécution peut être considérée comme un défaut d'exécution de l'ensemble

---

[263] Voir à ce propos le discours de Lord Hoffmann dans « Investors Compensation Scheme v. West Bromwich Building Society » *[1998] 1, W.L.R. 896*, p. 913.

[264] Encore une fois, il n'est pas question de reproduire une présentation telle qu'on en retrouve, par exemple, dans des cours de droit des obligations. Il s'agit de la *law of contract* qui n'obéit pas du tout à la même logique.

[265] *Conditions* : clauses essentielles ; *warranties* : clauses accessoires.

[266] *Op. cit.*, p. 323.

du contrat[267] ; par exemple, l'obligation pour le vendeur de livrer la chose. Le mot *warranty*, quant à lui, désigne une clause accessoire au but du contrat[268] ; par exemple, l'obligation pour le vendeur de conditionner la chose d'une manière particulière. Il appartient normalement aux parties d'indiquer dans le contrat ce qui constitue les *conditions* et ce qui constitue les *warranties*. Dans ce cas, le juge est en principe lié par cette volonté. En cas de leur silence, le juge procède alors à l'interprétation, encore une fois objective, et détermine ce qui est essentiel dans un contrat et ce qui l'est moins.

Cette distinction entre *conditions* et *warranties* n'a d'intérêt véritable qu'en cas d'inexécution. Lorsqu'il y a inexécution d'une *condition*, le contractant, victime de cette inexécution, peut non seulement demander des dommages-intérêts, mais il peut aussi se prévaloir d'une *repudiation* ou d'une *termination*[269]. En revanche, le contractant, victime de l'inexécution d'un[270] *warranty*, ne peut se prévaloir que des dommages-intérêts.

À côté de cette distinction *conditions-warranties*, il y a celle, non moins importante, entre clauses expresses et clauses implicites.

B) Clauses expresses-clauses implicites[271]

Cette distinction n'a rien de spécial ni vis-à-vis du droit civil, ni vis-à-vis du projet OHADA sur le droit des contrats. Dans la *common law* comme dans les droits des pays OHADA en effet, les effets d'un contrat dépendent non seulement des stipulations expresses, mais aussi d'autres facteurs comme la nature du contrat, la législation en vigueur, etc. L'application des clauses expresses ne devrait en principe pas causer de difficultés particulières. La « loi des parties » est dans cette occurrence claire et chacun est tenu d'exécuter ses obligations.

Toutefois, la *common law*, peut-être plus que ne le ferait le système OHADA, consacre le consensualisme dans les contrats. En conséquence, aucune forme n'est en principe imposée pour la validité de ces contrats. Il s'ensuit qu'un contrat peut être conclu entièrement de façon verbale. Pour faire appliquer les clauses expresses d'un contrat entièrement oral, il va se poser un problème de preuve. La *common law* ne connaît pas la distinction civiliste entre actes et faits juridiques. Pour le droit commun sur lequel se

---

[267] Une obligation *"which goes so directly to the substance of the contract, or in other words, is so essential to its very nature, that its non-performance may fairly be considered by the other party as substantial failure to perform the contract at all"*. « Fletcher Moulton L. J., Wallis v. Pratt » [1910] 2, *K.B. 1003, p. 1012.*

[268] Voir, par exemple, la définition donnée à la section 61 (2), *Sale of Goods Act* 1979.

[269] Ces termes désignent indifféremment la résolution ou la résiliation, distinction qui n'est pas connue de la *common law*.

[270] L'usage du masculin pour *warranty* n'obéit qu'à l'instinct, il n'est en aucun cas plus justifié que le féminin.

[271] Voir à ce propos le très édifiant précédent ghanéen, « Bartholomew and Co. Ltd. v. Adu-Gyamfi » *[1962]2, G.L.R. 62.*

base l'OHADA, les actes juridiques, et donc les contrats se prouvent en principe par écrit. La liberté de la preuve est consacrée pour les faits juridiques.

La *common law* de son côté, méconnaissant totalement la distinction acte et fait juridiques, considère la preuve du contenu des contrats entièrement conclus oralement comme une question de fait[272]. Et si le contrat est conclu entièrement par écrit, il est appliqué de la même façon que dans le système OHADA, avec une réticence du juge à admettre que les parties puissent se prévaloir d'une autre volonté que celle exprimée dans l'écrit contractuel. Sur ce point aussi, la différence possible avec l'OHADA se situerait au niveau de l'interprétation. Objective chez les *common lawyers*, elle se préoccupe davantage de la « commune expression » des parties, plutôt que de leur « commune intention ».

Dans ces conditions, en cas de rapprochement entre OHADA et *common law* ou alors dans un contrat dans lequel les parties sont de ces deux bords, il importe que ces parties clarifient par écrit, tous les détails de leurs obligations, surtout si le juge compétent en cas de litige est celui de la *common law*. Mais alors, est-ce à dire que pour la *common law*, le contenu d'un contrat se limite à ce qui est expressément stipulé ?

En réalité, sur les clauses implicites, la *common law* se distingue très peu de ce que prévoit l'OHADA. En plus de ces stipulations expresses, il y a en effet des *implied terms* qui résultent de la volonté des parties, des coutumes et usages ou de la loi[273]. René David a proposé que ces *implied terms* soient considérés comme éléments de droit supplétif[274]. Une telle considération se justifierait, il est vrai, dans une large mesure. Les clivages entre OHADA et *common law* retrouvent du coup toute leur importance, vu que le droit supplétif des deux contrats n'est pas le même, tout au moins pour les *implied terms* qui résultent de la loi (droit commun), de la coutume ou, dans une moindre mesure, des usages. C'est une fois encore le lieu d'insister sur l'importance de préciser dans le contrat le droit commun compétent[275].

Proches sur la distinction clauses expresses-clauses implicites, la *common law* et l'OHADA ne le sont pas moins sur les clauses liées à la responsabilité.

---

[272] O. Moréteau, *Droit anglais des affaires*, *op. cit.*, p. 314, voir aussi l'affaire « Smith v. Hughes » *[1871], L.R.6, Q.B. 597*. Dans cette affaire, la Cour avait à déterminer si l'objet de la vente était de « l'avoine de bonne qualité » (*good oats*) ou de « l'avoine de bonne qualité provenant d'une vieille récolte » (*good old oats*).

[273] O. Moréteau *Droit anglais des affaires*, *op. cit.*, p. 318.

[274] David et Pugsley, *Les contrats en droit anglais*, 2e édition, LGDJ, Paris, 1985, p. 264.

[275] Il est en tout cas difficile d'attendre d'un processus de convergence qu'elle permette une uniformisation des pratiques contractuelles.

C) Clauses liées à la responsabilité

Les clauses liées à la responsabilité ne semblent pas avoir fait l'objet d'une jurisprudence abondante de la part des cours africaines de *common law*. La règle dans ce cas est de se référer à la *common law* anglaise. Et comme l'OHADA ne dispose que d'un droit des contrats en gestation, la comparaison ne se fera qu'avec le droit civil général, voire avec le droit français.

La pratique chez les *common lawyers* n'est donc pas bien différente de ce qui a cours ailleurs. Il y a de plus en plus de clauses limitant, voire exonérant la responsabilité d'une des parties. C'est généralement la partie qui rédige l'écrit contractuel, dans des contrats-types ou dans des contrats d'adhésion, qui s'aménage une telle possibilité.

La *common law* africaine est tout aussi soucieuse de protéger le consommateur que la *common law* anglaise. L'hostilité de la jurisprudence anglaise vis-à-vis de ces clauses de non-responsabilité est donc de mise. En vertu de cette jurisprudence, la clause de non-responsabilité d'une des parties n'est admise que s'il y a dol ou faute caractérisée de l'autre partie[276].

En outre, la règle dite de la *strict liabilty*[277] marque davantage cette hostilité de la jurisprudence vis-à-vis des clauses de non-responsabilité. Cette règle voudrait que tout débiteur d'une obligation contractuelle engage sa responsabilité, dès lors qu'il est défaillant vis-à-vis de cette obligation. C'est donc une responsabilité sans faute dans la mesure où si la clause de non-responsabilité écarte la responsabilité contractuelle, elle laisse intacte la responsabilité délictuelle. Il s'agit là d'une spécificité vis-à-vis du droit OHADA qui, n'admettant que de façon restrictive les clauses de non-responsabilité, n'offre pas cette possibilité de faire jouer à la responsabilité délictuelle un rôle supplétif.

En revanche, la *common law* partage avec le système OHADA le principe de l'interprétation *contra proferentem*. Ainsi, le contrat est interprété à l'« encontre de celui qui a stipulé la clause limitant ou excluant la responsabilité ». Comme on peut le constater, la frontière avec le droit « consumériste » n'est pas clairement définie sur cette question. Comme dans le droit de la consommation, l'interprétation est toujours faite à l'encontre du professionnel qui a stipulé.

La clause de non-responsabilité n'est pas plus efficace quand il s'agit du but principal du contrat. S'il y a défaillance vis-à-vis du but principal du contrat, on parle de *fundamental breach*, aucune clause ne peut alors écarter la responsabilité du contractant défaillant. L'exemple pris dans l'espèce *Chanter v. Hopkins* explique mieux ce cas de figure : si, dans un contrat de vente de pois, le vendeur s'aménage une clause excluant sa responsabilité en ce qui concerne la qualité des pois à livrer, il ne peut pas aller jusqu'à livrer

---

[276] C'est ce qui ressort de la substance des espèces, « L'Estrange v. Graucob » *[1934] 2, K.B. 394 ;* « Curtis v. Chemical Cleaning and Dying Co. » *[1951] 1, K.B. 805.*

[277] Il s'agit d'une responsabilité sans aucune faute.

des haricots à la place des pois. La clause de non-responsabilité serait sans effet dans ce cas[278].

Cette liste non exhaustive[279] d'hypothèses dans lesquelles la clause de non-responsabilité est anéantie révèle l'interventionnisme du juge au nom de la justice contractuelle. En cela, la *common law* ne se démarque nullement du droit civil et de l'OHADA, où l'autonomie de la volonté n'a rien d'absolu. En Angleterre, le législateur n'a pas été en reste. Le *Unfair Contract Terms Act 1977* lui a donné l'occasion de marquer son hostilité par rapport à ces clauses de non-responsabilité. Ce faisant, il n'a fait que s'inscrire dans une tendance qui s'est révélée européenne et même mondiale à l'occasion notamment de la directive communautaire du 5 avril 1993[280]. Les *common lawyers* africains semblent se contenter de la jurisprudence anglaise[281].

Après ces points sur les principales configurations des clauses contractuelles et leur sort, il est question d'un des éléments les plus universellement partagés : l'effet relatif du contrat[282].

III) LA PRIVITY OF CONTRACTS

Le but à travers la doctrine de *privity of contracts* est d'abord de montrer qu'elle se distingue nettement de l'effet relatif du contrat (A). Par ailleurs, une innovation ghanéenne en la matière mérite d'être présentée (B).

A) La doctrine de privity of contracts

À première vue, on conclurait à une identité entre le principe de l'effet relatif du contrat, tel qu'il est appliqué dans les systèmes civilistes, et la *privity of contracts*. Et pourtant, ils n'ont de commun que le nom[283].

La règle de base de la *common law* anglaise, reprise par les *common laws* africaines, consiste en ce que seules les parties à un contrat en vigueur puissent disposer d'un recours et d'une possibilité de poursuivre en justice

---

278 « Chanter v. Hopkins » *[1838] 4, M. and W. 399.*

279 Le Professeur Moréteau y rajoute opportunément l'hypothèse de *collateral contract* et celle de la *privity of contract* dans lesquelles la clause de non-responsabilité est effectivement écartée. *Droit anglais des affaires*, *op. cit.*, p. 335.

280 Directive incorporée dans le droit anglais le *Unfair Terms in Consumer Contracts Regulations* 1994 et en France, par la loi n° 95-96 du 1er février 1995.

281 Il n'est toutefois pas exclu qu'un acte législatif sur la question nous eût échappé ; dans tous les cas, les précédents britanniques conservent leur rôle de droit commun pour ces pays africains.

282 Comme on le verra, cette transition est potentiellement trompeuse en ce qu'elle est susceptible de signifier que les concepts d'effet relatif du *contract* et de *privity of contracts* sont rigoureusement synonymes, ce qui n'est pas exactement le cas.

283 Voir pour une approche comparée, O. Moréteau, "Revisiting the Grey Zone between Contract and Tort: The Role of Estoppel and Reliance in Mapping out the Law of Obligation", Helmut Koziol, Barbara C. Steininger (eds.), *European Tort law*, 2004, p. 60 et s.

avec notamment la *writ of assumpsit* d'antan. La référence à cette possibilité d'agir en justice n'a rien de fortuit, tant il est vrai qu'un droit n'a de sens en *common law* que par la possibilité de le faire respecter en justice : *remedy precedes right,* répète-t-on. L'origine jurisprudentielle de la notion de *privity of contracts* conforte d'ailleurs cette réalité. Mais alors, est-ce par cette origine qu'il faut expliquer l'étroitesse[284] de la notion par rapport au principe de l'effet relatif du contrat en cours dans le système OHADA ? On serait tenté de parler de la « relativité » de l'effet relatif du contrat en droit civil dont est issue l'OHADA, tant sont nombreuses les hypothèses et les modalités d'immixtion d'un tiers dans un contrat dans lequel il n'était pas partie au départ[285].

En *common law* originelle, celui qui ne fournit pas de *consideration* n'avait pas le droit de recourir à l'action d'*assumpsit.* Il en résulte aujourd'hui que pour exercer une action contractuelle contre le responsable d'un dommage quelconque, il est indispensable d'être contractuellement lié à cette personne. Les deux volets du principe de l'effet relatif du contrat se trouvent donc rigoureusement respectés par la *common law* : un contrat n'impose pas d'obligations à une tierce personne, pas plus qu'il ne lui confère des droits. L'application de ce principe ne trouve d'atténuation véritable qu'en dehors du domaine contractuel, si les éléments constitutifs d'un *tort* sont réunis, par exemple. Cette action délictuelle n'enlève rien à la rigidité de la notion, surtout comparée au principe de l'effet relatif tel qu'applicable par le système OHADA[286]. Pour ce qui est de la *common law* anglaise, il a d'ailleurs fallu une directive communautaire[287] pour atténuer les conséquences décriées de cette rigidité pour le droit de certaines victimes.

Il est vrai qu'en 1999, la rigidité de la *common law* anglaise s'est quelque peu atténuée avec le *Contracts (Rights of Third Parties) Act.* Jusqu'à cette date en effet, une personne étrangère à la conclusion du contrat n'a aucune base pour s'y immiscer par la suite. Par exemple, si X achète une voiture à Y et que celle-ci contient des vices qui handicapent son fonctionnement, X

---

[284] Sur cette étroitesse v. O. Moréteau, *Droit anglais des affaires*, *op. cit.*, p. 346 et s.

[285] Il y a d'abord eu une reconnaissance du droit d'agir au tiers bénéficiaire ; plus récemment, le tiers absolu victime d'une mauvaise exécution du contrat s'est vu reconnaître le droit d'agir au plan délictuel. Il y a en outre la notion de chaîne contractuelle qui permet, en cas de ventes successives, de remonter jusqu'au fabricant et d'exercer contre lui l'action en garantie des vices cachés, par exemple.

[286] Les pays OHADA resteront alignés sur le système français avec une stipulation d'autrui aux contours plutôt fuyants. Cette stipulation pour autrui peut être, dans certains cas, implicite. C'est le cas de celle reconnue aux victimes des produits défectueux. La jurisprudence a en effet développé, avant l'avènement de la loi du 19 mars 1998 relative à la responsabilité du fait des produits défectueux, la possibilité pour les victimes d'agir sur le fondement de la responsabilité contractuelle du fournisseur d'un produit, en utilisant le mécanisme de la stipulation pour autrui implicite. Voir à ce titre Cass. 2e civ., 16 mars 1966, *Bull. civ. II* n° 350 ou Cass. 1re civ., 17 janvier 1995, *Bull. civ. I*, n° 43.

[287] Il s'agit de la directive communautaire de 1985 sur la responsabilité du fait des produits défectueux mise en œuvre par le *Consumer Protection Act* 1987.

peut intenter une action contre Y, mais Z qui aurait de la peine pour X ne peut en aucun cas le faire pour ce dernier, il n'est pas partie au contrat, et ceci, même s'il avait par ailleurs un intérêt à agir. Le *Contracts (Rights of Third Parties) Act* a permis une petite distorsion à cette règle en admettant que si une clause du contrat entre X et Y confère un avantage ou un bénéfice à Z, ce dernier se voit alors reconnaître le pouvoir d'agir à la place de X. C'est donc une adoption expresse mais très limitée[288] de la stipulation pour autrui[289].

B) L'innovation ghanéenne en matière de privity of contracts

Si le berceau de la *common law*, l'Angleterre, a attendu l'année 1999 pour une timide atténuation au principe de mise à l'écart des tierces parties, le Ghana s'est, dès 1960 avec son *Contract Act 1960*, orienté vers une plus grande souplesse. Cette loi a sans doute quelque chose de perturbant pour qui est habitué à l'orthodoxie de la *common law* sur l'effet relatif du contrat. Le paragraphe 5(1) donne en effet cette tonalité déstabilisante : « Toute clause d'un contrat, conclu après l'entrée en vigueur de la présente loi qui prétend conférer un avantage à une personne qui n'est pas partie au contrat soit nominativement, soit comme membre d'une catégorie de personnes, peut, sous réserve des dispositions de la présente partie, être invoquée ou mise en application par cette personne comme si elle était partie au contrat. »[290] Cette position progressiste de la *common law* ghanéenne a eu à s'appliquer notamment dans l'affaire *Ejura Farms (Ghana) Ltd v. Harley*[291].

Il est donc difficile d'imaginer mieux, en matière de reconnaissance des droits aux tiers, y compris en droit OHADA. Aussi, le droit ghanéen s'est-il chargé lui-même de limiter cette possibilité de faire produire d'effets contractuels sur les tiers. C'est ainsi que l'alinéa 2 du paragraphe 5 de ce *Contracts Act* a expressément exclu deux hypothèses : celle où une clause contractuelle viserait à exclure ou à limiter la responsabilité d'un tiers et celle où une clause viserait l'intégrité du prix de revente. Allusion est faite dans cette deuxième hypothèse à une clause aux termes de laquelle une partie aurait l'obligation de fournir une contrepartie onéreuse à un tiers si la première cède la marchandise, objet du contrat, à un prix inférieur à celui fixé par le contrat.

Une autre limitation est contenue dans le paragraphe 6 dont les termes rappellent le sens général de l'*estoppel*. En effet, selon la formulation issue de la traduction du Centre de traduction et de terminologie juridiques de

---

[288] Voir O. Moréteau, *Droit anglais des affaires*, *op. cit.*, p. 349.

[289] Pour aller plus loin sur le principe de l'effet relatif du contrat tel qu'il est appliqué par la *common law*, voir aussi R. David et D. Pugsley, *Les contrats en droit anglais*, 2e éd., LGDJ, 1985.

[290] Traduction du Centre de traduction et de terminologie juridiques de l'Université de Moncton.

[291] « Ejura Farms (Ghana) Ltd. v. Harley » [1976] 1, *G.L.R.* 158.

l'Université de Moncton, dans le cas où un tiers se voit attribuer les droits prévus au paragraphe 5, « la modification ou l'anéantissement du contrat ne saurait porter atteinte à ce droit, si la personne a agi à son détriment sur la foi de cette clause, sauf consentement de sa part à cette modification ». Plus qu'une limitation, il s'agit là d'un renforcement du droit du tiers, et ce renforcement n'est pas sans rappeler la stipulation pour autrui[292].

Quelque peu en avance par rapport au droit anglais sur certains aspects, le *Contracts Act* ghanéen s'y est pourtant conformé sur bien d'autres aspects. Le paragraphe 7, par exemple, reprend l'essentiel de ce que prévoit la *English Law of Property Act 1925* et la *Supreme Court of Judicature Act* de 1873 pour ce qui est des droits et obligations des tiers. Ce paragraphe 7 qui traite de la cession des droits (qui est une des modalités d'ouverture du contrat à un tiers) dispose en substance que toute cession d'un droit opère translation au cessionnaire des droits et intérêts qui s'y rattachent et extinction de ceux du cédant, sous condition que cette cession ne soit pas qu'une cession-charge. En outre, la cession pourrait être assortie d'autres conditions qui tiennent plus de la forme (nécessité d'un écrit, signature du cédant, etc.).

En somme, la *common law* africaine présente une faible originalité par rapport à la *common law* anglaise et dans le domaine contractuel, le droit OHADA en gestation n'aurait pas un problème particulier de compatibilité. Les différences liées à la mentalité, à la langue, aux diverses conceptions subsistent, mais les divergences fondamentales restent de faible importance. C'est dire que ce n'est pas le domaine contractuel qui empêcherait *common lawyers* et juristes de l'OHADA de se rapprocher. En tout état de cause, à supposer que les droits officiels soient éloignés les uns des autres, le droit coutumier (informel) permet de nouer quantité de contrats par-delà les appartenances. Mais comme rien ne justifie que l'on désespère de voir le droit officiel emboîter le pas au droit informel, observons à l'œuvre quelques contrats de cette *common law* africaine.

SECTION 2 : LES PRINCIPAUX CONTRATS

Après la section précédente, essentiellement descriptive du mécanisme contractuel de la *common law* africaine, cette section se veut illustrative. De la précédente, il s'est dégagé l'idée que le fossé sur le plan contractuel entre *common law* et OHADA n'est pas insurmontable. Il est question à présent de présenter quelques-uns des principaux contrats de la *common law*. En premier lieu, le contrat qui semble le plus évident, la vente mobilière (paragraphe 1). Il s'agit certainement du contrat le plus fréquent dans la vie de tous les jours, non seulement en *common law*, mais aussi dans la famille

[292] Le consentement du tiers y est indispensable pour toute modification à partir du moment où il a accepté.

civiliste. Le second paragraphe sera consacré aux intermédiaires de commerce (paragraphe 2). Présenter l'*agency* dans la rubrique « principaux contrats » pourrait apparaître discutable aux yeux du juriste OHADA. Mais il est question ici de plus insister sur le mandat, éminemment contractuel, que sur le côté « institutionnel ». C'est donc le point de vue fonctionnel qui fait apparaître le mandat comme une opération reposant sur un accord de volonté qui nous intéresse.

Paragraphe 1 : Le *sale of goods*[293]

Le droit de la vente mobilière est certainement de tous les contrats spéciaux[294], le contrat que la *common law* africaine a copié presque tel quel, à la *common law* anglaise. Ceci s'explique surtout par l'extraordinaire destinée qu'a connue la loi anglaise de 1893[295]. Elle a en effet eu un « rayonnement mondial »[296]. Des variations peuvent être observées çà et là, mais de façon générale, on retrouve dans tous les pays l'esprit du texte codificateur anglais de 1893.

Dans un pays fédéral comme le Nigeria, certains États fédérés se sont dotés des codes sur la vente mobilière[297]. C'est le cas de l'État de Lagos, de Delta et d'Edo qui ont chacun un *Sale of Goods Law*. Tous ces textes nationaux ont tout de même un fond commun, le *Sale of Goods Act* 1893. De la même manière, dans les différents pays, des textes plus ou moins spéciaux interfèrent dans la réglementation de ce contrat, mais une fois encore, sans lui faire perdre ses traits anglais[298]. Les *common laws* africaines n'ont donc pas échappé à l'exceptionnel rayonnement dont le *Sale of Goods Act* a fait preuve.

Malgré les particularités de la vente mobilière de la *common law*, celle-ci s'avérerait finalement peu dépaysante pour le juriste OHADA[299]. L'on est en effet dans le domaine contractuel dont on a déjà souligné les effets du point de vue de la convergence des systèmes. Aussi, les juristes et les opérateurs économiques de l'espace OHADA ont-ils tout intérêt à bien connaître ce *Sale of Goods Act* et ses dérivés africains. Cette connaissance se trouve facilitée notamment par la relative proximité entre ce texte et les différents instruments d'uniformisation de la vente mobilière à l'échelle internationale.

[293] La vente mobilière.

[294] Il va sans dire qu'il s'agit là d'une systématisation propre aux civilistes et à l'OHADA, la doctrine de la *common law* ne distingue pas une catégorie dite « contrats spéciaux » tel qu'il existe dans le système français d'enseignement du droit civil. Il existe néanmoins des *specific contracts* qui correspondent à des catégories spéciales.

[295] Il convient de noter que la reprise par les *common laws* africaines concerne surtout le texte anglais de 1893 et non celui de 1979.

[296] O. Moréteau, *Droit anglais des affaires*, *op. cit.*, p. 420.

[297] Il s'agit bien sûr des codes à l'anglaise, une simple consécration du droit jurisprudentiel.

[298] *Factors Act, Infant Relief Act, Merchant Shipping Act, etc.*

[299] Il ne faut cependant rien exagérer, des différences substantielles subsistent.

La Convention de Vienne de 1980, par exemple, est présentée comme un clone du Code de commerce uniforme américain, ce qui n'est pas sans fondement, mais celui-ci avait aussi beaucoup emprunté au *Sale of Goods Act* tout en empruntant des solutions à la tradition civiliste[300].

De plus, les stipulations contractuelles, le choix des parties, voire les règles de conflit de droit international privé peuvent contraindre à l'application du droit de vente de la *common law*. Il est donc important d'en présenter les traits globaux à travers la formation (I) et l'exécution du contrat de vente (II).

I) FORMATION DU CONTRAT DE VENTE MOBILIÈRE

Le contrat de vente de la *common law* africaine peut paraître très différent de celui du droit civil dont relève l'OHADA. Mais à y voir de près, ces différences se révèlent de faible importance. En effet, comme dans le système civiliste, le contrat peut être précédé d'un avant-contrat, ou se former de façon directe. On serait alors en présence soit d'une *sale* (A), soit d'un *agreement to sell* (B), les deux concepts renvoyant à deux réalités distinctes[301].

A) Le *sale*

Dans le contrat de vente (*contract of sale*), il convient de distinguer le *sale* de l'*agreement to sell*. D'abord, le contrat de vente lui-même ne se distingue pas de la conception civiliste OHADA, c'est le contrat par lequel le vendeur transfère ou promet de transférer la propriété de biens mobiliers à l'acheteur moyennant un prix, la *consideration*. De prime abord, on peut préciser que la *common law*, contrairement au système dont relève l'OHADA, n'érige pas en principe du contrat de vente le transfert de propriété. C'est dans la modalité de ce transfert de propriété de marchandises que la loi introduit la distinction entre *sale* et *agreement to sell*. Lorsque le transfert de propriété est opéré du vendeur à l'acheteur, on est en présence d'un *sale*. Lorsqu'en revanche ce transfert de propriété est assorti d'une condition[302] ou doit avoir lieu à une date future, on est en présence d'un *agreement to sell*[303].

Ceci étant, pour la *common law* et contrairement au système OHADA, le transfert de propriété dépend de la volonté des parties et seulement à titre supplétif de la loi. Lorsque le contrat de vente stipule un transfert immédiat

---

300 Pour une confrontation entre le *Sale of Goods Act* et la Convention de Vienne de 1980, voir O. Moréteau, *Droit anglais des affaires*, *op. cit.*, p. 420 et 421.

301 Pour les mêmes raisons que celles invoquées par le Pr Moréteau, nous ne traduirons pas les termes *sale* et *agreement to sale*. Pour ces raisons, voir *Droit anglais des affaires*, *op. cit.*, p. 424.

302 Il ne faut pas pour autant conclure que l'*agreement to sell* est une vente conditionnelle. Il peut l'être sans s'y limiter.

303 Voir sur ces définitions O Moréteau, *Droit anglais des affaires*, *op. cit.*, p. 423.

de la propriété des marchandises du vendeur à l'acheteur, le *sale* dont il s'agit alors se forme en principe comme tout contrat. Les parties doivent remplir la condition de capacité, se prévaloir d'une *consideration*, ce qui ne pose aucune difficulté dans un contrat de vente, s'accorder sur la chose et le prix. Il s'agit là des éléments essentiels qui servent de base aux *conditions*[304], une certaine latitude est reconnue aux parties, et elles en usent notamment dans le cadre des *warranties*[305].

Pour la capacité des parties et précisément l'âge de majorité, il varie dans les différents pays de *common law* africains entre 18 et 21 ans. Il y a le principe d'une prohibition générale des transactions avec des personnes n'ayant pas cet âge de majorité, ou avec des personnes majeures protégées. Mais il s'agit des règles qui sont communes au *sale* et à l'*agreement to sale*, et ne revêtent pas d'importance particulière. D'ailleurs, il s'agit d'une généralité que se partagent tous les systèmes, y compris l'OHADA.

Outre les éléments de base de tout contrat (capacité, consentement, *consideration*, absence de formalisme, etc.), le *sale* ne fait aucune fixation sur l'accord sur le prix tel que c'est le cas pour le droit civil. Le contrat peut être valable même sans accord sur le prix. Donc, la *common law* semble se rapprocher du système OHADA pour mieux s'en distinguer. En effet, dans le système OHADA comme dans le système africain de la *common law*, la vente a lieu entre personnes capables relativement à un bien et moyennant un prix. Dans l'un et l'autre système, le prix est indissociable de la monnaie. Si le transfert de propriété d'un bien est fait contre un objet quelconque, on est au mieux, dans un troc, un échange, ce qui est désigné en *common law* par *exchange* ou *barter*. Pour le prix fictif ou simulé, par exemple, il invalide le contrat dans les deux systèmes pour des raisons différentes[306]. Dans les pays OHADA, la vente serait nulle parce que l'obligation du vendeur serait sans cause, et pour la *common law*, la *consideration* ferait défaut[307]. Il est vrai que dans le système OHADA, le contrat pourrait être sauvé et requalifié en donation, s'il y a l'*animus donandi* tandis qu'en *common law*, il n'y aurait contrat en aucune façon pour défaut de *consideration*. Sur cette question du prix, la nuance de taille, que l'on peut observer entre les deux systèmes, tient à la place de la fixation du prix lors de la formation du contrat. Dans le système OHADA, le contrat de vente consiste à s'accorder sur la chose et le prix, l'accord sur la chose et le prix rend la « vente parfaite » selon l'expression consacrée. Il est donc indispensable que lors de la formation de la vente, le prix soit sinon, déterminé, du moins déterminable.

---

[304] Clauses principales.

[305] Clauses secondaires.

[306] Cependant, rien ne s'oppose à ce que l'acheteur promette seulement le paiement d'un prix qui sera fixé plus tard.

[307] Pour les mêmes raisons que celles invoquées plus haut sur les contrats, nous nous gardons de traduire *consideration* par cause.

Pour la *common law* en revanche, la fixation du prix peut être renvoyée à plus tard, sans empêcher le contrat de produire ses autres effets, notamment la délivrance de la chose par le vendeur. Depuis l'espèce *Acebal v. Levy*[308] en effet, le prix raisonnable à payer par l'acheteur pourrait être fixé ultérieurement. On retrouve une fois encore le pragmatisme de la *common law* qui opte pour une solution économiquement plus efficiente qui consiste à compléter un accord imparfait qui a fait l'objet d'une exécution partielle[309]. L'accord sur le prix n'a donc pas en *common law* l'importance qu'il a dans les pays OHADA. Mais aussi bien en droit OHADA que dans les pays de la *common law*, un contrat de vente n'a pas d'autre vocation que d'être exécuté.

Sur cette question de formation du *sale*, il convient de noter l'hypothèse où un *agreement to sell* devient un *sale* en raison de la survenance du terme ou de la réalisation de la condition dont dépendait le transfert de propriété. Dans une telle hypothèse, on s'attachera à vérifier que le premier contrat, l'*agreement to sell*, respecte les conditions générales et particulières de validité.

B) L'agreement to sell

Cette distinction entre *sale* et *agreement to sell* ne doit ni être exagérée, ni être comprise à l'image de la distinction du système OHADA entre vente et promesse synallagmatique de vente. Du point de vue de la formation, il est question du respect des règles de formation de contrat telles qu'exposées plus haut. L'*agreement to sell* est avant tout un contrat. D'ailleurs, en droit américain, il est désigné par le concept *contract to sell*. En tant que contrat, l'*agreement to sell* obéit à l'existence d'une offre, de l'acceptation de l'offre et de la *consideration*. L'exigence et l'existence de cette dernière sont d'ailleurs moins sujettes à discussion dans la mesure où dans les engagements réciproques des parties, transférer la propriété et payer le prix, la *consideration* transparaît.

Pour faire acte d'offre ou d'acceptation de l'offre, il est, comme déjà indiqué, indispensable d'avoir la capacité de contracter. Sur cette question, il n'existe aucune dérogation notable vis-à-vis du système OHADA. Les mineures, les majeures protégées, etc. sont autant de personnes tenues à l'écart de l'*agreement to sell*. De même, les personnes morales peuvent contracter au travers de leur représentant.

En plus de ces éléments communs à tout contrat, l'*agreement to sell* comporte d'autres composantes dont l'effet est de renvoyer le transfert de propriété à plus tard. Ça peut être l'arrivée d'un terme, la réalisation d'une condition. Dans ce dernier cas, le transfert de la propriété de certains biens

---

308 « Acebal *v.* Levy » (1834) 10, *Bing*. 376. Règle reprise et consacrée par le *Sale of Goods Act*, voit notamment la S. 9 (1).

309 O. Moréteau, *Droit anglais des affaires*, *op. cit.*, p. 431.

spécifiques (*specific goods*) se fera lors de la réalisation des conditions tout aussi spécifiques. Il peut également s'agir de la vente des *futures goods*, une chose future, ou alors des *unascertained goods*, c'est-à-dire des biens non encore individualisés[310].

Ce fait d'assortir la réalisation de la vente dans le cadre d'un *agreement to sell* à un terme ou à une condition ne lui confère-il pas les caractéristiques d'une vente sous condition ou à terme, opérations connues de l'OHADA ? Avant de répondre à cette question, commençons par celle déjà évoquée de la comparaison entre *agreement to sell* et promesse synallagmatique de vente.

L'*agreement to sell* n'est pas la promesse synallagmatique de vente. En effet, s'il est vrai que dans l'un et l'autre cas, une des parties promet de vendre et l'autre d'acheter, elles ne sont pas soumises au même régime. En droit civil, l'article 1589 du Code civil français est clair : promesse de vente vaut vente. D'ailleurs, dans la vente comme dans la promesse de vente, un accord sur la chose et sur le prix est indispensable[311]. La différence entre les deux se situe principalement du côté des effets : la promesse synallagmatique opère un transfert de propriété[312], ce qui n'est pas le cas de l'*agreement to sell.*

Quant aux ventes conditionnelles et à terme, sous réserve de la mise en garde générale contre le fait de chercher (et quelques fois malheureusement d'inventer) des équivalences entre concepts appartenant à des systèmes juridiques différents, on peut dire que ces ventes sont très proches de l'*agreement to sell.* Ce dernier en effet suppose que le transfert de propriété ait lieu à une date ultérieure ou dépende de la réalisation ultérieure d'une condition[313]. Dans la vente à terme comme dans l'*agreement to sell* dans lequel la vente est assortie d'un terme, ce terme n'empêche pas la naissance de l'obligation. Il retarde seulement son exécution. Le terme n'affecte que l'exécution de la vente. La petite nuance est que dans une vente à terme civiliste (OHADA), le transfert de propriété est en principe opéré, ce qui n'est pas le cas de l'*agreement to sell.*

La vente conditionnelle dans laquelle le transfert de propriété est retardé semble finalement la seule à être véritablement proche d'un *agreement to sell.*

II) L'EXÉCUTION DU CONTRAT DE VENTE MOBILIÈRE

L'exécution du contrat de vente consiste en exécution de l'obligation de l'acheteur de payer le prix et de celle du vendeur de transférer la propriété du

[310] O. Moréteau, *Droit anglais des affaires*, *op. cit.*, p. 424.

[311] Voir, par exemple, Paris 12 oct. 1956, Civ. 11 mars 1986, *Bull. civ.* 1, n° 67.

[312] Il est possible que ce mécanisme soit perçu comme curieux en *common law*. La promesse synallagmatique de vente valant vente et nécessitant les mêmes conditions que la vente, en quoi diffère-t-elle finalement de la vente ?

[313] O. Moréteau, *Droit anglais des affaires*, *op. cit*, p. 423.

bien objet de la vente et de délivrer ce bien (*delivery*). L'obligation de l'acheteur pose rarement des difficultés en pratique. S'il est fixé dans le contrat, il doit être payé dans les modalités définies par le contrat ou en l'absence de toute stipulation, au moment de la délivrance de la chose par le vendeur, et ceci, conformément au caractère synallagmatique de la vente. S'il n'avait pas été fixé, il ferait alors l'objet d'une fixation en référence à ce qui est raisonnable au regard de la valeur du bien. Comme en droit civil, l'obligation du vendeur semble plus complexe. À son obligation de délivrance (A), on peut en effet rajouter une protection qu'il doit à l'acheteur (B), ce qui n'est pas sans rappeler la double garantie du Code civil[314].

A) L'obligation de délivrance *(delivery)*

Cette obligation n'a rien de véritablement nouveau par rapport à l'obligation de délivrance de la vente du système OHADA. Elle est une exécution de l'obligation du vendeur, contrepartie du paiement du prix par l'acheteur. Les parties ont une faculté absolue de convenir de tous les aspects de cette délivrance. En l'absence des stipulations contractuelles, le *Sale of Goods Act* et les précédents interviennent alors à titre supplétif.

La délivrance en elle-même doit être entendue au sens large de mise à disposition et non pas à celui étroit de transfert de possession dans son sens civiliste (OHADA)[315]. Il y a d'ailleurs une certaine convergence entre système OHADA et *common law* sur cette question avec comme souvent une plus grande liberté contractuelle chez les *common lawyers*. C'est, entre autres, pour cette raison que les contrats version *common law* sont extrêmement détaillés par rapport à ce qui aurait cours dans l'espace OHADA. C'est au contrat de dire à qui incombe le transport en vue de la délivrance et si le transport est à la charge du vendeur, ce dernier doit agir de manière raisonnable[316].

De même, le lieu du *delivery* est laissé à la discrétion du contrat. En cas de silence du contrat, ce lieu est réputé être l'établissement ou la résidence du vendeur. Il en est de même du délai. Si le contrat n'en dit rien, il faut se reporter au délai raisonnable au regard notamment des usages.

En gros, pour les détails de la livraison, la *common law* investit les contractants d'une grande liberté contractuelle, et les solutions prévues pour les cas de silence du contrat se rapprochent de celles qui existent en droit civil ou en droit du commerce international. Mais ce qui est contenu dans le contrat doit être scrupuleusement respecté, au risque pour le vendeur de voir sa responsabilité engagée. Ceci montre une fois encore que *common law* et

---

[314] Garantie des vices cachés et garantie d'éviction.

[315] Il est vrai que le *Sale of Goods Act 1893* a donné une définition du *delivery* comme étant le transfert de la possession (S. 62 (2)). Mais cette « possession » n'a pas le contenu spécifique qu'il a en droit civil.

[316] Contrat de transport raisonnable et adapté à la marchandise, diligence suffisante, etc.

OHADA se retrouveraient sur ce qui est essentiel pour les civilistes, l'obligation de délivrance conforme.

De façon indicative, la responsabilité du vendeur peut être engagée dans des cas très divers :

D'abord, la non-délivrance, hypothèse où le vendeur ne s'acquitte pas de cette obligation, alors même que l'acheteur a exécuté ou entamé[317] l'exécution de son obligation. Cette hypothèse est, heureusement pour les affaires, exceptionnelle. Mais il peut aussi y avoir une défaillance du vendeur par rapport à une des modalités du *delivery* : non-respect du délai contractuel de délivrance ou du délai raisonnable en l'absence des stipulations contractuelles ; livraison en un lieu autre que celui prévu au contrat ; livraison d'une quantité au-delà ou en deçà des stipulations contractuelles ; non-conformité qualitative de la marchandise, etc. Dans tous ces cas de figure, il y a une règle générale qui ne dispense pas des règles particulières à chaque cas. On retrouve ici une des particularités de la *common law* qui singularisent par rapport au système OHADA : la règle n'est jamais suffisamment générale pour suffire à plusieurs cas.

La règle relativement générale renvoie à la distinction entre *conditions* et *warranties*. Si la défaillance du vendeur concerne un aspect essentiel de l'obligation du vendeur (*conditions*), l'acheteur a le droit de procéder unilatéralement à la résolution du contrat sans préjudice des dommages-intérêts qu'il peut réclamer par ailleurs. On parle alors de *termination* ou de *repudiation*. L'acheteur n'a nul besoin d'une action judiciaire pour cette résolution unilatérale. Si, par contre, la défaillance du vendeur concerne un aspect plutôt secondaire (*warranties*), l'acheteur ne peut demander que les dommages-intérêts sans possibilité pour lui de résoudre unilatéralement le contrat ou de rejeter la marchandise.

Comment savoir alors ce qui relève des *conditions* et ce qui n'est qu'une *warranty* dans un contrat de vente ? Les parties ont la possibilité, lors de l'établissement du contrat, de prévoir expressément ce qui est essentiel et ce qui est accessoire. Et comme on l'a vu dans le chapitre général des contrats, en cas de silence des parties, le juge procède à une interprétation en se référant au *reasonable man*. Le juge peut aussi se référer au contexte comme pour le délai de livraison auquel la jurisprudence confère un caractère de *condition* s'il s'agit des contrats commerciaux, évidemment sauf volonté contraire des parties. En fait, la volonté des parties est tellement forte que même face à un *breach of contract* pour non-respect d'une clause essentielle, l'acheteur peut renoncer au caractère essentiel de la clause et considérer l'inexécution essentielle comme inexécution d'une *warranty*, il se contente alors de demander des dommages-intérêts[318].

---

[317] C'est important que l'acheteur ait au minimum entamé l'exécution de sa part de l'obligation conformément à la théorie de la *consideration* évoquée dans le chapitre relatif au contrat.

[318] "*When condition to be treated as warranty.*"

En somme, c'est sur ce transfert de propriété que les positions divergeraient entre système OHADA et *common lawyers*, au point d'ailleurs qu'à titre d'exemple, il n'a pas été possible de trouver une position commune en droit uniforme[319]. Globalement, chaque fois qu'il y a non-conformité de la marchandise, soit de par sa quantité, sa qualité, les modalités de mise à disposition, etc., l'acheteur a toujours une option : garder la partie conforme de la marchandise ou la résolution si c'est le cas ; acceptation et demande de réparation ou rejet de la marchandise… Il n'a de limite que l'abus. Il peut en effet être condamné pour résolution intempestive ou rejet intempestif, mais dans l'ensemble, il est bien protégé.

B) La protection de l'acheteur

Il est essentiellement question de la protection *a posteriori* de l'acheteur comme dans la double garantie du Code civil (garantie du vice caché et garantie d'éviction). Les différents pays africains de *common law*, en reprenant le *Sale of Goods Act* (plus celui de 1893), ont finalement fait leur le droit anglais. Il est inutile pour un juriste de l'OHADA de chercher la systématisation civiliste des obligations du vendeur comme dans le triptyque obligation de délivrance-garantie des vices cachés-garantie d'éviction. La *common law* est, une fois encore, rebelle à bien de systématisations. En conséquence, le civiliste puriste (c'est certainement le cas de la plupart des juristes de l'OHADA), est dépaysé, voire dérangé, par le caractère par endroits répétitif, fort détaillé et relativement désordonné du contenu des rares lois comme le *Sale of Goods Act*[320].

De façon globale, dans un *sale,* il convient de distinguer ce qui est stipulé dans le contrat et les *implied terms*, dispositions supplétives dans lesquelles l'acheteur trouve l'essentiel de sa protection. Dans ces *implied terms*, on peut retrouver non seulement les éléments de l'obligation de délivrance déjà évoqués, mais aussi d'autres éléments de protection dont la finalité rappelle la double garantie du droit civil.

Tout d'abord pour la garantie des vices cachés, en principe, elle n'existe pas dans la signification qu'elle a dans le système OHADA[321]. Les *common laws* africaines ont fait leur le principe *caveat emptor* et attendent de l'acheteur plus de responsabilités[322]. Il appartient donc à l'acheteur de veiller à faire figurer le maximum d'exigences dans le contrat. Ce principe de

---

[319] Convention de Vienne 1980.

[320] Rareté doublement relative, il va sans dire : la loi écrite et la codification ne sont plus l'apanage des seuls civilistes depuis belle lurette. Il reste tout de même que la production des textes législatifs ne se fait pas à la chaîne comme c'est le cas dans la plupart des pays civilistes. En outre, les lois de la *common law* viennent souvent consacrer des solutions dégagées à l'occasion des précédents judiciaires.

[321] Article 1641 du Code civil français.

[322] L'acheteur de la *common law* n'est pas cet « imbécile » surprotégé et sur-assisté par une batterie de règles qui vont de l'article 2276 du Code civil aux toutes dernières règles consuméristes. *Caveat emptor* pourrait être traduit par « Que l'acheteur soit vigilant ! ».

caveat emptor a connu une évolution qui a permis d'étendre la protection de l'acheteur. Les pays africains ont suivi la législation anglaise dans son évolution, ce qui a permis de faire peser sur le vendeur, sauf stipulations contractuelles contraires, une obligation de fournir une marchandise d'une certaine qualité et conforme à ce à quoi l'acheteur la destine.

Ainsi, l'acheteur a droit, dans tous les pays africains de *common law*, à une marchandise de « qualité marchande », une marchandise qui a la *merchantable quality*. La qualité marchande est un concept à plusieurs implications, qui implique que le bien puisse faire l'objet de l'usage auquel il est destiné, dans des circonstances normales, et tenant compte notamment de son prix. Le terme *merchantable*[323] ne doit pas induire en erreur, il ne s'agit pas uniquement des contrats commerciaux. La *common law* ignore d'ailleurs la distinction entre ventes commerciales et ventes civiles. L'insuffisance de la protection assurée avait amené le législateur anglais à étendre le champ de protection due à l'acheteur relativement à la qualité de la marchandise avec le *Sale and Supply of Goods Act 1994*. Les pays africains de *common law* n'ont pas encore suivi cette évolution et l'on en est encore à l'exigence d'une *merchantable quality*. C'est donc dire qu'à l'heure actuelle, la garantie des vices cachés du Code civil français, telle que reprise par les pays OHADA, offre une meilleure lisibilité non pas par rapport à la *common law* anglaise, mais par rapport aux *common laws* africaines.

Des éléments de garantie d'éviction aussi existent dans les *common laws* africaines. Le vendeur doit à ce titre garantir une *quiet possession* à l'acheteur. Donc, nul ne doit évincer l'acheteur dans sa propriété et nul ne doit porter atteinte à sa jouissance paisible, qu'il s'agisse du vendeur lui-même ou d'une tierce personne.

De la même manière, le fait pour le vendeur d'être propriétaire de la marchandise est une *condition* selon le *Sale of Goods Act*. En tant que tel, si le vendeur n'est pas le propriétaire du bien objet de la vente, l'acheteur est protégé par la faculté de résoudre unilatéralement le contrat et de demander des dommages-intérêts.

Une autre obligation, qui est cette fois-ci une *warranty*, renforce la garantie d'éviction de l'acheteur : le vendeur est tenu de garantir à l'acheteur l'absence de toute sûreté réelle sur le bien, sauf celle connue de l'acheteur avant la vente.

En conclusion de cette présentation sommaire de la vente en *common law*, il apparaît que les singularités de cette vente vis-à-vis de ce à quoi les civilistes de l'OHADA sont familiers ne sont finalement pas très importantes. L'autonomie de la volonté semble plus poussée, mais une bonne partie des éléments distinctifs sont ceux communs à tout contrat, les contrats dont on a déjà dit qu'ils ne constitueraient pas un obstacle

---

[323] La référence au caractère marchand s'explique par le fait qu'originellement, le concept était appliqué dans des ventes entre marchands. Voir O. Moréteau, *Droit anglais des affaires*, *op. cit.*, p. 499.

insurmontable au rapprochement OHADA-*common law*. Une présentation encore plus sommaire de l'*agency* illustrerait encore plus la matière contractuelle en *common law*.

Paragraphe 2 : L'*agency*

Comme on l'a souligné, à première vue, parler des intermédiaires de commerce dans un chapitre sur les contrats n'est pas forcément d'une indiscutable cohérence. Mais à y voir de près et envisagé dans le cadre de la *common law*, dans l'*agency*, il y a une importante dimension contractuelle. C'est uniquement à cette dimension qu'on va s'intéresser. Il serait, par exemple, intéressant d'illustrer avec l'*agency* l'une des différences fondamentales entre contrats du système OHADA et ceux de la *common law*[324]. Le Professeur Moréteau rappelait « qu'on ne peut étudier le droit des contrats, ni le droit commercial sans rencontrer la notion de mandat (*agency*) »[325]. Comme dans les paragraphes précédents, il s'agira d'une présentation sommaire, le but n'étant que de prélever l'échantillon contractuel dans ce vaste domaine de la *common law*[326]. Les développements seront d'autant plus limités que les *common laws* africaines ne se distinguent pas du droit anglais sur cette question. La présentation se fera autour, d'une part, de la création et de la classification (I) et, d'autre part, des effets et de l'extinction (II) du mandat.

I) CRÉATION ET CLASSIFICATION DES MANDATS

Tout le mécanisme d'intermédiation repose sur la nécessité de conférer une capacité et une qualité adéquates pour conclure légitimement un contrat. C'est le cas lorsque A, appelé *principal*, donne mandat à B, l'*agent*, pour conclure un contrat (en ses lieu et place) avec C. Sans le mandat qui lui est donné, B n'aurait probablement pas qualité pour conclure avec C, *third party*[327]. Quelle est alors la nature de cet acte d'habilitation ? De fait, il peut s'agir d'un accord de volonté, voire d'un contrat au sens de la *common law*

---

[324] En général, l'engagement unilatéral ne génère pas de rapport contractuel en *common law*, l'*agency* constitue-t-il une exception ?

[325] O. Moréteau, *Le mandat et la société en nom collectif*, *Common law* en poche, Éditions Yvon Blais, Québec, 2008, p. 7.

[326] En un seul paragraphe, il est certainement impossible de faire une présentation complète et détaillée de l'*agency*. Pour plus de détails, voir notamment, O. Moréteau, *Droit anglais des affaires*, *op. cit.* ; R. David et D. Pugsley, *Les contrats en droit anglais*, 2e éd., LGDJ, 1985 ; Une publication de l'Institut de droit comparé Édouard Lambert, sous la direction de H. A. Schwarz-Liebermann Von Wahlendorf, « *L'"Agency" en droit anglais, Travaux du séminaire "common law"*, DEA de droit comparé, 1979-1980 ; G.H.L. Fridman, *The Law of Agency*, 6e éd. 1990.

[327] Nous nous interdisons d'être plus définisseur que la *common law* dont on a vu qu'elle est réfractaire aux définitions générales.

(A). Mais le mandat ne se forme pas uniquement par cette étroite voie contractuelle (B).

A) Le mandat né d'un accord de volonté

Il paraît plus commode d'envisager le mandat selon qu'il naît d'une volonté *a priori* ou *a posteriori*. Malgré la commodité de cette option, nous choisissons d'insister sur le lien contractuel dans l'espoir de trouver une occasion supplémentaire d'illustrer la singularité du contrat de la *common law* vis-à-vis notamment de ce qui existe dans le système OHADA. Le rapport contractuel auquel nous faisons allusion peut être envisagé dans deux conceptions : celle de la *common law* et celle de l'OHADA.

Du point de vue de la *common law*, faut-il le rappeler, le contrat a une signification plus restreinte que celle que l'OHADA tient du Code civil (accord des volontés destiné à produire des effets de droit). Pour la *common law*, à la manifestation de volonté doit s'ajouter la *consideration*, ce qui exclut de fait des engagements unilatéraux sans contrepartie. Ramené au mandat, le contrat aurait nécessité un accord des volontés entre le mandant et le mandataire, et des obligations à la charge de chacune des parties. Le mandataire aurait ainsi pour obligation d'accomplir certains actes pour le compte du mandant et ce dernier aurait comme obligation de le rémunérer. Si les actes pour lesquels le mandataire représente le mandant sont bien spécifiés, on parle d'*express authority*. Il s'agit là du mandat spécial qui s'oppose au mandat général, l'*implied authority*[328].

Mais l'hypothèse où le mandat procède d'un contrat en bonne et due forme est moins fréquente que celle dans laquelle une simple procuration est donnée par le mandant au mandataire. L'exemple d'un mandat né d'un contrat ou à l'occasion d'un contrat peut être tiré du cas où un employeur donne un mandat à son salarié de le représenter. Encore que dans cet exemple se dessine un autre cas de figure pas rigoureusement contractuel, celui de l'*implied actual authority*. Si le contrat de travail fait naître un mandat entre l'employeur et le salarié, pour quels actes précis le salarié est-il supposé représenter son employeur ? Il s'agit en réalité de ce qui est connu en droit OHADA comme le mandat général. Le problème principal est souvent celui de la délimitation de cette habilitation implicite. La *common law* s'est une fois encore révélée rebelle à toute généralisation. De façon générale, il est reconnu au mandataire, ayant une habilitation expresse, une *implied authority* pour tout acte relevant de sa mission principale. Il peut donc y avoir coexistence entre un mandat explicite et un mandat général. C'est même le cas le plus souvent, puisqu'il est difficile de consigner, dans l'écrit de la procuration, tous les actes qui vont se révéler nécessaires à la bonne exécution du mandat.

[328] Il faut remarquer tout de suite la limite de ces formulations si on essayait de les traduire en français.

Le mandat naît le plus souvent d'un acte de volonté unilatérale[329], cas de figure encore contractuel pour l'OHADA, mais pas pour la *common law*. La volonté du *principal* peut être exprimée par tout moyen, écrit, oral ou même par sa conduite[330]. La procuration écrite paraît plus indiquée et plus sécurisante pour les parties, surtout lorsqu'il s'agit d'une *express authority*. Cette procuration écrite, appelée *power of attorney*, fait l'objet d'une interprétation stricte et littérale de la part du juge.

L'*agency* peut également exister, alors même qu'il n'y a eu aucun contrat, ni dans le sens large de l'OHADA, ni dans le sens étroit de la *common law*.

B) Le mandat né en dehors de tout accord de volonté

Le mandat ne naît pas toujours d'une volonté *a priori*. L'*agency* peut en effet procéder d'un *estoppel*, d'une nécessité ou alors être ratifié en raison des circonstances.

Toutes les *common laws* africaines connaissent un *agency by necessity*, mandat bien connu du droit anglais. La représentation ici est très proche de la gestion d'affaires du droit civil. Dans le langage civiliste, on parlerait d'un mandat né d'un quasi-contrat. Le contexte est presque le même : une atteinte urgente menace le bien ou l'intérêt d'une personne ; pour préserver ces biens ou ces intérêts, l'on dispose d'une *authority by necessity*. En droit nigérian, par exemple, cet *agency by necessity* a été reconnu dans des cas suivants : un chauffeur de car qui amène un passager blessé à l'hôpital ; procurer des vivres à une personne mariée abandonnée par son conjoint[331], etc. Il faut dans tous les cas que trois conditions soient réunies pour que le mandat soit reconnu : il ne doit pas être possible de communiquer, de sorte que le *principal* n'ait aucun moyen de donner des instructions à l'*agent by necessity* ; il doit y avoir une véritable nécessité commerciale à agir ; enfin, le mandataire doit avoir agi de la façon la plus protectrice des intérêts du *principal*.

Outre cette situation de nécessité, un acte pourrait être réputé procéder d'un mandat du fait de sa ratification *a posteriori* par le *principal*[332]. La validité de la ratification est soumise à plusieurs conditions : la personne pour le compte de laquelle l'acte à ratifier est fait doit être déterminée ou déterminable, cette personne doit avoir la capacité légale pour l'acte à ratifier, la ratification doit avoir lieu dans un délai raisonnable, etc.

---

[329] Assorti ou non de contrepartie et donc, échappant bien souvent au droit des contrats.

[330] *Agreement implied from the conduct of the parties*. Nous ne parlons pas ici de l'*estoppel* qui implique aussi une attitude et qui fera l'objet d'autres développements.

[331] Toute personne qui agit dans ces deux hypothèses est considérée comme *agent by necessity*, dans le système OHADA, le mandat serait certainement inutile dans la mesure où l'action du tiers a d'autres fondements : obligation d'assistance à personne en danger, etc.

[332] C'est la règle *omnis ratihabitio retrotrahitur et mandato priori acquiparatur*. Voir, pour une application, le cas « Bolton Partners *v*. Lambert » (1889) 41, *Ch. D* 295.

Enfin, on distingue le mandat créé par l'apparence où la *common law* se singularise plus nettement avec notamment l'*estoppel*[333]. Il s'agit, comme on l'a déjà évoqué dans la section relative aux contrats, d'une règle typiquement anglaise, qui fait obligation à une personne qui a créé une apparence à rester en conformité avec celle-ci. Interdiction lui étant faite de se contredire au détriment d'autrui[334]. Concept original et propre à la *common law*, l'*estoppel* est appliqué dans des situations les plus variées. L'*estoppel* impose au *principal* d'assumer l'apparence qu'il a entretenue ou plus exactement les conséquences de cette apparence. Cette apparence aura créé une confiance du tiers vis-à-vis du mandataire apparent. Si le mandant apparent a participé à l'entretien de cette apparence, la confiance devient alors légitime et il naît une action directe à son encontre. Il lui est de ce fait interdit « de se contredire au détriment d'autrui »[335].

La théorie de l'*estoppel* rappelle celle de l'apparence du droit civil[336], mais le rapprochement mérite d'être nuancé par le caractère déterminant du comportement du mandant dans l'*estoppel*. Autrement dit, une apparence créée par le seul fait du mandataire apparent ne permettrait pas d'« estopper » le mandant apparent. Mais si cette condition de la contribution du mandant apparent est remplie, l'*estoppel* permet soit de créer un mandat qui n'existait pas ou alors d'étendre un mandat dont le champ était limité.

Qu'il naisse d'une volonté expresse ou pas, qu'il soit d'origine contractuelle ou pas, le mandat produit des effets avant son extinction.

II) EFFETS ET EXTINCTION DU MANDAT

Les effets (A) comme l'extinction du mandat (B) appellent peu de commentaires dans la mesure où la convergence avec le droit OHADA est suffisamment marquée.

A) Les effets du mandat

Sur les effets du mandat, il n'y a aucune différence entre les droits des pays africains et la *common law* anglaise, de la même manière qu'il n'y a pas de

[333] Nous aurions pu ne pas mettre le terme « estoppel » en italique, car en réalité, il ne s'agit pas d'un terme étranger au français (voir O. Moréteau, *Le mandat et la société en nom collectif*, *op. cit.* p. 21, et O. Moréteau, « La *common law* en français et l'Europe », *R.C.L.F.* 135, 2003, p. 152). L'*estoppel* est bien rentré dans le décor terminologique du droit français. On le retrouve notamment dans le domaine de l'arbitrage international où plusieurs décisions de la Cour de cassation y font référence (Cass. 1re Civ, 6 mai 2009 ; Cass. 1re Civ. 3 février 2010, pour citer les plus récentes).

[334] Voir, par exemple, « Raccah v. Standard Company of Nigeria » (1922) 4, *NLR* 48.

[335] E. Gaillard, « L'interdiction de se contredire au détriment d'autrui comme principe général du droit du commerce international (le principe de l'*estoppel* dans quelques sentences arbitrales récentes) », *Revue de l'arbitrage*, 1985, p. 241.

[336] Article 1998 du Code civil français (2010).

différence notable entre la *common law* et l'OHADA. Aussi, nous contenterons-nous de quelques généralités qui ne feront que confirmer cette convergence.

Dans le triangle que constituent le *principal*, l'*agent* et le *third party*, envisageons les côtés du triangle, l'un après l'autre.

D'abord, les deux premiers, le *principal* et l'*agent ;* la petite différence avec l'OHADA à ce niveau est, comme on l'a vu, que leur rapport n'est pas nécessairement contractuel. Il est même le plus souvent non contractuel. S'il est en dehors du champ contractuel, le mandat se met alors hors de portée des remèdes de la *common law stricto sensu.* C'est donc, comme c'est souvent le cas, l'*equity* qui intervient à titre supplétif. La *common law* étant un système originellement casuistique et réellement pragmatique, elle est partie du constat que le mandant est le plus à même d'être victime du mandataire pour imposer des obligations lourdes au second et assurer ainsi une grande protection au premier. Si le mandat procède d'un contrat, le mandataire à d'abord des obligations contractuelles qui lui imposent une bonne diligence. Sur ce point, il n'y a rien de particulier vis-à-vis de l'OHADA qui mériterait d'être souligné.

Les obligations contractuelles ne suffisant pas et se fondant sur la nature fiduciaire du rapport mandant-mandataire, il a été mis sur le mandataire d'importantes obligations fiduciaires. Il a ainsi l'obligation de rendre des comptes, l'interdiction de se mettre en conflit d'intérêts avec le mandataire, les devoirs d'honnêteté et de discrétion, l'interdiction de détourner à son intérêt les revenus du mandat. Ces obligations peuvent théoriquement être alourdies ou allégées par accord-parties. Mais pratiquement, il est difficile de les alléger, des lois particulières interdisant dans certaines hypothèses de les alléger[337].

Il est bien évident que le mandataire n'a pas que des obligations, il a aussi des droits, mais ces droits n'appellent pas de commentaire particulier.

Le deuxième côté du triangle, que constituent les parties d'un *agency*, est le rapport *agent-third party.* L'effet normal d'un mandat est de faire disparaître le mandataire pour laisser le tiers face au mandant. Il s'agit là d'un cas heureux, où le mandataire dispose bien d'un mandat et a agi globalement dans les limites de ce mandat. Encore que s'il ne révèle pas agir pour le compte d'autrui, le tiers peut toujours agir contre lui. Même dans cette dernière hypothèse, la *common law* ne se distingue pas véritablement de l'OHADA. Il y a une certaine similitude avec la théorie civiliste qui distingue notamment représentation parfaite et représentation imparfaite.

Mais il arrive qu'une personne, qui joue régulièrement le rôle de mandataire comme l'agent commercial, traite avec un tiers sans aucun mandat du tout. Il arrive également qu'un mandataire, dont le mandat est bien défini et circonscrit, outrepasse celui-ci. Il a bien un mandant, qui lui a donné un mandat, mais il a agi en dehors du cadre de ce mandat. Laissons de côté ce qui relève des solutions communes à la *common law* et à l'OHADA, pour nous intéresser à une action bien spécifique : le *breach of warranty of*

[337] Ces obligations sont plus fortes en *common law* qu'en droit civil, notamment avec l'interférence du *trust*.

authority[338]. Pour comprendre le sens de cette action, il faut se rappeler la distinction à laquelle nous avons fait allusion entre *conditions* et *warranties* dans les obligations contractuelles. À partir de là, une personne peut décider, par exemple, de l'achat d'un immeuble et faire croire au vendeur qu'il a agi pour le compte d'une autre personne. Si le mandant ne confirme pas et refuse de ratifier, une condition accessoire du contrat n'a pas été respectée, il y a alors *breach of warranty.* Il s'agit à tout le moins d'un *breach of warranty sui generis*, on le qualifie alors par rapport à ce qui fait défaut, le pouvoir donné, et on parle de *breach of warranty of authority.* La responsabilité contractuelle[339] du pseudo-mandataire est alors engagée.

Enfin, le dernier côté de notre triangle est représenté par le rapport *principal-third party.* Il s'agit d'un rapport en principe contractuel, et les conséquences sont les mêmes que pour tout rapport contractuel de la *common law*. Qu'en est-il alors de l'extinction du mandat ?

B) L'extinction du mandat

L'extinction de l'*agency* appelle peu de commentaires dans la mesure où elle ne se singularise pas véritablement par rapport au droit OHADA. Comme dans le droit civil en effet, le mandat peut se terminer soit naturellement, soit par la volonté des parties, soit alors par l'effet de la loi.

L'extinction naturelle concerne tous les mandats qui s'apparentent à la gestion d'affaires civilistes. Nous avons déjà évoqué les *agencies by necessity.* Il est évident qu'une personne, à qui les circonstances confèrent une *authority by necessity*, ne l'acquière que pour répondre à une urgence passagère. Dès que l'une au moins des conditions cumulatives disparaît, l'*agent by necessity* perd son mandat et en aucune manière, il n'aurait vocation à représenter le *principal.* Il s'agit d'un simple bon sens juridique qui n'est pas spécifique à la *common law*. Dans le système OHADA, le gérant d'affaires perdrait son pouvoir dans les mêmes conditions. L'extinction est tout aussi naturelle lorsque le mandataire a accompli sa mission alors que le mandat n'avait été donné que pour cette mission[340].

Si le mandat a été donné pour une durée indéterminée, c'est encore le droit commun des contrats à durée indéterminée qui s'applique. Chacune des parties est libre de se désengager vis-à-vis de l'autre, simplement en lui notifiant son intention. La volonté des parties peut prévoir d'autres modalités d'extinction, par exemple, un préavis. La libre révocabilité est le principe dans tous les cas. Il est cependant repris une exception du droit anglais qui rend le mandat irrévocable dans l'hypothèse où « le mandataire a commencé à exécuter son mandat et qu'il

---

[338] Voir pour illustration les espèces, « Collen v. Wright » (1857) 8, *E. & B.* 647 et « Yonge v. Toynbee » (1910) 1, *K.B.* 215.

[339] La nature de cette responsabilité fait l'objet d'une controverse, mais la jurisprudence la considère comme contractuelle. Pour plus de détails sur la controverse, voir O. Moréteau, *Droit anglais des affaires*, *op. cit.*, p. 142.

[340] O. Moréteau, *Droit anglais des affaires*, *op. cit.*, p. 71.

a effectué des dépenses qui doivent lui être remboursées par le mandant »[341]. Dans tous les cas, la révocation entraîne un désengagement du mandant et du mandataire et contrairement au système OHADA, la libre révocabilité est telle qu'il n'est reconnu aucune indemnité au mandataire pour le préjudice dû au fait de sa révocation. Cette sévérité de départ du droit anglais a été quelque peu tempérée[342], mais rien n'indique que les *common laws* africaines ont suivi leur homologue anglais sur cette atténuation.

Enfin, la loi intervient dans certains cas pour mettre fin au mandat. Là encore, il n'y a rien de bien spécial par rapport à l'OHADA. De façon résumée, chaque fois qu'il y a impossibilité d'exécuter le mandat, on se retrouve dans la *frustration* déjà évoquée dans les généralités sur le contrat. Dans ce cas, le mandat prend fin sans aucune indemnité en principe. De même, si une des parties décède, le mandat prend automatiquement fin en raison du caractère personnel du mandat. Il en est de même du cas où l'une des parties voit sa capacité mentale altérée ou si le mandant se retrouve en faillite personnelle.

En conclusion de cette présentation du mandat, il apparaît que le particularisme de la *common law* par rapport à l'OHADA est de conférer à l'obligation du mandataire un caractère fiduciaire défini par le droit et non par le contrat. Pour le coup, le juge va au-delà de ce que contient le contrat (mais ce n'est ni la seule, ni d'ailleurs la principale source du mandat) et se montre attentif aux circonstances donnant naissance au mandat ou définissant ses contours.

Certes, la volonté crée le plus souvent le mandat et en définit le champ, mais pas les obligations du mandataire. Et le juge peut être d'une particulière sévérité à l'égard :

- du mandant qui crée l'apparence de mandat ;
- du mandataire qui crée l'apparence ;
- du mandataire qui néglige ou trahit les intérêts du mandant.

Conclusion du chapitre 1

Ce chapitre sur les contrats a donné, ainsi qu'il est intitulé, un bref aperçu sur les contrats de la *common law*. Bien auparavant, nous avions présenté le projet d'acte uniforme OHADA sur le droit des contrats et, le moins que l'on puisse dire, c'est que les différences qui existent entre les deux systèmes s'affirment et se confirment. Il est vrai que la base UNIDROIT du projet d'acte uniforme OHADA le met dans une prédisposition d'ouverture et *in fine*, ces différences sont loin de constituer une barrière au rapprochement. Mais avant de parler de rapprochement, continuons et complétons notre bref aperçu du « *business law* » africaine avec le droit des sociétés.

---

[341] *Op. cit.*, p. 72, voir aussi « Read v. Anderson » (1884), 13, *Q.B.D.* 779.
[342] Voir « Turner v. Goldsmith » (1891) 1, *Q.B.* 544.

CHAPITRE 2

Le droit des sociétés dans la *common law* africaine

Il peut paraître ambitieux de traiter de la totalité du droit des sociétés dans un seul chapitre, et pourtant, l'objectif est de traiter aussi bien des *partnerships* (section 1) que des *companies* (section 2). Il est en revanche impossible d'en donner une présentation complète et détaillée dans le cadre étroit de ce seul chapitre. Il sera dès lors question de donner une petite idée, un aperçu très bref de ces acteurs du *business law*. De cet aperçu, il sera possible d'entrevoir les principales différences avec le droit OHADA. Surtout, les deux sections du chapitre permettront de constater qu'au niveau de la classification des sociétés commerciales, il existe une grande différence entre l'OHADA et la *common law*. Conséquences entre autres de la non-reconnaissance par la *common law* de la distinction civil-commercial, le concept générique de « sociétés commerciales » semble mal indiqué. La présentation qui suivra des *partnerships*, le montrera à suffisance.

SECTION 1 : LES PARTNERSHIPS

À laquelle des différentes entités décrites par l'OHADA[343] correspond la *partnership* ? Encore une fois, il s'agirait là d'une fausse préoccupation, il n'y a pas d'équivalence qui tienne véritablement entre l'OHADA et la *common law*. Il est possible qu'un aspect de la *partnership* rappelle telle ou telle entité existant en droit OHADA, mais il n'est pas question de trouver des similitudes parfaites. La présentation de la notion même de la *partnership* (paragraphe 1), son fonctionnement et sa dissolution (paragraphe 2) permettront certainement d'y voir plus clair.

[343] Société en nom collectif, société en commandite simple, société à responsabilité limitée, société anonyme, société en participation, société de fait, groupement d'intérêt économique.

Paragraphe 1 : La notion de la *partnership*

La *partnership* est une entité importante de la vie économique dans les pays de la *common law*. Elle a des traits bien spécifiques qu'il convient de rappeler (I) avant de parler de sa création (II).

I) LES CARACTÉRISTIQUES DE LA PARTNERSHIP

Parmi les caractéristiques de la *partnership* (A), il en est qui rappelle telle ou telle entité du droit OHADA (B).

A) Les caractéristiques propres à la partnership

Pour la *partnership* comme pour bon nombre de concepts de la *common law* dont nous avons traité, nous renouvelons l'option de ne pas traduire, de ne pas nécessairement en trouver une signification, une équivalence dans le droit OHADA, ni d'ailleurs dans la langue française. Nous aurions voulu procéder à une telle traduction, nous n'aurions pas trouvé de concept fidèle au contenu[344]. Les tentatives de traduction de la *partnership* qui ont été faites jusque-là semblent toutes bien perfectibles. C'est le cas de « société des personnes »[345] ou « société en nom collectif » dont on verra que la traduction par *partnership* comporte quelques imprécisions[346]. « Association » ou « société en participation » ont également été proposées par certains dictionnaires[347] sans échapper, bien au contraire, aux griefs formulés contre les autres traductions.

D'abord, la *partnership* n'a pas de personnalité morale. Elle n'est donc pas dotée de personnalité juridique dans le sens civiliste. Mais dire que la *partnership* n'a pas personnalité juridique n'emporte pas les mêmes conclusions que dans le système OHADA[348]. La *partnership* peut non seulement contracter comme une société de fait, par exemple, mais elle peut aussi ester en justice, être titulaire des droits et d'obligations. L'absence de personnalité juridique découle simplement du fait de sa non-immatriculation. Comme en droit OHADA, c'est l'immatriculation qui confère à la société sa personnalité juridique. Cette *incorporation* qui n'obéit pas à la même logique qu'en droit OHADA ne dote pas une société de personnalité

---

344 Voir sur cette difficulté A. Levasseur, « Les maux des mots en droit comparé, l'avant-projet de réforme du droit des obligations en anglais », précité, ou O. Moréteau, « Les frontières de la langue et du droit : vers une méthodologie de la traduction juridique », précité ou enfin, O. Moréteau, « Project to Reform the Law of Obligations (Catala Project) : One Project, Two Translations », France, dans H. Koziol, B. C. Steininger (de), *European Tort Law* 2006, Vienne et New York, Springer, 2008, p. 196-197.

345 C'est la traduction retenue par la Banque terminologique de la *common law* de l'Université de Moncton qui n'est pas forcément celle de l'Institut Joseph Dubuc de Manitoba.

346 O. Moréteau, *Droit anglais des affaires*, *op. cit.*, p. 152.

347 O. Moréteau, *Le mandat et la société en nom collectif*, *op. cit.*, p. 83.

348 Encore que cette question de la personnalité juridique divise autant le monde civiliste que la *common law*.

juridique, mais fait de l'entité non pas une *partnership*, mais une *company*[349].

Ensuite, il y a dans la *partnership* une importante dimension factuelle qui n'est pas sans rappeler la société créée de fait[350]. Cette dimension se perçoit notamment à travers la place résiduelle du formalisme. À la base de la *partnership* se trouve en effet un accord, un contrat en général, et cet accord ne nécessite aucun formalisme. Les différentes lois sont unanimes sur cette indifférence du formalisme[351]. Le recours au *deed*, bien que fréquent dès que les intérêts en jeu sont importants, n'a aucun caractère obligatoire. Conséquence de cette absence de formalisme, l'existence de la *partnership* se prouve par tout moyen. Et comme pendant de cette indifférence du formalisme, il y a une importance de l'apparence, créatrice dans une certaine mesure de la *partnership*[352].

La *partnership* a également la particularité d'être très utilisée dans les pays de *common law*. C'est probablement la forme la plus répandue après l'organisation informelle. Pour cette raison, sa prise en compte est indispensable aussi bien dans la compréhension de la *common law* des affaires que dans la perspective du rapprochement avec l'OHADA. La *partnership* se trouve répandue d'une part parce que, du fait de sa taille et la simplicité de son organisation, elle convient mieux aux opérateurs de taille modeste, ceux-là mêmes qui constituent l'immense majorité du tissu économique africain. De plus, il n'est pas seulement utilisé par les « commerçants ». Les professions libérales, par exemple, y recourent[353]. Enfin, la possibilité de déduire l'existence de la *partnership* de l'apparence permet d'en rallonger le nombre.

La *partnership*, de par certains de ses aspects, rappelle surtout certaines entités existant dans le droit OHADA.

B) Les caractéristiques rappelant certaines entités du droit OHADA

La *partnership* est traduite par « société des personnes ». C'est que d'abord dans la *common law*, elle s'oppose aux *companies*, aux sociétés des capitaux. En tant que société des personnes, on y retrouve la responsabilité indéfinie et solidaire des *partners*. Mais cette responsabilité indéfinie et solidaire reste un élément bien isolé. Car parler de société des personnes en droit OHADA, c'est faire allusion à une forme générique et à au moins deux

---

349 Aminu K. Kurfi, *op. cit.*, p. 244.

350 Il est vrai que l'*informal partnership* où l'existence de la *partnership* est constatée *a posteriori* correspond mieux à la société créée de fait.

351 *Common law* anglaise ou *common laws* africaines.

352 Conséquence notamment de l'*agency by estoppel*, voir la *Partnership Act 1890*, section 14.

353 Il en est de même des entreprises qui veulent se regrouper dans le cadre de certaines collaborations. Le GIE de l'OHADA, par exemple, correspondrait à une *partnership*.

formes de société que sont la société en commandite simple[354] et la société en nom collectif.

La société en nom collectif est justement la plus proche de la *partnership*. C'est l'appellation retenue par le Professeur Moréteau dans ses principales interventions sur la question[355]. Cette appellation est du reste celle retenue dans la législation bilingue de la province canadienne du Nouveau-Brunswick. Bien que proche de ce qu'est la *partnership*, la société en nom collectif telle qu'elle existe en droit OHADA n'est pas la *partnership*. Les deux entités partagent la responsabilité indéfinie et solidaire des associés, la limitation de la liberté de cession des parts sociales, encore que dans la *partnership*, il n'est pas toujours possible de parler de parts sociales. Mais surtout, la *partnership* n'est pas nécessairement une société commerciale, alors que la société en nom collectif est commerciale par sa forme. Il s'agit là d'une différence certes purement formelle, mais dont il faut tenir compte dans les traductions des actes uniformes OHADA en anglais, par exemple.

Nous avons également évoqué la personnalité morale que n'a pas la *partnership*. Ce défaut de personnalité morale n'empêche pourtant pas que la *partnership* puisse ester en justice. Ceci conforte le débat civiliste sur l'utilité véritable de la personnalité morale[356]. Une jurisprudence nigériane fait de la recherche d'un profit au sens large (réaliser des économies, diminuer les coûts, réaliser des bénéfices, etc.) une des conditions de la *partnership*. Deux personnes qui s'associeraient pour acquérir des biens dans le seul but de se partager ces biens ne sont ainsi pas dans une *partnership*[357]. D'autres éléments, parmi lesquels la création de la *partnership*, contribuent à marquer cette singularité.

II) CRÉATION DE LA PARTNERSHIP

En principe, un contrat est à la base de la *partnership*. Mais cette création conventionnelle (A) n'est pas l'unique voie. Il peut arriver que l'existence de la *partnership* soit déduite de l'apparence (B).

A) Création conventionnelle de la partnership

Pour créer une *partnership* par la voie conventionnelle, il faut en premier lieu que les *partners* remplissent les conditions générales de capacité de contracter. Pour une personne physique, elle doit notamment avoir l'âge légal[358] et être saine d'esprit. Cette condition d'âge ne se pose évidemment pas pour une personne morale. Deux entreprises peuvent en effet créer une

---

[354] L'OHADA ne reconnaît pas la société en commandite par actions.

[355] Le mandat de la société en nom collectif de par son titre est suffisamment illustrateur de ce choix.

[356] Voir sur la question Yves Guyon, *Droit des affaires*, *op. cit.*, p. 137 et s.

[357] « Ugoji v. Uzodukwu » *(1972), ALL N.L.R. (Pt 1) 289.*

[358] Section 24 (7), *Partnership Act.*

partnership dans le cadre d'une *joint-venture*, par exemple. Toujours dans la catégorie des conditions générales de validité contractuelle, la *partnership* doit avoir un objet licite. Elle ne doit pas être formée pour un but illégal, immoral ou contraire à l'ordre public.

Pour ce qui est du nombre de *partners*, il doit être évidemment de deux au minimum. Nous n'avons pas trouvé une limitation expresse du maximum dans les droits nigérian et ghanéen sur lesquels le livre s'est appuyé. Dans ce cas, il faut se référer à la loi anglaise de 1862 dont la jurisprudence est citée dans ces pays. Ce texte fixe le maximum à 20, abaissé à 10 lorsqu'il s'agit d'une banque. En revanche, aucune limitation n'est imposée aux professions libérales.

À ces trois conditions impératives, il faut rajouter un élément qui relève plus du formalisme dont on a dit qu'il n'a aucun caractère obligatoire : la rédaction des statuts. Ces statuts ont globalement le même contenu que ce qu'on retrouve en droit OHADA. Ils matérialisent la volonté des contractants que sont ici les *partners*. On y trouve la dénomination de la *partnership*, sa localisation, sa durée, sa direction, son objet, etc. Sur tous ces éléments, il n'y a aucune originalité véritable vis-à-vis du droit OHADA. C'est d'ailleurs les mêmes exigences que pour les *companies*. Le nom ne doit pas induire le public en erreur, il peut consister en une combinaison des noms des *partners* ou en un nom indépendant. La mention du capital ou de la durée n'a aucun caractère d'ordre public, car le capital est facultatif et la durée relève de la seule liberté des parties. On voit sur ces deux éléments une autre originalité par rapport à l'OHADA où le capital, par exemple, est indispensable à la validité de la société en nom collectif notamment.

La tenue des comptes relève également du seul bon vouloir des associés, et s'ils le veulent bien, ils en définissent les modalités dans les statuts. La seule véritable obligation comptable à laquelle les statuts ne peuvent pas déroger est celle qui impose de rendre compte aux autres associés. Ceci se distingue nettement du droit OHADA qui impose la tenue de plusieurs documents comptables et qui fait assortir cette obligation des sanctions pouvant aller jusqu'à la faillite du dirigeant. Il convient bien évidemment de distinguer les obligations fiscales des *partners* dont certaines modalités d'exécution rappellent les obligations comptables du droit OHADA. En outre, les *partners* étant mandataires les uns des autres, ils doivent se rendre des comptes.

Il est en revanche important de prévoir statutairement le sort de la *partnership* en cas de décès, d'insanité d'esprit ou tout simplement du départ d'un *partner*. Car en cas du silence des statuts, les dispositions supplétives de la *Partnership Act* vont s'appliquer. Cette loi prévoit la dissolution pure et simple de la *partnership* en cas de décès d'un associé. Cette vocation supplétive de la *Partnership Act* ne se limite pas à ce seul cas de décès. Comme indiqué, la rédaction des statuts a un caractère facultatif et si rien n'a été rédigé, toutes les principales questions liées au fonctionnement de la *partnership* y sont réglées.

En somme, si les associés optent pour la voie contractuelle, ils doivent se conformer aux exigences d'une telle voie telles qu'exposées dans le chapitre sur les contrats. Mais le contrat n'est pas la seule mode de création d'une *partnership*, elle peut aussi découler de l'apparence.

B) L'apparence créatrice de la partnership

Pour comprendre cette modalité de création de la *partnership*, il faut avoir à l'esprit le rapport qui se crée entre les différents associés. Ils sont en effet réputés s'être donné un mandat de représentation les uns par rapport aux autres. Ainsi, un acte passé par un *partner* engage en principe les autres et en vertu de leur responsabilité solidaire, chaque associé peut faire l'objet des poursuites sans bénéfice de discussion, ni dans une certaine mesure, celui de division. Ces règles n'étant pas toutes impératives, les associés peuvent aménager dans les statuts, des modalités particulières de responsabilité.

Mais il arrive très souvent que des personnes exerçant en commun une activité économique, apparaissent aux yeux des tiers comme formant une seule et même entité, et pourtant, elles ne se sont formellement constituées ni en *company*, ni en *partnership*. Aux yeux des tiers, il y a une apparence claire que ces personnes agissent les unes avec les autres, voire les unes pour le compte des autres. Cette apparence crée alors une *partnership* entre les *informal partners*. Concrètement, les tiers se fondent sur la solvabilité des uns pour traiter avec tous, considérant qu'il y a un mandat entre les associés. Ils ont donc « légitimement confiance » à tous, du fait de la solvabilité de quelques-uns. En conséquence de l'*informal partnership* qui s'est créée, si une des personnes participant à l'association informelle est appelée à payer, il lui sera interdit de nier sa qualité de *partner*[359]. Nous sommes dans l'illustration de l'*estoppel* déjà évoqué et plus précisément de la « protection de la confiance légitime »[360].

Les conséquences tirées d'une apparence créée font penser aux sociétés créées de fait tel qu'il en existe en droit OHADA. Mais l'*informal partnership* semble plus élaborée et n'a pas toujours le caractère de sanction que revêt la société créée de fait. Dans le système OHADA, la commercialité de fait est constatée pour imposer aux commerçants de fait les obligations de commerçants qui ne sont pas toujours les mêmes que celles du civil. Cette distinction civil-commercial n'existant pas en *common law*, l'*informal partnership* se distingue légèrement de la société créée de fait. Du reste, étant donné le caractère facultatif des statuts pour une *partnership*, et le défaut de personnalité juridique, on se rend compte que la frontière est bien mince entre la *formal* et l'*informal partnership*. La *partnership* formelle a un intérêt surtout dans l'hypothèse de la *limited partnership* où les

---

[359] O. Moréteau, *Droit anglais des affaires*, *op. cit.*, p. 28.
[360] Voir O. Moréteau, *L'estoppel et la protection de la confiance légitime*, thèse déjà citée.

responsabilités sont aménagées et donc forcément dérogatoires par rapport à la *Partnership Act*.

En outre, de la même manière que l'apparence crée le mandat et donc fait constater l'existence d'une *informal partnership*, la même apparence impose une extension de ce mandat. Il permet alors de faire sauter les limitations qu'une *partnership* existant formellement aurait statutairement mises au pouvoir d'un *partner*. C'est cette logique qu'a suivie la jurisprudence[361], et c'est ce que la loi est venue consacrer[362]. En somme, dans une *partnership*, aucune limitation des pouvoirs des associés ne peut être opposée aux tiers.

Toutefois, étant donné cette portée de l'*estoppel*, peut-on déplorer la proportion de l'informel dans les mêmes termes que nous le déplorions pour l'espace OHADA ? Il semble que du fait de l'*estoppel*, de l'absence de la personnalité juridique pour la *partnership* et de l'absence de distinction entre le civil et le commercial, la frontière entre le formel et l'informel se réduit quelque peu. Il y aurait donc là une piste intéressante pour le problème du déficit d'application du droit OHADA. Reste à vérifier si la même souplesse caractérise le fonctionnement et la dissolution de la *partnership*.

Paragraphe 2 : Le fonctionnement et la dissolution de la *partnership*

Des éléments permettant de décrire le fonctionnement de la *partnership* ont été avancés, il est question de les compléter avec le même souci d'une présentation brève et limitée à l'essentiel (I). La dissolution sera tout aussi brève, parce qu'elle ne revêt aucune originalité vis-à-vis du système OHADA (II).

I) LE FONCTIONNEMENT DE LA *PARTNERSHIP*

Comme déjà évoqué, le mandat est au centre du fonctionnement de la *partnership*. Les éléments essentiels de ce fonctionnement tournent autour, d'une part, des rapports entre les *partners* et les tiers (A), d'autre part, des relations des *partners* entre eux (B).

A) Rapports des partners avec les tiers

L'*agency* est une fois encore au cœur du fonctionnement de la *partnership*. Les *partners* sont réputés s'être donné un mandat les uns aux autres. C'est tout d'abord une lapalissade que de dire que le *partner* qui passe un contrat avec des tiers est tenu en vertu de ce contrat à ce à quoi il s'est engagé. On ne parlerait même plus de représentation et de mandat à ce niveau.

---

[361] *Re Rowalnd V. Crankeshaw* (1886) 1 Ch. App. 421.

[362] *Partnership Act 1890*, art. 14.

Mais l'enjeu de la *partnership*, et du mandat aussi d'ailleurs, est de faire naître des obligations sur la tête d'une personne qui n'est pas impliquée matériellement à l'engagement. Un associé contracte avec des tiers, et la *partnership* tout entière en tant que « *firm* » et non en tant que personne morale parce qu'elle n'a pas de personnalité morale, se trouve engagée[363]. Si toute la *partnership* peut être engagée par l'acte d'un associé[364], *a fortiori* les autres *partners* qui ne participent pas nécessairement à l'acte matériel de l'engagement. Tout se passe globalement comme dans la société en nom collectif du droit OHADA, avec quelques petites nuances.

La *Partnership Act* reconnaît aux *partners* un mandat général d'accomplir tous les actes liés au fonctionnement normal de la *partnership*. Donc par leurs actes, les *partners* engagent la responsabilité contractuelle de la *partnership*. Et cette responsabilité crée une *joint liability*, une obligation conjointe sur les associés. Cette *joint liability* a la particularité de restreindre l'action du demandeur qui est elle-même conjointe et qui fait échapper tout *partner* qui aurait été omis dans l'action initiale, à la poursuite[365]. Mis à part cette dernière restriction procédurale, les parties peuvent convenir d'autres modalités et d'autres proportions de responsabilité d'un *partner*, en particulier vis-à-vis des tiers. Mais une telle convention statutaire n'est opposable aux tiers que si elle a été portée à leur connaissance[366]. Une fois encore, la *Partnership Act* converge avec le droit OHADA où l'opposabilité d'une restriction de responsabilité d'un associé vis-à-vis de tiers est soumise à la même condition, et de façon générale, à l'attitude frauduleuse ou non du tiers.

La même convergence s'observe pour ce qui est des changements d'associé. Il y a en la matière une grande liberté statutaire et de façon supplétive, quelques règles de bon sens. Il est ainsi possible que les statuts prévoient qu'un nouveau *partner* assume une responsabilité pour des événements antérieurs à son arrivée. Il est aussi possible que les statuts ou toute autre convention prévoient qu'un *partner* qui se retire ne soit plus tenu d'aucune responsabilité pour des événements qui ont lieu en sa présence[367]. En l'absence de toute convention, de toute disposition statutaire ou en l'absence des statuts, un nouveau *partner* n'assume aucune responsabilité pour ce qui s'est passé avant son arrivée. De la même manière, un *partner* qui se retire continue à être tenu de ce qui s'est passé pendant qu'il était là.

Il est par ailleurs une variante de la *partnership* qui se rapproche de la société en commandite du droit OHADA, la *limited partnership*. Elle est organisée par des lois spéciales telles que la *Partnership Law of Lagos* au

---

[363] Nous avons déjà relevé que le défaut de personnalité juridique, contrairement au système OHADA, n'empêche pas la *partnership* d'être titulaire de droits d'obligations.

[364] Parce que, comme on l'a dit, les associés sont mandataires les uns des autres.

[365] Section 9, *Partnership Act 1890*.

[366] Section 8, *Partnership Act 1890*.

[367] Sauf bien sûr s'il continue de donner l'apparence d'être toujours lié à la *partnership*, à ce moment, les règles de l'*estoppel* vont s'appliquer et priver la convention de ses effets.

Nigeria. Dans cette dernière, la responsabilité du *limited partner* vis-à-vis des tiers est aussi limitée que celle de l'associé commanditaire du droit OHADA. La même limitation de responsabilité se serait justifiée pour la *sleeping partnership* où le *dormant partner* ne participe pas activement à la vie de la *partnership*, il se contente le plus souvent de mettre des fonds à disposition et d'attendre des dividendes. Mais le juge de l'affaire *Watteau v. Fenwick*[368] n'a pas voulu suivre cette logique et y a vu un mandant occulte, pour conclure à la responsabilité pour les actes du mandataire[369].

Enfin, quel que soit ce que disent les statuts ou une convention particulière, le *partner* qui agit aux yeux des tiers comme tel, même s'il n'en a pas réellement le pouvoir, peut être tenu pour responsable s'il a créé cette apparence[370]. Il en est de même si ce *partner* qui, bien que n'ayant pas personnellement créé l'apparence, en a eu connaissance et n'a rien fait pour détromper le tiers[371].

Le rapport entre les *partners* et les tiers occupe donc une bonne part dans le fonctionnement de la *partnership* et génère un contentieux important. Mais le fonctionnement de la *partnership* est surtout fondé sur les relations des *partners* entre eux.

B) Relations des partners entre eux

Même pour leurs rapports internes, la volonté des parties reste déterminante. Il leur appartient en effet de définir tous les contours de ces relations, soit dans les statuts (*articles of partnership*), soit plus tard à travers une convention entre eux. Peuvent ainsi faire l'objet d'une convention ou des statuts : les conditions et modalités d'entrée d'un nouvel associé ; le règlement des différends relatifs au fonctionnement de la *partnership* ; la gestion de l'entreprise ; les conditions et modalités de remboursement aux associés des dépenses engagées pour le compte de l'entreprise ; la répartition des pertes et profits, etc. Sur toutes ces questions, les associés peuvent faire valoir leur volonté à travers les statuts.

Et s'ils ne conviennent rien, ils se mettent sous l'emprise des dispositions supplétives de la *Partnership Act*[372]. Il est notamment prévu que les associés n'ont pas droit à la rémunération de leurs activités. Les associés n'ont droit aux intérêts sur leur part de capital qu'après détermination des bénéfices[373]. En cas du silence des statuts, il est également présumé une égalité entre

[368] *Watteau v. Fenwick* (1893) 1 Q.B. 346.

[369] Cette solution a été tellement critiquée par les auteurs qu'elle a dû être considérée comme ne faisant pas jurisprudence (V. O. Moréteau, *Droit anglais des affaires*, *op. cit.*, p. 166).

[370] Section 14, *Partnership Act* 1890.

[371] Voir *Tower Cabinet Co Ltd V. Ingram* (1949), 2 K.B. 397.

[372] Voir la section 24 notamment pour ces dispositions supplétives.

[373] Ceci va à l'encontre d'une pratique courante, basée sur les statuts, qui consiste à payer cet intérêt avant même que les bénéfices soient déterminés.

associés du point de vue de la contribution au capital[374], de la répartition des pertes et profits. De même, un intérêt annuel de 5 % est reconnu à tout associé qui fait une avance au-delà de ce à quoi il s'est engagé dans le capital social. Par ailleurs, aucun nouvel associé ne peut être admis sans le consentement unanime de tous les associés[375]. Il s'agit là, à titre indicatif, des principales règles que la section 24 de la *Partnership Act* pose à l'intention des associés qui n'auraient pas opté pour d'autres règles à travers leurs statuts. On peut remarquer que ces règles optionnelles se rapprochent dans le fond à ce que l'acte uniforme OHADA sur le droit des sociétés prévoit pour ses sociétés des personnes. Toutefois, et c'est la différence principale entre les deux systèmes sur ce point, pour l'OHADA, ces règles n'ont pas un caractère optionnel, mais impératif. Et pourtant, la *partnership* a aussi ses règles impératives. Il n'y a pas de capital à proprement parler.

À titre d'obligations impératives, les associés ne peuvent s'exonérer par quelque convention que ce soit de leurs obligations de rendre compte et de collaborer avec les autres *partners* ou avec la *partnership*. Ainsi, ils sont tenus de rendre de compte de tout bénéfice ou profit réalisé grâce à la *partnership*. Ils doivent également l'information la plus complète aux autres associés pour tout ce qui concerne la *partnership*, tout comme ils sont tenus à une obligation de non-concurrence vis-à-vis de la *partnership*[376].

D'une façon générale, sur cette question des rapports internes des *partners*, le parallèle avec l'OHADA appelle quelques observations : le fossé entre les *partners* et les associés en nom du droit OHADA n'est pas énorme. Sans la liberté dont disposent les *partners* d'aménager à leur convenance leurs droits et obligations, ils se trouveraient quasiment dans la même situation. Car sur les dispositions supplétives de la *Partnership Act*, la différence avec l'OHADA est à chercher ailleurs que sur les rapports internes des associés. Pour ce qui est de l'obligation impérative d'information à laquelle la section 28 de la *Partnership Act* fait allusion, par exemple, on la retrouve tout aussi impérative dans le droit OHADA, non pas sur l'associé, mais sur le dirigeant[377]. On retrouve cette obligation à l'article 289 de l'acte uniforme relatif au droit des sociétés commerciales et G.I.E. Il y est fait allusion, non pas aux obligations du dirigeant mais aux « droits des associés ».

Une autre nuance tient plus à la différence déjà évoquée entre les deux systèmes avec notamment ce fait pour l'OHADA de consacrer un statut particulier aux « commerçants ». Les associés de la société en nom collectif du droit OHADA sont des commerçants et sont soumis à ce titre, à un

[374] Mais, il convient de relativiser car le capital n'a pas la même importance que dans le système civil.

[375] Il s'agit là aussi d'un élément de convergence avec le système OHADA.

[376] Sections 28, 29 et 30 de la *Partnership Act*.

[377] Il est bien sûr tout à fait possible qu'un associé soit dirigeant. Mais son obligation d'information est avant tout celle que le dirigeant doit aux associés.

régime bien spécifique. Les rapports qu'ils entretiennent entre eux sont des rapports de commerçants et les litiges qui en naîtront seront soumis à ce régime[378]. Les *partners* ne connaissent pas un tel traitement et il est important d'en tenir compte.

Les nuances et les petites différences avec l'OHADA jalonnent donc tout le fonctionnement de la *partnership*. Il n'y a certainement pas de raison qu'il en soit autrement concernant sa dissolution.

II) LA DISSOLUTION DE LA PARTNERSHIP

La dissolution de la *partnership* n'a rien de spécifique ni du point de vue de ses causes (A), ni de celui de ses conséquences (B). Mieux encore, sur cette question de la dissolution aussi, la *partnership* ne se démarque que très peu de la société en nom collectif du droit OHADA.

A) Les causes de la dissolution

Comme pour la société en nom collectif du droit OHADA, les causes de la dissolution de la *partnership* sont diverses et variées. Mais, malgré cette diversité, la dissolution s'opère toujours soit de plein droit, soit sur décision d'un ou plusieurs associés, soit alors en exécution d'une décision de justice.

Il faut tout d'abord se rappeler que la *partnership* est surtout un contrat[379] et qui dit contrat dit survenance d'un terme si celui-ci est déterminé. Ainsi, lorsque la *partnership* a été formée pour une durée déterminée, elle est dissoute de plein droit à la survenance du terme stipulé. Sur ce point, le système OHADA et la *common law* convergent d'une manière quasi parfaite. Plusieurs arrêts de la Cour de cassation française ont rappelé que la société prend fin de plein de droit et de façon définitive à l'arrivée du terme convenu dans les statuts[380]. C'est exactement ce que dit la *Partnership Act* en sa section 32 (a). Les deux systèmes s'accordent également sur le fait que cet effet conventionnel n'a rien d'inéluctable et il est toujours possible que la même volonté qui a fixé le terme, décide de le proroger[381].

La même dissolution de plein droit intervient si une *partnership*, créée pour un objet bien déterminé, réalise cet objet ou alors s'il y a extinction de l'objet. Cette hypothèse est prévue à la section 32 (b) de la *Partnership Act*. On retrouve la même possibilité dans le système OHADA où théoriquement, il peut arriver que la société réalise le but qu'elle s'était fixé, ou d'une façon

---

[378] Ndiaw Diouf (et autres), *OHADA Sociétés commerciales et GIE*, Bruylant, Bruxelles, 2002, p. 335.

[379] Section 32, *Partnership Act*.

[380] Com. 12 novembre 1992, *J.C.P.* 1993, II, 22039, note Y. Guyon ; *Revue des sociétés*, 1993, 571, note P. Le Cannu. Cour d'appel de Douai, 8 avril 1993, *Revue des sociétés*, 1993, 883.

[381] Pour le système OHADA, le Code civil impose d'ailleurs qu'une assemblée se tienne un an avant ce terme pour statuer sur l'éventualité de la prorogation (reprise de l'article 1844-6 du Code civil).

plus fortuite, par exemple, la loi interdise l'activité exercée. Toutefois, en droit OHADA comme dans la *common law*, la dissolution de plein droit sur ce fondement s'opère rarement. L'objet de départ est souvent suffisamment général pour perdurer et s'adapter à toutes les mutations, sans compter qu'il y a des activités prévues virtuellement dans les statuts et vers lesquelles l'entité peut toujours se rabattre[382].

À mi-chemin entre la dissolution de plein droit et la dissolution judiciaire, on retrouve la dissolution de la *partnership* par suite d'une procédure de liquidation ou lorsque le contrat fondateur est annulé. Dans ces cas, même si la dissolution n'est pas l'objet de la procédure, elle en sera une conséquence inévitable[383]. C'est certainement en ce sens que la section 34 précise que la *partnership* est dissoute de plein droit, lorsque son objet devient illégal. Quand bien même, il y aurait une décision judiciaire, elle ne ferait que constater la dissolution.

Un ou plusieurs *partners* peuvent également décider de la dissolution d'une *partnership*. Comme dans tout rapport contractuel, les parties ont la latitude de mettre fin à leurs relations à tout moment. Si l'initiative de l'extinction du rapport contractuel est unilatérale, la responsabilité de la partie qui a pris cette initiative n'est engagée qu'à certaines conditions, dont le commencement d'exécution par l'autre partie, conformément à la théorie de la *consideration*. Il n'est tenu qu'au formalisme de la notification[384] et même là, il est possible que le contrat de départ l'en dispense. La volonté des *partners* peut agir de façon indirecte en prévoyant, par exemple, dans les statuts des circonstances ou conditions qui, si elles surviennent, entraîneraient automatiquement la dissolution de la *partnership*.

Et dans le cas où la *partnership* est née non pas d'un contrat mais d'un *estoppel*, par exemple, la volonté des parties peut encore dissoudre la *partnership*. Pour cela, il faut faire cesser l'apparence créée et s'assurer de la prise en compte de cette cessation par les tiers.

Enfin, il y a, comme en droit OHADA, des dissolutions formellement judiciaires et leurs causes sont multiples et variées. Dans l'ensemble, il n'y a aucune spécificité vis-à-vis du droit OHADA sur toutes les causes de dissolution de la *partnership*. C'est globalement les mêmes qu'on retrouve dans le cas de la société en nom collectif, voire de la société en commandite simple. Les causes étant les mêmes, l'on s'attendrait à ce que les conséquences soient les mêmes.

---

[382] Voir sur cette question, Y. Guyon, *op. cit.*, p. 207.

[383] Il y a des raisons de se réserver sur la nature de cette dissolution. Est-elle vraiment de plein droit ? Sans être puriste, il y a des raisons d'en douter.

[384] Section 32 (c), *Partnership Act*.

B) Les conséquences de la dissolution

Toute l'originalité des conséquences de la dissolution de la *partnership* par rapport aux sociétés des personnes du droit OHADA réside dans le fait que pour la *partnership*, il importe surtout de défaire le rapport d'*agency* qui avait cours jusque-là[385]. La dissolution entraîne donc principalement la révocation du mandat qui liait les *partners* entre eux et en vertu duquel ils étaient solidairement responsables vis-à-vis des tiers[386]. Et comme une *agency* formellement dissoute entre les parties peut subsister par le truchement notamment de l'*estoppel*, la *Partnership Act* reconnaît à chaque *partner* le droit non seulement de notifier publiquement cette dissolution, mais aussi d'obliger les autres *partners* à faire de même[387].

Une fois la *partnership* et le lien d'*agency* qui le sous-tend dissous, il faut procéder à la liquidation des intérêts en présence. Si les rapports entre les *partners* ou futurs ex *partners* sont apaisés et si les circonstances le permettent (pas de recouvrements à effectuer, pas de litige sur les personnes à désintéresser, etc.), ils peuvent s'occuper de cette phase eux-mêmes. Sinon le juge peut désigner un *receiver* pour procéder aux recouvrements nécessaires et faciliter la liquidation. En dépit de la dissolution, une poursuite de l'activité pendant un certain temps peut s'avérer nécessaire. Dans ce cas, un administrateur est nommé, mais les *partners* ne perdent pas leur pouvoir dans les mêmes proportions qu'en droit civil où les associés sont confinés par phases au rôle de spectateur.

À titre de comparaison avec le droit OHADA, les opérations de liquidation par suite d'une dissolution sont effectuées par un liquidateur qui devient en même temps représentant légal de la société. Mimant le droit français, l'OHADA a fait de la liquidation une phase en général inéluctable, que même la volonté unanime des associés ne saurait éviter. C'est tout l'inverse de la *common law* et particulièrement de la *partnership* avec sa forte dimension contractuelle. Ici, le liquidateur ou toute personne extérieure n'intervient qu'à la demande des *partners* ou si le caractère très conflictuel de la dissolution le commande. Même dans ce cas, c'est le plus souvent un *partner* mécontent qui invite le juge à désigner une tierce personne et à circonscrire le périmètre de son intervention[388]. Les *partners* ont, par exemple, le droit d'exiger du *receiver* ou de l'administrateur *ad hoc*, la vente de la totalité des biens de la *partnership* (section 39).

Une autre question à laquelle tout processus de liquidation fait face, qu'elle soit de droit OHADA ou de la *common law*, est la répartition des actifs réalisés et des pertes diverses. D'une façon très pragmatique, la *Partnership Act* a distingué entre passif et pertes. Pour l'OHADA, il est

---

[385] *Littlewood v. Basmadjian* (1961), L.L.R. 104.

[386] O. Moréteau, *Droit anglais des affaires*, *op. cit.*, p. 172. Voir aussi l'espèce nigériane *Ikwuemesi v. Cole&Cole* (1962), L.L.R. 87.

[387] Section 37.

[388] Voir *Littlewood v. Basmadjian* déjà cité.

simplement question de faire face au passif exigible avec l'actif disponible, conformément au modèle français. Les actifs sont réalisés et les créanciers dont la créance avait été préalablement déclarée, sont désintéressés dans l'ordre que leur confère leur créance[389]. Pour la *common law*, le passif au sens général est effacé par l'actif de la *partnership* selon l'ordre suivant : paiement des sommes dues aux tiers ; remboursement à chaque *partner* des avances de trésorerie effectuées autres que les apports ; remboursement proportionnel à chaque *partner* de ses apports ; enfin, répartition du solde éventuel aux *partners* au *prorata* de leurs parts dans le bénéfice[390]. La *Partnership Act* traite aussi des pertes pour dire qu'elles doivent être payées en priorité d'abord sur les bénéfices, ensuite sur le capital, et en cas d'insuffisance, par les *partners* individuellement[391].

Comme on peut le constater, la *liability* dont il est question dans la *partnership* est quelque peu différente de la responsabilité indéfinie et solidaire des associés dans les sociétés des personnes du droit OHADA. Et en définitive, en dépit d'innombrables éléments communs, la *partnership* n'est ni la société en nom collectif du droit OHADA, encore moins la société en commandite simple du même droit[392]. Un auteur, parlant de ces sociétés des personnes du droit OHADA, a parlé d'« *incorporated partnership* »[393], ce qui nous semble proche de la réalité avec là encore des nuances considérables. Peut-être que la *company*, elle, saura correspondre à l'une des sociétés des capitaux de ce droit OHADA.

SECTION 2 : LES *COMPANIES*

Les *companies* ont été introduites en Afrique par le colonisateur anglais, et dès cette époque coloniale, des textes y relatifs ont été pris. Les premiers textes datent de 1912 et ces textes ont été modifiés à plusieurs reprises (*Companies Act* 1922, *Companies Act* 1968 (pour le Nigeria)). Pour cette partie, nous nous baserons sur le dernier texte en vigueur au Nigeria, qui a l'avantage de recouper les aspects essentiels de ce qui existe dans d'autres pays africains de la *common law*. Il s'agit de la *Companies and Allied Matters Act* 1990, bien connue sous l'abréviation *CAMA*.

---

[389] Tout ce processus est bien sûr expliqué non pas dans l'acte uniforme sur le droit des sociétés, encore moins dans la partie traitant de la dissolution des sociétés des personnes, mais dans un autre acte uniforme, général et commun à toutes les sociétés, l'acte uniforme sur les procédures collectives.

[390] Section 44 (b), *Partnership Act*.

[391] Section 44 (a), *Partnership Act*.

[392] Hormis le cas de la *limited partnership*.

[393] Joseph Ebi Nzalie, "*Reflecting on OHADA law reform mission: its impact on cerain aspects of company law in Anglophone Cameroon*", in *Annales de la Faculté des sciences juridiques et politiques de l'Université de Dschang*, tome 6, Presses universitaires d'Afrique, 2002, p. 108.

Avant de rentrer dans les détails de cet important opérateur économique de la *common law* que constituent les *companies*, deux précisions méritent d'être confirmées : d'abord, comme pour les *partnerships*, nous éviterons de recourir à la traduction et donc à vouloir à tout prix des équivalents de ces entités dans le droit OHADA. Là encore, les traductions les plus proches ne sont pas à l'abri d'insuffisances. En effet, une *company* n'est pas qu'une société anonyme[394]. De même, la traduction de « *companies* » par « sociétés de capitaux »[395], si elle a le mérite d'être plus conforme, ne nécessite pas moins quelques nuances. La *private limited company*, par exemple, est plus proche de la SARL qu'on ne met dans la catégorie sociétés des capitaux qu'avec une nuance sur son caractère hybride. D'autres catégories comme la *unlimited company* ou la *company limited by guarantee* ne semblent avoir d'équivalence ni en droit OHADA, ni d'ailleurs en droit français[396].

La deuxième précision liminaire concerne le caractère nécessairement bref, voire incomplet, de la présentation de la *company* ici. Il n'est en effet pas possible d'en faire une présentation détaillée dans un chapitre, *a fortiori* dans une section. Aussi nous contenterons-nous de quelques indications qui permettent une confrontation avec la société anonyme de l'OHADA. Cette confrontation sera axée autour de la formation (paragraphe 1) et du fonctionnement des *companies* (paragraphe 2).

Paragraphe 1 : La formation de la *company*

Comme dans la formation des sociétés du droit OHADA et contrairement à ce qu'on a vu de la *partnership*, la formation de la *company* comporte un processus plutôt complexe, avec diverses formalités. Certaines de ces formalités n'ont rien de particulier par rapport à la constitution du droit OHADA. Aussi, cette présentation se limitera-t-elle à quelques points particuliers, quitte à ce que le contenu du paragraphe ne soit pas rigoureusement conforme à son titre. La réunion des capitaux, par exemple, est un élément d'importance dans toutes les catégories de *companies* (I). Il en est de même de l'*incorporation* (II) dont nous verrons qu'elle caractérise particulièrement la *company*.

I) CLASSIFICATIONS ET RÉUNION DES CAPITAUX

La variation dans le mode d'organisation ou de fonctionnement de la *company* impose souvent l'usage du pluriel et commande une véritable

---

394 La société anonyme de l'acte uniforme sur les sociétés commerciales, par exemple, a été traduite par *company*, dans la version destinée aux anglophones dont ceux du Cameroun occidental.

395 C'est la traduction qu'a semblé retenir le Professeur Moréteau dans son *Droit anglais des affaires*, *op. cit.*, p. 174 et suivantes.

396 Le terme « *company* » est finalement un terme générique qui recouvre plusieurs réalités spécifiques du droit OHADA.

classification des *companies* (A). Une fois acquise l'idée qu'il existe diverses catégories de *companies*, la réunion des capitaux est dans tous les cas une étape importante de sa formation (B).

A) Classifications des companies

Selon la *Companies and Allied Matters Act*, les *companies* peuvent être classifiées selon deux critères : d'abord selon l'étendue de la responsabilité des membres, ensuite selon qu'elle est publique ou privée[397].

Sur le premier critère, c'est-à-dire la responsabilité des membres (*liability*), il convient de distinguer trois catégories de *companies* : la *unlimited company*, définie par la section 21 (1) (c) comme une *company* dont la responsabilité des membres n'est point limitée[398]. De cette définition, apparaît une première grosse différence avec l'OHADA et montre combien il est inexact de traduire « *company* » par « société anonyme ». Bien plus, le fait que la responsabilité des associés soit illimitée constitue un motif d'hésitation à comptabiliser cette catégorie dans les sociétés des capitaux selon les critères de l'OHADA. Il paraît plus exact d'y voir une société *sui generis*, qui n'existe pas dans la nomenclature de l'OHADA.

La *unlimited company* s'oppose aux *limited companies*. Là encore, il est très difficile de procéder à un rattachement à des catégories connues du droit OHADA ou même du droit français. Selon la *CAMA*, dans les *limited companies*, il y a les *companies limited by guarantee*[399] et les *companies limited by shares*[400]. Il convient d'évacuer la première catégorie tout de suite, parce que non seulement, elle est totalement inconnue du système OHADA, mais elle n'a en réalité rien d'une « société commerciale » au sens civiliste. C'est en effet une entité le plus souvent à but philanthropique, culturel, etc. où la responsabilité des membres est limitée au montant qu'ils se sont engagés à garantir au départ[401]. Toute activité dont le but serait de générer un profit est interdite à cette catégorie d'entité. Pour être moins choqué par le principe de cette *company*, il suffit de se rappeler que la *common law* ne distingue pas entre le commercial et le non-commercial.

Moins dépaysantes sont les *companies limited by shares*. Il s'agit là de ce qui est connu en droit OHADA comme sociétés dont la responsabilité des associés est limitée aux apports. Il n'est en revanche pas possible de rattacher cette catégorie de *companies* à une des catégories du droit

---

[397] Section 22, *CAMA*.

[398] *« Registered company that is not having any limit on the liability of the members ».*

[399] Section 21 (1) (b).

[400] Section 21 (1) (a).

[401] Pour le Nigeria, la loi prévoit que les membres ne peuvent pas s'engager pour moins de 10 000 nairas (moins de 100 euros), somme qui constitue un plancher.

OHADA, dans la mesure où ce rattachement dépend d'un autre critère : le caractère « *public* » ou « *private* »[402] de la *company limited by shares*.

Le deuxième critère de notre classification est donc ce caractère « *public* » ou « *private* » de la *company*. Ce critère ne s'applique qu'aux *companies limited by shares*. Ne sont donc concernées, ni les *unlimited companies*, ni les *companies limited by guarantee*, toutes deux sans équivalence en droit OHADA. La *private limited company* est proche de la SARL du droit OHADA et du droit français[403]. Pour le Nigeria, la *CAMA*[404] pose quelques limites à l'organisation et au fonctionnement de cette *company* : limitation du nombre de membres à 50 au maximum, restriction de la cession des parts sociales, interdiction d'appel public à l'épargne, instauration d'un capital minimal[405].

La *public limited company* quant à elle, est l'équivalent de la société anonyme du droit OHADA. Elle peut faire appel public à l'épargne, comme en droit OHADA et contrairement au droit anglais, il est instauré un capital minimal[406]. Qu'un minimum soit prévu pour le capital ou pas, il est important de procéder à sa réunion, étape importante du début de son fonctionnement.

B) L'opération de réunion des capitaux

Bien qu'ayant institué un capital minimal pour toutes les *companies* et contrairement au droit anglais, les *common laws* africaines se réfèrent largement à ce dernier avec notamment une reprise du faible formalisme qui y prévaut. Bien que théoriquement prévu, nous passerons sous silence le cas de l'offre publique de valeurs par introduction en bourse (*Stock Exchange*). La raison en est que le marché financier est quasi inexistant dans bon nombre de pays africains de la *common law*. Les balbutiements qui existent çà et là et même le très promoteur exemple sud-africain ne permettent pas de conclure à l'existence des bourses de valeurs dignes de ce nom. Et pourtant, la petite curiosité dans les législations nationales, du moins au Nigeria, c'est que des textes ont été pris pour réglementer les *Stocks Exchanges*[407], tandis que pour les modes les plus usuels de réunion des capitaux, l'on se réfère au droit commun de la *common law*. Le *Nigerian Stock Exchange* a été institué en 1960 et depuis lors, le texte de départ, l'*Exchange Control Act* a été

---

[402] Nous évitons volontairement la traduction potentiellement trompeuse par entreprise « publique » et « privée ».
[403] Voir J. E. Nzalie, *op. cit.*, p. 107, ou O. Moréteau, *Droit anglais des affaires*, *op. cit.*, p. 174 et s.
[404] Section 22.
[405] Ceci distingue la *common law* africaine de son homologue anglais qui n'instaure pas un tel minimum.
[406] 50 000 nairas pour le Nigeria (moins de 300 euros).
[407] Aminu K. Kurfi, *op. cit.*, p. 250.

modifié ou retouché au moins huit fois, sans que le même dynamisme soit observé sur les cotations boursières.

La réunion du capital se fait donc presque toujours par les apports des associés. Les *common laws* africaines n'ont pas voulu suivre la tendance traditionnelle du droit anglais qui méconnaissait toute importance au capital[408]. En effet, un minimum[409] est fixé partout et des règles sont instituées pour contraindre les associés à réaliser les apports souscrits, ou tout au moins une bonne partie. Le moins que l'on puisse remarquer, c'est que dans le principe, il n'y a pas de grosses différences avec l'OHADA. C'est ainsi que la section 99 de la *CAMA* prévoit qu'aucune entreprise ne peut être immatriculée sans apports qui forment le capital. Le capital ne peut être inférieur au minimum prévu et dans tous les cas, au moins 25 % du capital doit être effectivement réalisé au jour de l'immatriculation. À titre de comparaison, c'est presque exactement ce que prévoit le droit OHADA. En effet, on peut lire à la section 7 que les actions souscrites en numéraire sont obligatoirement libérées d'un quart au moins de leur valeur nominale lors de la souscription[410]. Quant aux actions souscrites en numéraire résultant pour partie de versement d'espèces et pour partie d'une incorporation de réserves, de bénéfices ou de primes d'émission, elles doivent être intégralement libérées lors de la souscription[411]. Comme on peut le constater, la convergence ne pourrait être plus parfaite entre les deux systèmes sur cette question.

La même convergence s'observe aussi bien pour l'augmentation que pour la réduction du capital. Pour la *CAMA* comme pour l'OHADA, les deux opérations sont effectuées uniquement sur décision de l'assemblée générale. L'augmentation peut être réalisée par émission d'actions nouvelles à souscrire, par incorporation des réserves et distribution d'actions gratuites, ou par apport. La première modalité, c'est-à-dire l'augmentation par émission d'actions nouvelles à souscrire, comporte un droit préférentiel de souscription pour les anciens actionnaires, aussi bien en droit OHADA[412] qu'en *common law*[413]. Mais dans les deux systèmes, ce droit préférentiel peut être supprimé soit sur décision de l'assemblée générale[414] ou sur renonciation préalable de l'associé, à travers les statuts ou *memorandum*.

Quant à la réduction du capital, elle est décidée dans les deux systèmes par l'assemblée générale et dans tous les cas, le capital ne peut être réduit en

[408] Il est vrai que le droit anglais a évolué sur cette question à travers notamment des lois de 1980 et 1981 et aujourd'hui, il n'a rien à envier aux droits continentaux.
[409] Au Nigeria, ces minima sont de 10 000 nairas pour une *private company* et 500 000 nairas pour les *public companies*.
[410] Article 604, acte uniforme sur le droit des sociétés commerciales et G.I.E.
[411] Article 606, acte uniforme sur le droit des sociétés commerciales et G.I.E.
[412] Article 573, acte uniforme sur le droit des sociétés commerciales et G.I.E.
[413] Section 100, *CAMA*.
[414] Le droit préférentiel peut, par exemple, être supprimé pour sauver une société en difficulté en faisant entrer un tiers dans le capital.

deçà du minimum légal. L'*incorporation* est l'autre élément important de la formation de la *company*.

II) L'INCORPORATION DE LA *COMPANY*

L'immatriculation (*incorporation*) constitue un des éléments caractéristiques de la *company* ; c'est notamment ce qui confère la personnalité juridique à cette dernière (A). Mais comme en droit OHADA, il arrive que les fondateurs d'une *company* qui n'a pas encore fait l'objet d'une *incorporation*, prennent des engagements pour le compte de cette dernière : il s'agit des *pre-incorporation contracts* (B).

A) L'incorporation

L'*incorporation* correspond à l'opération d'immatriculation en droit OHADA, les deux confèrent une personnalité juridique à l'entité créée, les deux marquent la naissance juridique de cette entité. Elle est tellement importante dans le système de la *common law* qu'elle constitue un des éléments de distinction entre la *company* et la *partnership*, la deuxième ne faisant jamais l'objet d'une *incorporation*. Mais contrairement à l'OHADA, ce n'est pas auprès des greffes d'une juridiction que l'*incorporation* se fait, mais plutôt auprès des commissions spéciales. Au Nigeria, elle se fait par la fourniture d'un certain nombre de pièces et renseignements à la *Corporate Affairs Commission*[415]. Les *incorporations' documents* à fournir sont alors les suivants : le *memorandum* et les *articles* de la *company*[416] ; l'indication du siège de la *company* ; les personnes en charge de la direction de la *company*, l'indication du capital social et les détails des souscriptions ; tout autre document ou informations requis par d'autres textes[417].

De la même manière que l'immatriculation auprès du registre de commerce et des crédits mobiliers confère la personnalité juridique aux sociétés OHADA, l'acte d'*incorporation* auprès de la *Corporate Affairs Commission* emporte reconnaissance de la personnalité juridique aux *companies*. La personnalité juridique se distingue dans les deux cas de la personnalité des membres, et plusieurs précédents, aussi bien anglais qu'africains, ont confirmé cette convergence[418]. Ces jurisprudences précisent que non seulement la personnalité de la *company* est distincte de celle de ses

---

[415] Section 35, *CAMA*.

[416] Le *memorandum* est un document qui s'apparente aux statuts de la *company*. C'est la constitution de la *company*, on y trouve ses objectifs globaux et son organisation générale. Les articles se rapprochent plus d'un règlement intérieur, avec des détails sur la conduite interne.

[417] C'est par exemple le cas des informations supplémentaires demandées par le *Foreign Exchange Decree* ou l'*Investment and Securities Decree*.

[418] *Salomon v. Salomon & Co.* (1897) A. C. 22 ou le précédent nigérian *Marine Nominees Ltd v. Federal Board of Internal Revenue* (1986) 2 NWLR 48.

membres, quel que soit le nombre de parts sociales qu'ils détiendraient, mais aussi il n'y a aucune relation d'*agency* entre celle-ci et ceux-là.

Les autres conséquences tirées de la personnalité juridique ont pour certaines d'entre elles de quoi marquer une différence avec le système OHADA. Dans l'espèce nigériane *Marine Nominees Ltd v. Federal Board of Internal Revenue*, par exemple, certaines de ses conséquences ont été rappelées : le droit d'ester ou de faire l'objet d'une action en justice. Il s'agit là d'une conséquence qu'on retrouve dans tous les systèmes.

L'arrêt a également parlé d'un principe de « transférabilité » des parts sociales ou de « perpétuelle succession ». Les parts sociales sont transférables parce que la « *company* » n'est pas une propriété de l'associé[419] et le transfert de la propriété des parts sociales n'affecte pas véritablement la *company*. De la même façon, le changement des associés (*membership of the company*) n'affecte pas plus cette dernière. Ces associés peuvent donc aller et venir (*members may come and go*). Si on traduit la *company* par la société anonyme du droit OHADA, ces différentes significations de la personnalité juridique pourraient être valables. Mais présenter la libre « transférabilité » des parts sociales et la « perpétuelle succession » au sein des sociétés comme des conséquences naturelles de la personnalité juridique comporterait quelques imprécisions du point de vue de l'OHADA. L'*intuitu personae* dans certaines sociétés notamment implique l'inverse exact. En même temps, il y a une certaine logique dans le fait pour le juge nigérian de tirer des conséquences générales de la personnalité juridique à partir de la seule *company*. Il faut se rappeler que seule cette dernière, contrairement à la *partnership*, a une personnalité juridique.

Sur d'autres aspects du fonctionnement de la personnalité juridique, la *common law* ne se distingue pas de l'OHADA. Mais avant qu'elle n'acquière la personnalité juridique, la société est souvent engagée par ses promoteurs.

B) Les actes de la société en formation : pre-incorporation contracts

La question des actes de la société en cours de formation est une autre question qui ne se pose pas qu'à la *common law*, les mêmes problèmes se posent aux sociétés de l'OHADA. La réponse donnée à cette question par l'un ou l'autre système n'est pas toujours la même.

Tout d'abord, pour la *common law*, il convient de distinguer la position de la *common law* africaine de façon générale et d'une réforme nigériane de 1990 qui a eu pour conséquence de créer une brèche dans cette position. Pour la *common law*, les engagements pris par les fondateurs pour le compte d'une *company* en cours de création ne sont pas repris par cette dernière[420].

419 *« A member does not own his company »*.

420 Voir *Kelner v. Baxter* (1866) L.R. 2 CP 174 ou *Caligara v. Giovanni Satori & Co Ltd* (1961) *ALL N.L.R.* Pt 3, 350.

L'explication de ce refus de ratification se trouve dans la technique de l'*agency*. Il faut se rappeler les trois éléments de l'*agency* que nous avons déjà évoqués : le *principal*, l'*agent* et l'*authority* qui est le pouvoir dont se prévaudrait l'*agent* en vertu de l'*agency*. Nous avions dit globalement que si le *principal* n'existait pas au moment de l'acte du supposé *agent*[421], il n'y aurait pas de ratification plus tard[422]. Dans le cas des *pre-incorporation contracts*, la *company* n'existait pas au moment des actes des promoteurs. La *common law* refuse donc toute ratification *a posteriori*. Il se serait agi d'une *partnership*, la question se poserait dans d'autres termes, sur la base, par exemple, de l'apparence. Mais en réalité, la question ne se posera pas pour la *partnership* pour laquelle il n'est pas question d'une *incorporation*.

Il a été question, dans une espèce, de faire ratifier les engagements des promoteurs par la *company* non pas sur la base de la *common law*, mais en *equity*. L'arrêt en question suggérait une distinction entre « *adoption* » et « *ratification* ». La *company* pouvait « adopter » en *equity* les contrats des promoteurs pour les faire siens une fois immatriculée[423]. Cet arrêt n'a finalement pas eu de suite et a même été critiqué et infirmé par la suite. Il a été rappelé notamment que la distinction entre « *adoption* » et « *ratification* » est une fausse distinction entre deux concepts qui ont la même signification[424].

Pour protéger les tiers, l'*English Companies Act 1985*, par exemple, a précisé que le contrat passé reste valable entre le tiers contractant et le promoteur individuel[425]. Les prestations réalisées, soit par le promoteur pour le compte de la *company* en formation, ou par les tiers, peuvent toujours recevoir une compensation plus tard, notamment grâce au *quantum meruit* ou *quantum valebant* pour les biens livrés. Mais il reste que tout ceci n'est ni d'une grande lisibilité, ni d'une grande simplicité. C'est pourquoi en 1990, la *CAMA* nigériane a permis que les actes pris pour le compte de la *company* en formation puissent être ratifiés nonobstant les obstacles techniques liés à l'*agency*[426]. Ce faisant, la *CAMA* n'a pas entendu libérer complètement la personne auteure des actes pour le compte de la *company* en formation. Il est en effet prévu que sauf stipulation contraire expresse, ce promoteur reste prioritairement lié à titre individuel, la ratification n'étant qu'une faculté pour la *company*. La stipulation expresse à laquelle il est fait allusion est une stipulation par laquelle le tiers contractant et le promoteur conviendraient que ce dernier ne serait pas lié ou ne serait lié qu'en cas de refus ou défaillance de la *company*.

---

[421] *"Ratification can only be... by person in existence either actually or in contemplation of law"*, Willes J. in *Kelner v. Baxter* (1866) L.R. 2 CP 174 et 184.
[422] Robert R. Pennington, *Company Law*, 1995, p. 106.
[423] *Spiller v. Paris Skating Rink Co* (1878), 7 Ch. D 368.
[424] *Natal Land and Colonization Co Ltd v. Pauline Colliery and Development Syndicate* (1904), AC, 120.
[425] Section 36 C.
[426] Section 72, *CAMA*.

Sur cette question, le système OHADA paraît relativement simple. L'OHADA n'a fait que reprendre le fond du droit français pour lequel l'immatriculation n'a pas la même importance que l'*incorporation* de la *common law*. Pour l'OHADA comme pour le droit français, la société en formation est une société contractuellement valable. L'immatriculation n'incarne donc pas une condition de validité, mais d'attribution de la personnalité morale. Globalement, le principe est celui de la responsabilité personnelle de l'associé, principe qui n'empêche pas la reprise ultérieure des actes par la société[427]. Si actes ont été conclus avant la signature des statuts, il est prescrit de présenter aux futurs associés, avant la signature des statuts, l'état des actes accomplis pour le compte de la société en formation, avec l'indication pour chacun d'eux de l'engagement qui en résulterait pour la société. Lorsque la société ne fait pas publiquement appel à l'épargne, cet état est annexé aux statuts dont la signature emportera reprise des actes par la société quand elle sera immatriculée[428]. Faute d'annexer aux statuts l'état des actes réalisés, la reprise ne peut se produire automatiquement. Par ailleurs, si les futurs associés ne veulent pas reprendre ces engagements, il leur suffit de ne pas signer les statuts et la société n'est pas constituée. En revanche, s'ils sont favorables à cette reprise et qu'ils signent, c'est la société qui se substituera aux fondateurs dès son immatriculation[429].

De la présentation de ces quelques éléments importants de la formation de la *company*, il est apparu beaucoup de différences avec le droit OHADA. D'autres différences existent au niveau du fonctionnement même de cette *company*.

Paragraphe 2 : Le fonctionnement de la *company*

L'organisation et la direction de la *company* d'un côté (I), l'information et les assemblées générales de l'autre (II) sont les deux axes de ce paragraphe.

I) L'ORGANISATION ET LA DIRECTION DE LA COMPANY

Il peut paraître plus cohérent de traiter de l'organisation de la *company* dans une autre partie de la présentation que dans celle dédiée au fonctionnement. Mais organisation (A) et direction (B) sont indiscutablement liées, il est dès lors tout à fait justifié d'en faire cette présentation rapprochée.

[427] Art. 210-6 Code de commerce, Art. 1843 Code civil.
[428] Il en est de même lorsque l'acte a été passé conformément à un mandat spécial.
[429] Civ 3e, 5 janvier 1994.

A) L'organisation de la company

La question de l'organisation de la *company* renvoie à celle des organes qui composent cette dernière. De cette organisation dépend l'efficacité de la gouvernance qui est elle-même au centre du modernisme du droit des sociétés. Sur cette question, la *common law* africaine n'a pas forcément emboîté le pas au droit anglais dont la structure de la *company* a été perpétuellement retouchée[430]. L'une des raisons de ce relatif statisme de la *common law* africaine réside certainement dans la modestie du domaine formel des affaires en Afrique, un domaine très réduit et fortement concurrencé par le secteur informel. Les structures formelles comme les *companies* sont loin d'être répandues. Pour celles qui existent, de façon générale, on n'y retrouve que les organes classiques : un organe de délibération, les *general meetings* et un organe d'exécution que constituent les *directors*. À ces organes classiques, la *CAMA* rajoute un autre, le *company secretary*. Seule la présence obligatoire de ce *company secretary* constitue une différence avec le droit OHADA. Pour les deux premiers organes, on les retrouve dans le droit OHADA des sociétés anonymes. Dans les principaux organes de la société anonyme du droit OHADA[431], il y a un organe de délibération avec les assemblées (assemblée d'actionnaires et assemblée d'obligataires) et un organe de direction qui varie selon l'option des fondateurs. Ils peuvent opter soit pour une société anonyme avec conseil d'administration (si elle a au moins trois actionnaires), soit pour une société anonyme avec administrateur général[432].

Les assemblées générales de la *common law* nigériane, c'est-à-dire les *general meetings* jouent le même rôle que l'assemblée d'actionnaires du droit OHADA. La *CAMA* distingue trois types de *general meeting* : la *statutory general meeting* (assemblée générale statutaire) ; l'*annual general meeting* (assemblée générale ordinaire) ; l'*extraordinary general meeting* (assemblée générale extraordinaire). La *statutory general meeting*[433] semble correspondre à l'assemblée générale constitutive. Elle n'est obligatoire que pour les *public companies* et doit être tenue dans les six mois qui suivent l'immatriculation. Cette obligation de tenue est assortie d'une astreinte par jour de retard, une fois le délai de six mois dépassé[434].

---

430 Voir notamment les étapes que constitue l'adoption du *Companies Act* 1948, des lois de mise en conformité au droit communautaire en 1980 et en 1981, de leur fusion par le *Companies Act* 1985, du *Companies Act* de 1989 et de plusieurs autres lois intermédiaires.

431 Le rapprochement entre société anonyme du droit OHADA et la *company* se fait bien sûr toutes proportions gardées pour les raisons que nous avons évoquées et qui tiennent à l'impossibilité de traduire par équivalence.

432 On notera que l'OHADA n'a pas repris l'option du droit français entre société anonyme avec directoire et conseil de surveillance et société anonyme classique avec conseil d'administration.

433 Prévue à la section 211 de la *CAMA*.

434 Section 211 (1), *CAMA*.

L'*annual general meeting* correspond à l'assemblée générale ordinaire du droit OHADA et du droit français. Contrairement à la *statutory general meeting*, elle est obligatoire pour tout type de *company*, qu'elle soit *private* ou *public*, *limited* ou *unlimited*. Il y a une convergence avec le droit OHADA sur presque tous les points de cette assemblée générale : son organisation, sa périodicité, ses compétences, etc. La même similitude s'observe pour les assemblées générales extraordinaires.

L'organe de direction est représenté par les *directors*. L'appellation de ces *directors* n'a pas été précisée par la *CAMA*, contrairement au droit OHADA où il est précisé que le directeur porte le titre de président-directeur général ou directeur général selon les cas. Il est simplement précisé que toute *company* doit avoir au moins deux *directors* : au moins un *first director* et au moins un *subsequent director*[435]. Le premier correspond à l'organe de direction le plus haut placé hiérarchiquement et le second correspond à ce qui est connu en droit OHADA comme directeur général adjoint. Dans la pratique, le nom du *first director* est souvent mentionné dans les *articles* de la *company*, lesquels *articles* se contentent de définir le régime de désignation du ou des *subsequent directors*. Nous reviendrons sur ces *directors* avec plus de détails dans le paragraphe suivant.

Le dernier élément obligatoire dans l'organisation de la *company* est le *company's secretary*[436]. Il s'agit là d'une spécificité dont on ne trouve pas d'équivalent en droit OHADA. Il a un rôle essentiellement administratif. C'est à lui qu'incombe l'organisation matérielle des assemblées, la tenue des registres obligatoires, etc. La *CAMA* établit une liste limitative des personnes pouvant être désignées *company's secretaries : legal practionner*, expert-comptable, etc.[437]. Les *company's secretaries* tout comme les autres organes, participent à la direction de la *company*.

B) La direction de la company

La direction de la *company* est assurée par les *directors*. Nous avons vu que chaque *company* a obligatoirement au moins un *first director* et un *subsequent director*. Concrètement, les *directors* forment un organe collectif appelé *board of directors* qui est l'organe chargé de piloter le management de la *company*. Si la *CAMA* nigériane laisse à la pratique le soin de regrouper les *directors* au sein d'un collectif, la *Companies Act* sud-africaine vise expressément ce *board of directors* et en définit les contours d'intervention[438]. Ces contours sont encore plus détaillés par les articles de la *company*. On y trouve notamment les modalités d'intervention des *directors* avec toutefois une grande liberté d'action reconnue aux dirigeants. On peut

[435] Section 246, *CAMA*.
[436] Prévu à la section 293 et suivant de la *CAMA*.
[437] Section 295, *CAMA*.
[438] *Companies Act* 61 of 1973, sections 242-246.

ainsi trouver dans ces articles, la périodicité à laquelle doit se réunir le *board of directors*, les actes soumis à une décision unanime des membres du *board*, le quorum nécessaire aux prises des décisions, etc.

Dans les très grandes *companies*, qui sont plutôt rares en Afrique, la grande majorité d'actionnaires sont passifs du point de vue de la direction de la *company*. Pour préserver un certain équilibre entre ceux qui sont directement impliqués dans la gestion de la *company* et ceux qui détiennent les actions, la loi[439] a pris un certain nombre de mesures : possibilité de révocation *ad nutum* des dirigeants ; soumission de toute acquisition des parts sociales par les *directors* (ou des personnes sous leur influence) à l'autorisation de l'assemblée d'actionnaires ; interdiction pour la *company* de consentir des prêts ou de cautionnement aux *directors*[440] ; etc.

Jusqu'à la nomination des premiers *directors*, la direction de la société est assurée par les souscripteurs du *memorandum*. Et si après la nomination des *directors* ceux-ci se réfèrent à d'autres personnes avant toute prise de décision, ces personnes à qui ils se réfèrent peuvent être reconnues comme dirigeants de fait. On les appelle les « *shadow directors* », les dirigeants de l'ombre. Comme dans le système OHADA, la responsabilité du dirigeant de fait est susceptible d'être engagée. Il importe de distinguer entre des conseillers dont peuvent s'entourer le dirigeant et le *shadow diretor*. La *CAMA* précise que le *sahdow director* est celui dont le dirigeant applique les instructions et les directives[441]. Seule la responsabilité du second est susceptible d'être engagée pour les actes de gestion.

Enfin, la fonction de *director* implique un certain nombre d'obligations. Ces obligations peuvent avoir une source statutaire ou légale. Elles sont d'abord fiduciaires, mais pas seulement. La section 279 (1) de la *CAMA* dit clairement que le dirigeant entretient une relation fiduciaire avec la *company* et le deuxième paragraphe de cette section rajoute que ces relations ne sont pas uniquement de nature fiduciaire, tout comme d'ailleurs les obligations du dirigeant. Les obligations des *directors* ne se limitent pas non plus aux seuls *directors*. Toute personne qui participerait à un titre ou à un autre à la fonction de direction de la *company*, se trouve tenue aux mêmes obligations[442].

L'obligation fiduciaire de loyauté existe vis-à-vis de la société, et dans une certaine mesure, il appartient au débiteur de cette obligation de définir ce qui est dans l'intérêt de la société. La section 279 de la *CAMA* parle de

---

439 *CAMA* pour le Nigeria, *Companies Act 1963* pour le Ghana et *Companies Act 1973* pour l'Afrique du Sud.

440 Le *Companies Act* sud-africain contient néanmoins une exception à ce propos. En effet, de telles opérations sont possibles mais soumises à l'autorisation unanime de l'assemblée (section 226 (2)).

441 "*Any person on whose instructions and directions the directors are accustomed to act*" (section 245, *CAMA*).

442 O. Moréteau, *Droit anglais des affaires*, *op. cit.*, p. 191.

« *duty to act always in the best interest of the company* »[443]. Au titre des mêmes obligations fiduciaires, le dirigeant doit éviter tout conflit d'intérêts avec la *company*[444]. En Angleterre, le contenu de cet intérêt a été précisé notamment par une loi de 1985[445] et dans tous les cas, le dirigeant ne doit pas détourner le pouvoir qu'il détient pour agir dans l'intérêt de la *company*, pour servir son intérêt propre. En vertu d'une vieille jurisprudence, il y aurait une contradiction, voire une incompatibilité entre le fait de servir son intérêt propre et l'intérêt d'autrui[446].

Aux devoirs fiduciaires et à leur extension, s'ajoute le *duty of care and skill*, le devoir de gestion intelligente. Ce devoir signifie qu'on attend des personnes en charge de la direction d'une *company*, un savoir-faire et une intelligence dans la gestion. Il y a très peu de jurisprudence sur ce devoir. Il se trouve que les tribunaux hésitent souvent à juger de l'opportunité et de l'intelligence qu'il y aurait dans tel ou tel acte de direction d'une *company*. Dans une autre vieille décision[447], le juge a précisé ce qu'il fallait attendre des dirigeants en termes de gestion intelligente. Le moins que l'on puisse dire, ce qu'il ne fallait pas en attendre grand-chose. La *CAMA* s'est aussi essayée à cette précision en sa section 280. Mais les différentes attitudes prescrites au dirigeant ne permettent pas de sanctionner tous les errements qu'il se permettrait.

Outre la direction, les mouvements des parts sociales complètent le fonctionnement d'une *company* avant son éventuelle liquidation.

II) L'ÉMISSION DES VALEURS ET LA LIQUIDATION

Comme dans les sociétés de droit OHADA, le fonctionnement d'une *company* dépend pour une large part des pôles de pouvoir qui se sont constitués en son sein. Et à la base de ce pouvoir de décision, il y a d'abord les actions détenues. L'émission des valeurs (A) est donc essentielle au fonctionnement de la *company*, sans pour autant lui éviter l'éventualité d'une liquidation (B).

A) L'émission des valeurs par les companies

Les *companies* émettent des valeurs appelées « *shares* ». Ces dernières[448] correspondent aux actions des sociétés du droit OHADA, voire aux parts sociales. Pour nous éviter d'avoir à justifier ou à nuancer chaque fois que nous utilisons « actions » ou « parts sociales », nous nous en tiendrons au

[443] Agir toujours dans l'intérêt de la *company*.

[444] Section 280, *CAMA*.

[445] Voir O. Moréteau, *Droit anglais des affaires*, *op. cit.*, p. 192.

[446] Lord Loughborough disait que "*... who takes to act for another in any matter, shall not in the same matter act for himself...*" *Lalhichote v. Lawrence* (1798) 3 VES 740.

[447] *Re City Equitable Fire Insurance Co Ltd* (1925) CH 407.

[448] L'usage du féminin pour « *shares* » procède comme toujours d'un choix, d'une intuition personnels.

terme anglais. Au niveau des droits attachés à ces *shares*, il n'y a pas une grande originalité par rapport à l'OHADA. Ainsi, les *shares* dûment émises sont assorties d'un droit aux dividendes, d'un droit d'assister aux assemblées, d'un droit de vote, d'un droit de regard sur le fonctionnement de la *company*, etc. Tous ces droits sont reconnus sous des conditions bien précises. Il est par ailleurs des droits qui sont attachés à certaines *shares* mais pas à d'autres. Ainsi, comme en droit OHADA, les « *shares* » ne se valent pas toujours, il en est qui rapporte plus de droits que d'autres à leurs titulaires, les *shareholders*.

Il y a tout d'abord, les « *ordinary shares* », à l'instar des actions ordinaires du droit OHADA. Cette catégorie de *shares* ne procure à son titulaire que des droits ordinaires, le droit aux dividendes notamment. Les *ordinary shares*, ont la particularité d'exposer leur titulaire aux plus grands risques[449] si la *company* est déficitaire et, à une situation quelques fois plus confortable, si la *company* connaît de succès. Cette rentabilité des *shares* calquée sur celle de la *company*, a fait dire de l'*ordinary shares*, qu'elles sont des « *equity shares* »[450].

Il peut toutefois exister des sous-catégories dans la catégorie *ordinary shares*. Lors de l'émission de ces *shares*, il peut arriver que certains droits qui y sont attachés fassent l'objet d'une restriction, par exemple. Ainsi, on trouve des *ordinary shares* sans droit de vote, ou des *ordinary shares* à vote plural. Il appartient dans tous les cas aux *articles* de la *company* de définir les droits attachés à ces *shares*.

Il y a ensuite les *preferences shares* qui équivalent aux actions privilégiées. Il s'agit d'une catégorie qui confère un privilège sous des conditions et dans des circonstances bien précises. Cette *share* comporte un privilège dans le sens où un pourcentage de la somme libérée au départ par le détenteur lui est versé par la *company*, mais à condition que les gains réalisés par la société le permettent. Son privilège vient surtout du fait que les autres *shareholders* perçoivent un dividende après lui. Ce privilège peut également être renforcé d'une autre façon par accord parties, au moment notamment de l'émission de ces *shares*. Les parties peuvent ainsi convenir de la possibilité de reporter à l'année suivante le paiement du dividende d'une *preference share* non rémunérée faute de bénéfice. On parle alors de *cumulative preference share*. Il est aussi possible de convenir de payer au détenteur d'une *preference share* une part du surplus de bénéfices en plus du dividende privilégié (*participating preferences shares*). Il est également possible d'accorder au détenteur d'une *preference share*, la possibilité

---

[449] Ces risques varient en fonction de la forme de la *company*, *limited* ou *unlimited*, etc. Dans une *limited company*, le risque est comme dans les sociétés des capitaux du droit OHADA, celui de perdre sa « mise ».
[450] Voir notamment Aminu K. Kurfi, *op. cit.*, p. 219.

d'échanger ses *shares* contre les *ordinary shares*, si la société devient prospère[451].

Cette possibilité d'échanger les *preferences shares* contre les *ordinary shares* permet de rappeler que le privilège rattaché à ces *preferences shares* est un privilège bien relatif avec un « nom trompeur »[452]. En effet sans aucun réaménagement conventionnel de ce privilège, les *preferences shares* ne valent pas toujours plus qu'une *ordinary share*, ni une obligation d'ailleurs. Nous avons dit que la possibilité d'échanger ses *preferences shares* contre des *ordinary shares* est un des « privilèges » possibles de la *preference shareholder*. C'est que les actionnaires ordinaires reçoivent plus que le détenteur d'une *preference share*, en période de prospérité. De la même manière, ces *preferences shares* peuvent se révéler moins rentables que les obligations dans la mesure où la somme à payer à l'obligataire ne dépend pas des performances de la société contrairement à ces *preferences shares*.

L'on distingue également ce qui est appelé « *deferred shares* » ou « *founder's shares* ». Il s'agit des *shares* que se sont accordés les fondateurs de la *company*. Leur particularité, c'est qu'elles confèrent souvent plus de droit de vote aux détenteurs. Sur le plan pécuniaire, ils ont en pratique le même rendement que les *ordinary shares*. Les *deferred shares* sont surtout marquées par un *intuitu personae* qui en fait des *shares* intransmissibles telles qu'elles[453]. Autrement en principe, toutes les *shares* sont cessibles et transmissibles, sauf clauses contraires des *articles*[454]. Cessibles et transmissibles, les *shares* peuvent également servir de cautionnement et être mises en gage, par exemple.

Enfin si la concentration d'un certain nombre de *shares* dans une main investit le *shareholder* d'un certain pouvoir, il arrive que la *company* n'ait pas d'autres possibilités que celles d'être liquidée.

B) La liquidation des companies

La liquidation de la *company* est organisée par la section 407 et suivant de la *CAMA* et reprend pour l'essentiel le droit anglais en la matière[455]. Comme en droit OHADA et en droit français, avant la phase de liquidation proprement dite, le tribunal ou la *company* elle-même pourra essayer de redresser la société. Il faut dans l'un et l'autre cas que sa situation ne soit pas irrémédiablement compromise[456]. Dans le premier cas, le tribunal nomme un *administrator* à la tête de la *company* et fixe une période pendant laquelle il

---

451 Section 144 (e), *CAMA*.

452 O. Moréteau, *Droit anglais des affaires*, *op. cit.*, p. 184.

453 Elles peuvent être cédées, mais le cessionnaire ne récupère pas les super-droits de vote qui vont avec.

454 Section 147, *CAMA*.

455 Voir l'*Insolvency Act* 1986.

456 "The *company must be able to pay its debts*". *Bronick Motors v. Wema Bank* (1983) NSCC 132.

dirigera cette *company*. Cet *administrator* n'a des comptes à rendre qu'au juge qui l'a nommé et il dispose des pouvoirs les plus larges, y compris celui de suspendre les *directors* en place. Si au terme de cette administration, la société n'est pas remise sur rails, il est procédé à sa liquidation.

Mais le juge n'a pas le monopole de cette phase de tentative de redressement de la *company*. Les dirigeants peuvent initier une *voluntary arrangement*, qui n'est pas sans rappeler la procédure de conciliation du droit français. Dans l'un et l'autre cas, l'objectif est de parvenir à un accord entre la société et ses créanciers et fournisseurs. Dans les deux cas, une personne, le conciliateur en droit français et le *nominee* en *common law*, supervise les échanges, facilite l'accord, et veille à sa mise en œuvre. Mais, contrairement à la procédure de conciliation, le mécanisme de *voluntary arrangement* est totalement extra-judiciaire, le tribunal n'intervenant ni dans la désignation du *nominee*, ni dans l'approbation du concordat éventuel. Tout au plus examine-t-il les recours qui lui seront adressés par l'une des parties sur les fondements normaux de recours aux tribunaux.

Si en revanche, la liquidation s'impose comme seule issue pour la *company*, celle-ci peut être judiciaire, *winding up by court*, ou volontaire, *voluntary winding up*.

La liquidation judiciaire, *winding up by court*, intervient notamment dans l'un des cas suivants : la *company* est en cessation de paiement, le nombre des associés est en dessous de deux, la cour est d'avis qu'« il est juste et équitable que la *company* soit liquidée »[457], la *company* a elle-même décidé par une résolution spéciale de se faire liquider[458], des formalités impératives n'ont pas été faites[459], etc. Quant aux personnes pouvant initier une liquidation judiciaire, la section 410 (1) de la *CAMA* en donne une liste dont la lecture révèle que toute personne intéressée peut demander à la cour de prononcer cette liquidation (la *company* elle-même, les créanciers, le *receiver* de la *High Court*, la *Corporate Affairs Commission*, etc.).

La liquidation volontaire, *voluntary winding up*, a aussi des causes multiples, au-delà de la volonté de la *company*, certaines causes sont d'ailleurs les mêmes que celles de la liquidation judiciaire (résolution spéciale de la *company*, expiration de sa durée, etc.). La procédure de la liquidation volontaire connaît deux variantes : la *members' voluntary winding up* et la *creditors' voluntary winding up*. Les deux obéissent à des éléments de procédure différents. Dans la première variante, la liquidation

---

[457] "*The court is of the opinion that it is just and equitable that the company should be wound up*", *Idugboe v. Oil Field Supply Ltd* (1979) A. LR COMM (CA) 1. Les raisons invocables sur ce fondement sont notamment que la *company* a atteint ses objectifs, qu'elle n'a aucune chance de les atteindre, qu'elle a été formée dans un but frauduleux, etc.

[458] On peut s'interroger sur l'opportunité pour la section 408 de la *CAMA* de faire figurer cet élément dans les causes de la liquidation non pas volontaire, mais judiciaire.

[459] Section 408, *CAMA*.

est déterminée par les associés[460] et dans la deuxième variante, par les créanciers. Dans tous les cas, une fois la décision de la liquidation volontaire acquise, la *company* cesse toute activité, excepté celle nécessaire à la liquidation. Tout transfert de *share* doit être préalablement approuvé par le liquidateur.

La liquidation, surtout quand elle n'est pas volontaire, pose le problème de la responsabilité de ceux par le fait de qui elle est arrivée. Si une faute, au sens large, est avérée, l'auteur de cette faute peut se voir condamné aussi bien pénalement que civilement. Le tribunal peut notamment le condamner à contribuer au comblement du passif de la *company*. Une distinction est faite entre *fraudulent trading*, attitude de celui qui, en cours de liquidation, mène les affaires dans un but frauduleux, et *wrongful trading*, attitude du *director* qui ne réagit pas avant la liquidation, alors qu'il savait ou qu'il aurait dû comprendre que la situation de la *company* est irrémédiablement compromise.

Conclusion du chapitre 2

De ce qui précède, il apparaît qu'en matière de droit des sociétés, la *common law* présente des originalités certaines par rapport au droit OHADA. Peut-on alors parler d'une plus grande simplicité, par exemple ? Ce serait difficile de conclure de cette façon tant les deux systèmes diffèrent par la logique sur laquelle ils s'appuient. Il y a, par exemple, dans la distinction des *common lawyers* entre *partnerships* d'un côté et *companies* de l'autre, l'apparence d'une certaine simplicité. Mais passée cette grande distinction, cette simplicité devient peu évidente aux yeux du civiliste, avec notamment les sous-distinctions dans lesquelles on trouve des entités non commerciales[461] au côté de ce qui correspond à des sociétés commerciales[462]. Finalement, chaque système a ses caractéristiques propres, ses avantages et inconvénients. Il est surtout important de souligner cette idée de caractéristiques propres qui confèrent à un système sa singularité vis-à-vis de tout autre.

Cette observation ne se limite d'ailleurs pas au seul droit des sociétés. La présentation des éléments respectifs des contrats dans les deux systèmes montre que ces éléments ne reposent pas sur le même socle. En même temps, le domaine contractuel n'est certainement pas celui qui empêcherait le rapprochement, en dépit des quelques différences qui existent[463]. En somme, comme annoncé au début de ce titre, le droit OHADA et la *common law* sont

---

460 Dans cette procédure, il est indispensable que les *directors* fassent une déclaration de solvabilité selon laquelle, après examen des affaires de la *company*, il n'y a pas de doute qu'elle est capable de payer ses dettes pendant une période bien déterminée.

461 Cette distinction n'a de sens que d'un point de vue civiliste.

462 La *company limited by guarantee* est un exemple de ce type d'entités sans équivalence.

463 Voir le formalisme, la responsabilité contractuelle, la *consideration* notamment.

marqués des traits des systèmes dont ils procèdent. Mais alors ces traits variables constituent-ils un obstacle insurmontable au rapprochement des deux systèmes ?

TITRE 3

Rapprochement *common law* – OHADA

Le mot « rapprochement » ne doit pas être incompris. Il est important de préciser que ce qui est soutenu et ce qui paraît souhaitable, parce que réaliste, n'est pas d'envisager les possibilités d'intégration des *common lawyers* dans le processus et l'espace OHADA, ni d'ailleurs inversement, si tant est qu'il y a un processus intégré pour les *common laws*, ce qui est loin d'être évident. Poser le débat en termes de croissance possible de l'espace géographique OHADA ne semble pas avoir de sens, le droit OHADA est un droit perfectible à bien des égards et sur certains aspects du droit des affaires, la *common law* ne manque pas d'arguments à faire valoir[464]. L'objectif se limite dès lors aux possibilités d'échanges entre l'OHADA et la *common law* et à envisager un état de compatibilité entre les deux systèmes. Pour ce qui est de l'intégration juridique pleine, le temps et la pratique se chargeront d'orienter les systèmes vers ce qui sied aux affaires. Ce temps et cette pratique ont ainsi orienté les règles du commerce international vers plus de *common laws*, et cette pratique n'a eu besoin d'aucune intervention législative pour s'orienter vers des règles simples et pragmatiques[465]. Le contexte africain nécessiterait peut-être une dose de « civilisme », avec, par exemple, la sécurité qu'induiraient des règles gravées dans le marbre des codes, postulat largement discutable, il va sans dire. Sauf à montrer que l'économie africaine est encore largement rurale et basée sur la possession d'un patrimoine foncier, auquel cas il y aurait besoin d'une « stabilité patrimoniale plutôt que la circulation des richesses »[466]. Cette réalité de la société européenne d'une certaine époque ne correspond certainement pas à ce qui a cours en Afrique.

De la même manière, il convient de scruter le droit coutumier africain pour ne pas se priver de ce à quoi le grand nombre adhérerait spontanément. C'est pour ces raisons et pour bien d'autres encore que la question de

---

[464] Voir pour l'« influence planétaire » de la *common law*, O. Moréteau, *Droit anglais des affaires*, *op. cit.*, p. 101 et s.

[465] Voir les exemples des incoterms, la *lex mercatoria*, etc.

[466] O. Moréteau, « Sortir de la Caverne pour comprendre la guerre des droits », *op. cit.*, p. 47.

l'intégration paraît accessoire. Mais accessoire ne veut pas dire superfétatoire, il est important en effet d'envisager dans un premier temps un rapprochement des objectifs entre la *common law* et l'OHADA (chapitre 1) et seulement dans un deuxième temps, un rapprochement des moyens (chapitre 2).

CHAPITRE 1

Le rapprochement des objectifs

> « Il y a plus à attendre encore d'une harmonisation des forces de développement du droit que l'unification formelle des textes figés dans leur formulation »[467].

Il convient de reconnaître d'emblée qu'il est difficile d'assigner un même objectif à différents droits nationaux, mis à part les objectifs déjà partagés et qui ont trait à l'efficience de l'appareil judiciaire[468], à la simplicité des lois, etc. En effet, la situation des pays à l'intérieur d'un même système est extrêmement variable et les réalités diffèrent énormément. Comme pour l'Union européenne jadis, l'objectif final n'est que « de promouvoir dans l'ensemble de la Communauté un développement harmonieux, équilibré et durable des activités économiques »[469].

Mais ces objectifs globaux ne doivent pas faire oublier les inconforts créés entre autres par ces différentes appartenances (*common law*, système OHADA)[470]. La question du rapprochement de ces droits s'est posée très tôt par des auteurs comme Anthony N. Allott ou Michel Alliot pour citer un anglophone et un francophone[471]. Pour autant, ce n'est pas à dire que la diversité est forcément un obstacle. Il importe simplement de se doter d'une tendance commune au-delà de cette diversité. Cette tendance commune ou l'état de compatibilité qu'elle induit, passe aussi par des buts communs. Sans

---

[467] M. Ancel, *op. cit.*, p. 13.

[468] Voir Keba MBAYE, Avant-propos du numéro spécial de la *Revue Penant*, n° 827 (2000), p. 123 et s.

[469] Article 2, Traité CE.

[470] Voir à ce propos Salvatore Mancuso pour qui « pendant longtemps le problème de la diversité des droits a été un obstacle important au développement économique africain et n'a pas été pris en compte par les États africains », dans « Le nouveau droit africain : au-delà des différences entre la *common law* et le droit civil », *Le rôle du droit dans le développement économique*, Congrès de Lomé, 2008, note n° 1.

[471] Voir Anthony N. Allott, "Towards the unification of *law* in Africa", in (1965)14 *Int. Comp. Law Quarterly*, 366-378 ; et Michel Alliot, « Problème de l'unification des droits africains », 11 *Journal of African Law* (1967), n. 2, 86-98.

la colonisation, le droit africain ne serait peut-être pas partagé entre droit civil et *common law*[472]. Il faut se rappeler que l'Afrique a un droit (ou des droits) simplement écarté au profit des systèmes juridiques occidentaux. Il en est résulté au plan commercial, une ruée vers l'informel, une sorte de refus de ces droits venus d'ailleurs[473]. Dès lors, l'objectif déjà commun des civilistes et des *common lawyers* est de s'ouvrir à ces opérateurs qui se sont détournés des droits dits modernes (section 1). Ce faisant, l'on répondrait au grief qui présente l'OHADA, par exemple, non pas comme le droit des affaires africain, mais le droit des investisseurs étrangers en Afrique. Il s'agirait d'un phénomène qui serait à l'inverse de la modernisation du droit africain des affaires, puisqu'il s'agit d'une ouverture au droit coutumier. Mais le concept de modernisation est bien relatif, il ne se limite en tout cas pas à une adoption des droits de l'ex-colonisateur. L'intérêt pratique de ce retour vers la base du droit africain réside dans la recherche d'un droit des affaires effectif, accepté de tous[474].

La recherche de la convergence entre civilistes et *common lawyers* africains se fait donc en tenant compte des investisseurs africains, y compris les plus modestes. Il n'y a en effet aucune incompatibilité entre ces opérateurs et les grands investisseurs, le plus souvent étrangers. Pour les deux d'ailleurs, un investissement protégé dans un environnement intégré (section 2) reste indispensable.

SECTION 1 : LE RÉAJUSTEMENT DU FONDEMENT DES DROITS AFRICAINS DES AFFAIRES

Le droit des affaires en Afrique, qu'il s'agisse des pays de la *common law* ou du droit OHADA, s'est construit sur un modèle occidental, au mépris quelques fois des exigences minimales d'adaptation au contexte local. Peut-être, faudrait-il chercher la cause de l'ineffectivité généralement attachée à ce droit de ce côté aussi. Constatant le caractère inapproprié de ce droit, un auteur affirme : « le droit moderne apparaît souvent aussi comme un masque, mais plaqué cette fois sur le visage d'un peuple qui ne s'y reconnaît pas. Au carrefour du droit coutumier et du droit du colonisateur, de la législation nationale et de la référence internationale aux droits de l'homme, pouvons-nous espérer que l'intérêt des juristes pour les croyances d'une part, pour

[472] Il convient de ne pas oublier le droit musulman qui est aussi d'une certaine manière importé de la Péninsule arabique. Pour cette importation des droits, voir J. Vanderlinden, *Les systèmes juridiques africains*, *op. cit.*, p. 25 et s.
[473] P. Bourel, *op. cit.*, p. 969.
[474] Il s'agit là d'un élément sûrement insuffisant pour ramener les opérateurs informels dans le giron du droit formel, mais nous pensons que c'est un élément important.

l'effectivité de lois d'autre part, permettra aux Africains de formuler un droit approprié qui échappera aux excès du formalisme kelsenien ? »[475].

À chaque occasion de réforme du droit dans les différents pays, ce retour à la base et aux droits coutumiers des Africains reste malheureusement la grande oubliée. La dernière réforme d'importance a été l'avènement de l'OHADA, un autre « masque » plaqué sur le visage pour reprendre l'expression d'Alain Rochegude[476]. Dans l'éventuel processus de rapprochement de ce droit OHADA avec la *common law*, il ne serait pas sans intérêt de les rassembler autour des règles proprement africaines. Il n'est pourtant pas question de créer un droit exotique dans le seul but de se démarquer d'un occident trop envahissant. Il est des règles indispensables aux transactions modernes et qui s'adaptent partout où ces transactions ont lieu. Ces règles, qu'elles soient d'origine occidentale ou autre, ont toute leur place dans le droit africain des affaires. Il importe juste de les adapter à chaque fois au contexte local. C'est en raison de ce besoin d'adaptation au contexte local que la *common law* comme l'OHADA, ont besoin de réajuster leur contenu (paragraphe 1) et leurs destinataires (paragraphe 2).

Paragraphe 1 : Réajustement du contenu du droit des affaires

Le réajustement du contenu des droits africains des affaires implique principalement l'enrichissement de ses sources. La tâche paraîtrait immense au vu des habitudes déjà enracinées dans l'appareil de production du droit, mais compte tenu de l'ineffectivité relative de ce droit, il est indispensable de le repenser en profondeur, fût-ce de façon seulement progressive. Il s'agit en réalité moins d'enrichir les sources du droit des affaires en Afrique que de restituer à ce droit, les différentes sources coutumières dont il a été amputé. Il convient donc de s'inspirer des règles coutumières (I), et en même temps, intégrer le pluralisme dans le contenu de ce droit (II).

I) S'INSPIRER DES RÈGLES COUTUMIÈRES

Puiser dans les sources coutumières pour améliorer le droit africain de façon générale et le droit des affaires en particulier ne signifie nullement qu'il faille repartir à zéro et faire table rase de ce qui existe. Il n'est en effet pas possible de « tirer un trait sur les systèmes de droit actuellement en vigueur et en pratique dans les pays africains »[477]. Il est simplement question de voir quels aspects des règles coutumières méritent d'être rajoutés dans les droits des affaires africains. Par règles coutumières ici, il faut entendre non

---

[475] X. Dijon, « Les masques du droit en Afrique, une lecture européenne des sources de la norme », *Revue internationale et de droit comparé*, 2009, n° 4, p. 567.

[476] A. Rochegude, *op. cit.*, p. 130.

[477] A. Rochegude, « *Ubi societas, ibi jus ; ubi jus, ibi societas* », *À la recherche du droit africain du XXIe siècle*, *op. cit.*, p. 122.

seulement le droit coutumier *stricto sensu*, mais aussi la règle appliquée spontanément dans les transactions courantes. Avant de continuer, il est important de rappeler la définition de ces catégories de règles coutumières.

Le doyen Cornu définit le droit coutumier comme « l'ensemble de règles établies par la coutume », cette coutume pouvant être définie soit comme une « norme de droit objectif fondée sur une tradition populaire qui prête à une pratique constante un caractère juridiquement contraignant, véritable règle de droit (comme la loi) mais d'origine non étatique (et en général non écrite) que la collectivité a faite sienne par habitude dans la conviction de son caractère obligatoire (*opinio necessitatis*) » ; soit comme une « règle traditionnelle de caractère savant ou technique, reçue par la jurisprudence ou issue d'une pratique professionnelle parfois tirée d'un fonds d'anciennes maximes et souvent conservée sous forme d'adage »[478]. Cette définition recoupe largement le droit coutumier auquel il est fait allusion dans les facultés de droit, y compris africaines.

Et pourtant, ramenée au contexte africain, cette définition appelle des nuances. Elle ne recoupe en effet pas toutes les règles coutumières dont nous disons qu'il importe de s'inspirer dans la production du droit africain des affaires. Il convient en fait de se défaire de ce prisme kelsenien pour englober tout le droit coutumier africain[479]. L'une des nuances importantes tient à l'extrême variabilité du phénomène coutumier en raison notamment du fait ethnique[480]. Cette variabilité de la coutume et de la règle coutumière a fait dire à certains auteurs, certainement par simple raccourci et au détriment de toute rigueur scientifique, que les sociétés africaines traditionnelles étaient des sociétés sans droit. Dans cette grande variété de règles coutumières, il y a certainement des caractéristiques partagées, comme l'oralité, la recherche du *consensus* qui confine à une exigence d'unanimité dans la prise des décisions, etc.[481].

Les autres règles coutumières, qui ne sont pas conformes à cette conception formelle du droit coutumier et qui sont propres au tiers-monde pourraient être identifiées à travers la régulation informelle. On aurait tort de voir dans le fonctionnement du secteur informel africain un fonctionnement sans aucune règle, un non-droit. Pour ce secteur informel, comme pour certains aspects du droit coutumier africain, débarrassé du masque occidental, l'on se rend compte que tout obéit à des usages, des habitudes, en

---

[478] G. Cornu, *Vocabulaire juridique*, PUF, Paris, 1987, p. 218 et 287.

[479] Voir à ce propos les écrits d'Elias Olowale, notamment *La nature du droit coutumier africain*, Présence africaine, Paris, 1961. Le seul grief qu'on pourrait invoquer, est sa limitation aux seuls pays anglophones, mais ses conclusions restent transposables aux autres pays africains.

[480] Voir à ce propos, V.-E. Bokalli, « La coutume, source de droit au Cameroun », précité.

[481] A. Rochegude, *op. cit.*, p. 124.

somme, des règles coutumières[482]. Pour le droit des affaires, c'est surtout de ce droit coutumier dont il faut s'inspirer, car c'est le droit du plus grand nombre, loin devant le droit formel proclamé.

Le droit dit moderne se trouve tellement marginalisé qu'on en vient à se demander si la société entière ne se livre pas à une comédie théâtrale pour M. X. Dijon qui compatit notamment au « désespoir des professeurs de droit qui se demandent, lorsqu'ils veulent être lucides jusqu'au bout, sur quelle scène ils jouent »[483]. Que signifient, par exemple, les différents Codes de travail africains quand on sait que plus de 80 % de la main-d'œuvre est exploitée dans le secteur informel[484] ? À quoi rime la procédure de licenciement pour motif économique qui n'est presque jamais appliquée ? De tels exemples meublent largement les différents domaines du droit des affaires, et « tout se passe comme si la norme, une fois édictée, remplissait d'elle-même les conditions de validité du droit sans qu'il apparaisse trop nécessaire de travailler à la rendre effective »[485].

En somme, le droit formel, qu'il s'agisse de l'OHADA ou, dans une moindre mesure peut-être, la *common law*[486], est essentiellement au service d'une catégorie d'opérateurs (investisseurs étrangers, opérateurs de taille importante) qui est loin d'être majoritaire. Les législateurs nationaux ont dû se tromper de source, en tout cas ils ont complètement ignoré les usages africains pour produire des normes dont on peut se poser des questions sur la validité. Il ne faut pas oublier qu'« un ordre normatif perd sa validité lorsqu'il cesse d'être suffisamment en accord avec la réalité »[487]. L'exemple pris ci-dessus du droit du travail montre que cet accord entre droit et réalité reste à trouver ou du moins à prouver. Le constat de Pierre Bourel à propos de l'OHADA vaut finalement pour toutes les déclinaisons du droit africain des affaires, il s'agit le plus souvent d'un « droit imposé, venu d'en haut, droit importé venu d'ailleurs [...] finalement droit mythique, passablement déconnecté du milieu socioprofessionnel pour lequel il a été prévu »[488].

Notre proposition face à ce problème est de dire que plutôt que de reproduire les textes en vigueur dans les anciennes puissances coloniales[489], il convient de voir comment dans les usages africains de tous les jours, dans

---

[482] C'est ce que nous apprend C. Tohon dans son article « Le droit pratique du commerce informel : un exemple de plurijuridisme au Bénin », *À la recherche du droit africain du XXIe siècle*, *op. cit.*, p. 245-264.

[483] X. Dijon, *op. cit.*, p. 569.

[484] Les différents rapports de Bureau international de travail attestent ce chiffre en moyenne.

[485] X. Dijon, *op. cit.*, p. 571.

[486] Nous avons vu que la *common law* semble plus en rapport avec la pratique et les usages, ce qui se perçoit d'ailleurs dans les différences entre le droit contractuel civiliste et celui de la *common law*. Voir à ce propos, O. Moréteau, « Sortir de la caverne pour comprendre la guerre des droits », précité.

[487] Hans Kelsen, *Théorie pure du droit*, Éditions de la Baconnière, 1988, p. 127.

[488] *Op. cit.*, p. 969.

[489] V.-E. Bokalli, « Le nouveau droit du contrat d'assurance des États membres de la CIMA », *op. cit.*, p. 37.

le secteur informel, ces questions sont résolues[490]. C'est donc de ces solutions qu'il faut s'inspirer pour légiférer. Il importe bien sûr de les faire évoluer pour les rendre compatibles avec les standards modernes. C'est dire que dans cette attitude, il n'y a aucune rébellion vis-à-vis de la modernité tout comme il n'y a aucune modernité dans le fait de copier des textes difficilement applicables. Le réajustement dont nous parlions se fait donc au niveau des sources du droit africain. Pour ce faire, il est indispensable d'abandonner l'approche conflictuelle (formel-informel) qui débouche sur une « reconnaissance-sanction » du formel par l'informel. C'est le cas, par exemple, des commerçants de fait et leurs régimes juridiques qui impliquent l'application forcée du droit des affaires (formel) au secteur informel à titre de « sanction »[491]. Mais encore faut-il que les réformes nécessaires soient faites dans un rythme adéquat, car « Le législateur africain est un homme pressé » qui, pour ne pas freiner les travaux, préfère contourner les obstacles au lieu de les affronter[492]. S'inspirer de la coutume, y compris des usages du secteur informel, est donc un objectif prioritaire commun au droit de l'OHADA et à la *common law* africaine des affaires. L'autre objectif commun est d'intégrer le pluralisme dans la conception du droit.

II) INTÉGRER LE PLURALISME

Comment expliquer qu'au regard des potentialités et des richesses juridiques de l'Afrique, les différents droits des affaires soient si peu marqués par le pluralisme ? Les bases du rapprochement entre droit civil et *common law* devraient exister si dès le départ, un effort avait été fait pour que le pluralisme soit reflété dans ces droits.

Ce pluralisme se compose des systèmes hérités de la colonisation, principalement le droit civil et la *common law*, mais aussi des systèmes coutumiers africains, du droit musulman, etc. Il eût fallu que le législateur prît en compte toute cette diversité pour que dans tous les pays, il y ait un « droit cosmopolite »[493] et ouvert. Pour cette seule raison, le rapprochement

---

[490] Voir par un article très intéressant de Constantin Tohon dans lequel il fait une présentation des règles juridiques informelles, qui sont appliquées dans le commerce informel, V. C. Tohon, « Le droit pratique du commerce "informel" : un exemple de plurijuridisme au Bénin », *À la recherche du droit africain du XXIe siècle*, *op. cit.*, p. 245 et s.

[491] Voir par exemple l'article 39 de l'Acte uniforme OHADA sur le droit commercial général qui dispose : « Les personnes physiques et morales assujetties à l'immatriculation au Registre du Commerce et du Crédit Mobilier qui n'ont pas requis celle-ci dans les délais prévus, ne peuvent se prévaloir, jusqu'à leur immatriculation, de la qualité de commerçant. Toutefois, elles ne peuvent invoquer leur défaut d'inscription au Registre pour se soustraire aux responsabilités et aux obligations inhérentes à cette qualité » ou l'article 43 du même acte uniforme.

[492] P. Bourel, *op. cit.*, p. 970.

[493] F. Audren et L. De Sutter auraient parlé de « pratique cosmopolitique du droit », voir « Le droit en action : pratiques juridiques et propositions cosmopolitiques », *Pratiques cosmopolitiques du droit*, Éd. de l'Aube, 2005, p. 7 et s.

entre OHADA et *common law* se trouverait facilité. D'ailleurs, il n'y aurait probablement pas eu des systèmes si éloignés et cloisonnés. Mais, comme l'a rappelé Camille Kuyu, « les législateurs africains ont buté sur la difficulté à ordonner de manière satisfaisante cette pluralité »[494].

Intégrer ce pluralisme semble indispensable pour la cohérence et l'effectivité du droit des affaires, et ceci, pour plusieurs raisons. Pour les pays OHADA, l'intégration de ce pluralisme signifie une meilleure prise en compte du droit coutumier et une ouverture vis-à-vis de la *common law*. De même, pour les pays de *common law*, c'est une intégration du droit coutumier et une ouverture au droit civil. Mais alors, quels droits coutumiers convient-il d'intégrer dans le droit des affaires ? En quoi consiste l'ouverture de la *common law* au droit OHADA ou l'inverse ?

Pour le droit coutumier à intégrer, il s'agit des règles ou mécanismes en cours dans le secteur informel. Le droit coutumier *stricto sensu* ne paraît pas très indiqué parce qu'au fil de l'évolution, il s'est confiné à des domaines qui n'intéressent pas véritablement le droit des affaires : mariage, divorce, succession, etc.[495]. Les règles du secteur informel sont en revanche au cœur des activités économiques. Le travail à faire reviendrait à procéder à une consécration de ce qui existe et est déjà suivi, plutôt que de faire des grandes réformes du droit. De ce point de vue, il n'y aurait même pas à intégrer un pluralisme, puisque ce pluralisme existe dans la réalité. Il y a en effet dans tous les pays, un droit proclamé et qui existe dans les textes, et une régulation informelle qui est appliquée dans les transactions de tous les jours. Selon la version du pluralisme juridique qu'Étienne Le Roy qualifie de « radicale » et qu'il affirme partager avec Rod McDonald et Jacques Vanderlinden, tous ces États africains connaissent un pluralisme effectif[496]. Il faut donc « partir de ce qui existe, ce qui est officiel et qui ne fonctionne pas toujours comme prévu, et ce qui est officieux, informel ou clandestin mais qui rend tel ou tel service compatible avec les exigences de l'État de droit »[497].

L'observation des principales caractéristiques de ce droit des affaires « clandestin » permet de faire ressortir ce qui devrait être au cœur des préoccupations des acteurs de la réforme du droit des affaires officiel, car il s'agit avant tout, des besoins portés par les destinataires mêmes de ce droit. Dans son étude sur le droit pratique du commerce informel béninois, Constantin Tohon montre quelques-uns de ces besoins[498].

---

[494] C. Kuyu (S. la dir. de), *À la recherche du droit africain du XXIe siècle*, *op. cit.*, p. 13.

[495] Voir à ce propos, l'article de Stanislas Melons précité, « Du bon usage du pluralisme judiciaire en Afrique noire », précité.

[496] Étienne Le Roy, *Les Africains et l'institution de la justice*, Dalloz, 2004, p. 259.

[497] E. Le Roy, *op. cit.*, p. 261.

[498] L'économie informelle désigne « l'ensemble des activités positives et légitimes d'échange de biens et/ou de services organisées en dehors de la législation de l'État, qui reposent sur des logiques endogènes d'ordre pratique de gain et de crédit ». C. Tohon, *op. cit.*, p. 252.

Il a ainsi observé que le secteur informel est ouvert à tous et caractérisé par une facilité d'entrée ou une rapidité d'installation des acteurs[499]. Cet élément devrait amener le droit des affaires officiel à réfléchir sur les innombrables conditions et obstacles qui jalonnent le parcours de ceux qui voudraient monter une affaire. Entre conditions substantielles (capital social, nationalité, nombre d'associés, etc.), formalisme juridique (publicité, registre de commerce, etc.), formalités bureaucratiques, etc., il y a de quoi décourager les moins persévérants. Le droit officiel a finalement une bien faible emprise, il est répulsif, ce qui est un comble quand on se rappelle ce qu'il en est de l'attractivité dans les préoccupations de ce droit.

Il a également été observé que dans le secteur informel, les acteurs utilisent essentiellement des ressources locales, la formation est acquise en dehors du système scolaire, et les activités sont à petite échelle[500]. Encore une fois, nous constatons que le législateur dont est issu le droit des affaires « officiel » paraît, quelques fois, déconnecté des réalités locales. Des pans entiers de ce droit concernent les fusions-acquisitions, l'appel public à l'épargne, les formes les plus actuelles de sociétés commerciales, etc. D'un autre côté, à ce plan officiel, il n'y a rien pour la grande majorité qui travaille à très petite échelle, avec des faibles ressources. Dans l'effort du rapprochement droit OHADA-*common law*, il importe donc de faire des efforts pour s'inspirer de la réalité, et la réalité, c'est ce qui se passe dans ce secteur informel. Il est vrai comme l'a dit le doyen Carbonnier qu'« il peut entrer dans la fonction juridique d'un grand État d'avoir des institutions et des mécanismes prêts pour toute éventualité, même s'ils doivent rester inemployés indéfiniment »[501]. Mais, pour ce qui est de l'Afrique, il reste difficile de voir une vision juridique cohérente dans cette production en partie déconnectée du droit.

Sur un autre plan du pluralisme, au-delà du cloisonnement dans lequel se maintiennent les deux systèmes de *common law* et de droit OHADA, il importe de s'ouvrir. Le militantisme quelques fois manifesté pour tel ou tel système juridique ne rend pas véritablement service au droit africain des affaires. Dans le cadre de l'OHADA, par exemple, il se trouve des opposants à toute forme de dialogue avec la *common law*, de peur d'offrir une porte d'entrée à la déferlante anglo-américaine. Les pays africains de la *common law* non plus ne brillent guère par une très grande ouverture. Vis-à-vis de la *common law* et du droit civil, les pays africains sont en passe d'être plus royalistes que le roi. Car les pays qui leur ont légué ces droits sont dans un processus d'intégration avec le droit européen des affaires qui s'affirme de plus en plus.

Et pourtant, la situation historique et géographique de l'Afrique milite pour plus de dialogue entre les deux systèmes. Historiquement, l'adoption du

---

[499] C. Tohon, *op. cit.*, p. 251.
[500] C. Tohon, *op. cit.*, p. 250.
[501] J. Carbonnier, *Flexible droit*, LGDJ, 7e éd. mai 1992, p. 125.

droit civil et de la *common law* est relativement récente puisqu'il s'agit des vestiges de la colonisation. D'ailleurs, on vient de relever qu'il s'agit d'une adoption en partie artificielle et ces droits peuvent se révéler d'une effectivité limitée pour les affaires. On ne peut donc pas dire que c'est le temps qui s'est écoulé et qui a contribué à bétonner l'assise du droit civil et de la *common law* en Afrique. Économiquement et géographiquement également, l'imperméabilité entre le droit civil et la *common law* en Afrique est une absurdité. Il n'y a en effet pas un bloc géographique de la *common law* ou du droit civil, mais des pays situés au hasard du partage colonial. À titre d'exemple, se trouvent alignés côte à côte d'ouest en est, le Liberia (*common law*), la Côte d'Ivoire (droit OHADA), le Ghana (*common law*), le Togo et le Bénin (droit OHADA), le Nigeria (*common law*), le Cameroun (droit OHADA et *common law*), la Centrafrique (droit OHADA), etc. Comme on peut le constater, ces pays gagneraient à se doter des systèmes juridiques ouverts, voire composites, et pour ce faire, il faut avant tout une volonté politique. La volonté politique doit être également celle de rendre effectif le droit et si le droit des affaires de ces pays était effectif, le degré d'imbrication, d'échanges économiques entre citoyens de ces systèmes différents commandera un rapprochement tout à fait naturel.

Le réajustement du contenu du droit africain des affaires s'accompagne également d'un réajustement de ses destinataires.

Paragraphe 2 : Réajustement de leurs destinataires

L'inadéquation des droits africains des affaires évoquée dans le paragraphe précédent ne se limite pas aux règles que contiennent ces droits et qui font notamment table rase des réalités africaines. Nous constaterons aussi que ces droits visent principalement les grands investisseurs, les investisseurs étrangers (I) et ce, quelques fois au détriment des investisseurs modestes (II), qui sont pourtant, de loin, les plus nombreux. C'est en cela qu'un réajustement est nécessaire.

I) UN DROIT À L'ÉCOUTE DES GRANDS INVESTISSEURS

Les droits africains des affaires, que ce soit le droit OHADA ou les *common laws* des affaires, ont toujours été présentés comme des droits modernes et adaptés aux besoins complexes d'une économie tout aussi moderne. Parlant de l'acte uniforme OHADA relatif aux sociétés commerciales et au GIE, le Pr Pougoué n'a pas manqué de relever son caractère « résolument moderne », s'inspirant notamment « des modifications récentes en France et dans les pays de l'Union européenne »[502].

[502] P.-G. Pougoué, OHADA, *Sociétés commerciales et G.I.E.*, Bruylant, Bruxelles, 2002, p. 19.

Les *common laws* des affaires se trouvent dans la même situation, et on y retrouve les toutes dernières techniques du droit anglais ou américain. On a vu notamment que le droit des sociétés du Nigeria, du Ghana ou de l'Afrique du Sud[503] n'a rien d'arriéré par rapport à la « référence » occidentale[504].

Les droits africains des affaires répondent ainsi à l'essentiel des préoccupations des grands investisseurs, rompus à la mondialisation et aux affaires. Plusieurs aspects de ces droits montrent que c'est un droit qui s'adresse aux grands investisseurs. Par grands investisseurs, nous entendons d'abord les investisseurs étrangers, venus des pays développés (multinationales, sociétés des pays ex-colonisateurs), mais aussi les rares entreprises africaines de taille relativement importante. Pour donner une idée de la faiblesse du nombre de ces entreprises, un pays comme le Tchad comptait à une époque, en tout, une cinquantaine d'entreprises formelles[505]. C'est dire que les investisseurs informels encore appelés « les petits débrouillards » sont de loin les plus nombreux. Et pourtant, les droits officiels ont été taillés de façon à seoir à ces rares grands investisseurs.

Dans le droit OHADA, le seul droit des sociétés suffit à illustrer cette attention accordée aux grandes entreprises. Déjà dans la nomenclature des sociétés commerciales transparaît une volonté de reproduire en Afrique ce qui a cours ailleurs, en France notamment pour l'OHADA. Que ce soit avant ou après l'OHADA, dans ces pays, la même classification qu'en France est reproduite : société anonyme, SARL, SNC, etc.[506]. Il y a des raisons de douter de la nécessité de la société anonyme comme forme de société au lendemain des indépendances, sauf à penser que le législateur africain avait, dans un élan de prévention, paré à l'éventualité d'un développement économique subséquent. Il est possible que ce souci d'anticiper soit présent dans l'esprit du législateur, mais il semble surtout qu'il s'agissait des législations taillées à la mesure des entreprises françaises dont il fallait (il faut ?) assurer l'assise sur place. D'ailleurs, la mise en place de tout l'arsenal législatif de l'époque de l'indépendance comme celui de l'OHADA est faite, comme nous l'avons relevé, avec le soutien multiforme de la France. Ainsi, comme en France et comme dans tous les pays développés, on trouve dans le droit OHADA des règles sur les GIE, des pans entiers de la législation sur les fusions, acquisitions, scissions, etc.[507].

---

[503] Encore que dans le cas de l'Afrique du Sud, il s'agit d'un système en partie et au départ mixte.

[504] Voir *supra*, titre sur la *common law* africaine des affaires.

[505] P. Hugon, *Géopolitique de l'Afrique*, Éd. Sedes, 2e éd., 2009, p. 102.

[506] Comme pour marquer l'incohérence, les textes alors en vigueur sont : le Code civil français dans sa rédaction au 1er janvier 1960 ; le code de commerce de 1807 dans sa version originale ; la loi du 27 juillet 1867 sur les sociétés par actions ; la loi de 1889 sur la liquidation judiciaire ; la loi du 18 mars 1919 sur le registre commercial ; la loi du 7 mars 1925 sur les sociétés à responsabilité limitée ; les décrets-lois des 8 août et 30 octobre 1935, etc.

[507] Voir les articles 189 et suivants de l'acte uniforme relatif au droit des sociétés et GIE.

Tant pis si ces législations ne trouvent pas à réellement s'appliquer faute d'entreprises. Tout est prévu quand même. Il est probable qu'il soit rétorqué que tout le droit OHADA est effectif et parfaitement appliqué. Difficile pourtant d'en être convaincu, car comment expliquer que des aspects comme les fusions-acquisitions soient si peu présents dans les contentieux et dans la jurisprudence de la CCJA[508] ? Sauf à penser que les fusions-acquisitions de l'espace OHADA génèrent peu de contentieux, ce qui serait une bienheureuse et curieuse exception. L'explication est simplement qu'il s'agit là d'un aspect du droit OHADA réservé aux investisseurs d'une certaine importance, voire une façon de ne pas trop dépayser ces investisseurs, habitués sous d'autres cieux à de telles règles.

S'adressent également à ces grands investisseurs toutes les règles liées à la participation publique au capital social. Il y a d'ailleurs peu de sociétés qui y recourent, et celles qui voudraient y recourir auraient des difficultés à trouver un public disposé à participer[509]. Le fait qu'il n'y ait aucune bourse de valeur digne de ce nom dans toute l'Afrique subsaharienne montre cette limitation de faire appel à l'épargne publique[510].

De façon générale, les *common laws* africaines des affaires partagent ces caractéristiques du droit OHADA et toutes ont des aspects qui n'intéressent que les grands investisseurs. On peut citer l'équivalent dans ces *common laws* des grosses structures juridiques, telles que décrites dans le droit OHADA[511]. On peut également citer certains techniques ou processus dont, manifestement, n'a pas besoin le commun des entrepreneurs africains.

Par rapport à cette attention portée aux grands investisseurs, deux choses méritent d'être relevées : premièrement, il n'y a rien à déplorer dans le simple fait de prévoir dans son droit des règles propres à des investissements d'une certaine importance. Au contraire, sans ces règles, il y aurait un vide juridique préjudiciable à l'ensemble. Il suffit de songer à un développement de la conjoncture économique qui deviendrait favorable aux grands investissements. Le parcours des pays comme la Corée du Sud, le Vietnam, la Thaïlande, le Maroc, etc. montre que la situation peut se retourner très vite. Il n'y a aucune incohérence à anticiper sur le plan juridique ce changement. Et d'ailleurs, même en très petit nombre, ces grands investissements existent, avec les entreprises françaises, allemandes… et les rares africaines. Pour ces investisseurs qui ne sont cette fois-ci non pas futurs et hypothétiques, mais actuels, il y aurait aussi un vide juridique.

---

[508] Voir P. G. Pougoué et S. S. Kuate Tameghe (s. la dir. de), *Les Grandes décisions de la Cour commune de justice et d'arbitrage*, L'Harmattan, 2010.

[509] Non seulement la paupérisation générale ne permet pas une telle participation, mais il y a également une méfiance légitime due à la faiblesse de l'appareil de contrôle, qu'il soit judiciaire ou non.

[510] Il y a quelques bourses, comme celles d'Abidjan, de Douala, de Libreville, mais elles sont toutes au stade de balbutiement.

[511] Certaines *companies* par exemple.

Mais cette attention qui leur est portée reste perfectible notamment du point de vue de son adéquation aux réalités locales[512]. Même pour les grands investisseurs, il aurait fallu, par exemple, imaginer un système moins tributaire d'un système bancaire et financier très développé, ce qui est loin d'être le cas de l'Afrique. Or, la mobilisation de l'épargne publique sur laquelle s'appuient certaines structures ne peut se faire qu'avec ce système bancaire et financier. L'essor en cours de la *mobile banking* semble plus concerner le secteur informel.

Il aurait également fallu imaginer un droit des affaires moins tributaire d'un système judiciaire et administratif réactif et efficient. Ceci concerne particulièrement le droit OHADA dont le formalisme paraît quelques fois excessif[513]. Ce formalisme et la place importante du registre du commerce et des crédits mobiliers nécessitent au minimum que les greffes du tribunal de commerce soient équipés en personnel et en matériel de façon à supporter un flux important.

En somme, s'il est légitime de s'occuper des grands investisseurs, il est surtout important d'avoir un droit adapté à son contexte. Le contexte africain voudrait surtout que le droit des affaires tienne compte des investisseurs modestes, les plus nombreux.

II) UN DROIT À LA PORTÉE DES INVESTISSEURS MODESTES

Si les droits africains des affaires manifestent une grande sollicitude vis-à-vis des grands investisseurs, sans que ceux-ci s'empressent d'ailleurs d'y investir, le font-ils pour les plus modestes ? Au vu du grand nombre de ceux-ci, réduits à la débrouillardise dans l'informel, la logique aurait voulu qu'ils soient la priorité du législateur. Ils rattrapent en effet ce qu'ils perdent par la faiblesse de leurs moyens financiers par leur grand nombre. Le secteur informel est, d'après le BIT, le premier employeur du continent. Ainsi, une étude basique de terrain aurait montré que ces investisseurs constituent le principal objet du droit des affaires. Mais comme souvent, l'adoption des textes n'est précédée, ni ne s'accompagne, d'aucune étude de terrain[514]. Et même sans étude de terrain, sans aucune remise en cause de la mondialisation, il paraît logique de ne pas soumettre des acteurs

---

[512] Étant dans les objectifs communs, nous nous limitons aux problèmes communs à l'OHADA et aux *common laws*. Ainsi, les insuffisances relevées ne concernent pas forcément le contenu de la règle, variable de l'OHADA à la *common law*, et à l'intérieur de cette *common law* d'un pays à l'autre, d'où d'ailleurs l'utilisation du pluriel pour *common law*.

[513] H.-D. Modikoko, « La réforme du droit des affaires de l'OHADA au regard de la mondialisation de l'économie », conférence donnée le 16 mai 2002 à la Maison de sciences de l'Homme Ange Guépin à Nantes.

[514] Parlant de l'OHADA, un auteur remarquait qu'elle a été conçue *"without much concertation, consultation and discussion with stakeholders and potential users of this law. There was unsufficient national participation in the law-making process"* Tumnde Matha, 4e Conférence internationale du droit et de l'économie : *La Convergence du droit*, Paris, Place de Droit 15/16/17 novembre 2005, Éditions Lamy, juillet 2006, p. 58.

économiques pas suffisamment imprégnés des réalités de l'économie occidentale à un droit des affaires tel qu'appliqué en Europe ou aux États-Unis. À la limite, il serait acceptable de prévoir un droit transitoire, qui accompagne ces acteurs vers ce qui est présenté comme la modernité[515]. Nous avons déjà évoqué le problème d'adhésion à ce droit des affaires dans lequel la masse ne se reconnaît pas. Dès lors, toute occasion de réforme et toute réflexion sur la convergence droit OHADA-*common law* doivent prendre en compte quelques besoins spécifiques de ces petits acteurs économiques. La convergence sera d'autant plus facile que pour les deux droits des affaires (droit OHADA et *common law*), il sera question de procéder à une adaptation nécessaire quand bien même il ne serait pas question de rapprochement entre les deux familles.

Tout d'abord, il convient de pallier la situation qui exclut une bonne majorité d'acteurs des sources de financement. Il y a en effet un système bancaire avec un droit bancaire qui n'est pas forcément à la portée de ces acteurs. C'est une des questions qui résument le mieux la situation des commerçants informels et la difficulté à les amener vers le droit officiel. Leurs activités, y compris les contrats importants, sont régies par la confiance et le contrôle social (la société dans sa globalité). Dès lors, l'écrit exigé par le système bancaire à titre probatoire fait défaut, ce d'autant plus qu'il s'agit des personnes faiblement ou pas du tout scolarisées[516].

D'un autre côté, des sources de financement plus adaptées à cette catégorie d'opérateurs se sont développées dans une pratique plus ou moins régulée. Il s'agit principalement de la tontine[517] et de la microfinance et, de plus en plus, de la *mobile banking*.

La tontine est la moins formelle : dans une tontine, plusieurs personnes décident d'épargner ensemble et de se prêter cet argent les unes aux autres. C'est une pratique qui est observée non seulement dans certains pays d'Asie, mais également en Afrique, et chez les populations d'Amérique centrale, voire du Sud.

Le terme « tontine » serait né en France quand un banquier napolitain du nom de Tonti a vendu à Louis XV l'idée d'emprunter de l'argent sans le rembourser et verser chaque année l'intérêt correspondant à cet emprunt aux seuls souscripteurs survivants. Au décès du dernier souscripteur, l'emprunt

---

[515] L'évolution vers cette « modernité » semble en effet inéluctable, il n'est donc pas question de prôner un statisme, alors même que ce droit d'emprunt comporte des éléments favorables au développement économique africain.

[516] I. Ba, B. Balkenhol, *Banques et petites entreprises en Afrique de l'Ouest*, Éd. L'Harmattan, 1996, p. 9.

[517] M. Lelart et S. Gnansounou, « Tontines et tontiniers sur les marchés africains : le marché Saint-Michel à Cotonou », in *La Tontine, pratique informelle d'épargne et de crédit dans les pays en voie de développement*, AUF et John Libbey Eurotext, Paris, 1990-91, p. 109-133. Pour les pays anglophones, voir E. Aryeety et W. F. Steel, « Savings Collectors and Financial Intermediation in Ghana », *Savings and Development*, n° 2, 1995, p. 191-212 ou Miracle M. P, Miracle D. S. et Cohen L., « Informal Saving Mobilization in Africa », *Economic Development and Cultural Change*, 1980, p. 701-724.

est enterré[518]. Si cette version est avérée, le tiers monde aurait récupéré un outil de spoliation pour en faire un instrument d'entraide, mais surtout un instrument de substitution au système bancaire auquel l'accès est limité. Les règles de fonctionnement d'une tontine rappellent le besoin de souplesse et de simplicité indispensables à toute activité économique. Ainsi, les versements peuvent être effectués chaque jour, ou un jour sur deux, ils peuvent être interrompus plusieurs jours de suite. Des possibilités de rattrapage existent qui consistent, par exemple, à verser deux ou trois fois plus un jour donné[519], etc.

La microfinance aussi se développe et constitue une source importante de financement de l'économie[520]. Parce que la proportion des pauvres dans les « affaires » est de loin la plus importante, il est important de s'appuyer également sur cette « banque des pauvres »[521]. C'est un secteur qui s'est bien développé depuis qu'il a fait l'objet d'un prix Nobel de la paix en 2006. Plusieurs ONG se sont lancées dans le microcrédit, et permettent ainsi à des personnes ne satisfaisant pas aux critères de la réglementation bancaire d'accéder aux sources de financement. Certes, il s'agit souvent de petites sommes, mais c'est ce dont ont besoin ces modestes acteurs.

En tout état de cause, il est important que ces instruments ne soient pas éludés dans la conception du droit africain des affaires. Ce serait un des rectificatifs qui feraient de ce droit des affaires non seulement un droit des investisseurs étrangers, mais aussi un droit des investisseurs locaux.

De la même manière, un retour aux sources, c'est-à-dire aux droits coutumiers africains, implique une adoption de l'oralité, car seule cette dernière permet l'accès au droit à ces investisseurs analphabètes. Comme le dit Alain Rochegude, « si nul n'est censé ignorer la loi, encore faut-il pouvoir le lire, mais aussi remplir des actes, rédiger des contrats… »[522]. On déplore la faible adhésion au droit officiel et comment pouvait-il en être autrement quand on attend de cette population faiblement instruite une familiarisation à un langage juridique toujours plus savant, un vocabulaire technique, etc. D'ailleurs, l'analphabétisme est double en ce sens qu'il résulte non seulement de la non-scolarisation, mais aussi de ce « décalage culturel considérable entre les systèmes de droit importés par les administrations coloniales (anglaise, française, portugaise notamment), et ceux qui étaient localement appliqués »[523]. Il convient donc, concernant les Africains tout au moins, de relativiser la considération, d'ailleurs discutable, selon laquelle l'écrit permet de rendre certains et incontestables les droits et

---

518 M. Lelart, *De la finance informelle à la microfinance, Archives contemporaines*, 2006, p. 7.

519 M. Lelart, *op. cit.*, p. 6.

520 S. Rutherford, *Comment les pauvres gèrent leur argent*, Karthala, Paris, 2002, p. 30-34.

521 Appellation de la banque de Muhammad Yunus, prix Nobel de la paix qui, avec sa Grameen Bank notamment, a vulgarisé le microcrédit.

522 A. Rochegude, *op. cit.*, p. 117.

523 A. Rochegude, *op. cit.*, p. 118.

obligations, assurant parfaitement la sécurité juridique. Le droit africain a besoin d'une dose d'oralité à côté de son écrit. Il y va de l'accès de tous ceux qui n'ont pas pu être scolarisés, de l'efficience de ce droit et surtout d'une ouverture envers les plus modestes.

Toujours à l'intention de ces modestes investisseurs, il convient de les convertir avec la progressivité et la pédagogie nécessaires, à ce qui constitue la base de la production des richesses, la gouvernance. Il s'agit peut-être d'une tâche qui incombe plus au politique qu'au juridique, mais il s'agit surtout d'un objectif à se fixer. Cette gouvernance ne renvoie pas forcément à ce qui a cours dans les entreprises modernes, mais il s'agit au minimum de maintenir une barrière entre son patrimoine propre et le patrimoine affecté à une entreprise.

En somme, le droit africain des affaires, qu'il s'agisse des *common laws* ou du droit OHADA, appelle un toilettage qui concerne aussi bien le contenu de ces droits que leur orientation du point de vue des destinataires. Il s'agit là d'un besoin partagé, tout comme l'est le développement du cadre global de l'investissement.

SECTION 2 : LE DÉVELOPPEMENT DU CADRE DE L'INVESTISSEMENT

L'idée d'un rapprochement entre la *common law* africaine des affaires et le droit OHADA n'est pas sans évoquer l'idéologie de l'union de tout le continent africain. Il s'agit pourtant là d'une idéologie, à laquelle cette réflexion n'entend pas participer. L'important est d'accompagner les acteurs économiques de toute taille, de leur faciliter la tâche au plan juridique. Être à leurs côtés signifie alors y être même dans leurs mobilités transfrontalières car il y a un commerce interafricain qui est loin d'être négligeable. Aussi, tout effort de rapprochement entre les *common laws* et le droit OHADA est-il une bonne chose, d'où la nécessité de poursuivre l'effort d'intégration régionale (paragraphe 1). Contribuer à l'intégration régionale et assurer la protection de l'investissement (paragraphe 2) nous semblent les deux axes du développement du cadre de l'investissement africain, au-delà de son pluralisme juridique.

Paragraphe 1 : La poursuite de l'intégration régionale

L'Afrique est décidément le continent de toutes les contradictions. Nous avons évoqué dans le domaine des affaires, comme du reste dans d'autres domaines du droit, l'existence d'un « bijuridisme » qui met en présence le droit officiel, le droit des textes et le droit réel, qui est observé de façon limitée et celui qui ne se trouve dans aucun texte mais qui se trouve appliqué par la masse. Droit de l'élite et droit de la masse ? Il y a sans doute une part de réalité, mais des nuances s'imposent.

La même contradiction est observée sur un chantier ouvert lors des indépendances, celui de l'intégration du continent. À la suite des chantres du panafricanisme dont le Ghanéen Nkrumah[524] a été la figure de proue, il fut créé l'Organisation de l'unité africaine avec pour objectif de veiller à « l'intangibilité des frontières héritées de la colonisation », rôle repris par l'Union africaine[525]. Drôle de façon de réaliser l'union en veillant sur l'intangibilité des divisions ! Surtout entre cette bonne intention proclamée et maintes fois répétée et la réalité belliqueuse[526], on n'est pas loin de ce qui est la règle : droit officiel pour faire bonne figure d'un côté et « droit » réel de l'autre.

La dernière initiative du genre à l'échelle panafricaine, la Zone de libre-échange continental africain (ZLECA), suscite un engouement certain et il faut espérer que les leçons du passé soient apprises pour éviter l'habituel désenchantement.

Ces précisions sont nécessaires et sonnent comme une mise en garde avant d'aborder une question liée à l'intégration du continent. Il s'agit dans ce paragraphe non même pas de l'intégration dans le seul domaine du droit des affaires, mais de suivre, comme nous l'avons dit, une réalité faite d'échanges entre citoyens d'États différents. Ceci étant, accessoirement, il est probable qu'il se réalise une harmonisation à l'exemple de ce qui s'est passé dans le cadre européen où la mise en œuvre du droit communautaire s'est traduite « par une pénétration profonde de la méthode juridique continentale qui gagne des nombreux domaines du droit anglais »[527].

Pour ce qui est des aspects à prendre en compte dans l'effort d'intégration juridique sectorielle et progressive, il importe de ne pas s'éloigner de la réalité et de rester sur ce qui se pratique déjà, les contrats dans toutes les formes. Les transactions transfrontalières se réalisent en effet par des conventions aussi bien formelles qu'informelles, et dès lors les deux systèmes (*common law* et OHADA) devraient collaborer dans l'optique d'assurer une bonne exécution de ces contrats (I), et pourquoi ne pas réfléchir à une extension de l'*exequatur* communautaire OHADA existant ? (II).

---

[524] Nkwamé Nkrumah, tour à tour Premier ministre et Président du Ghana de 1957 à 1960 et de 1960 à 1966 respectivement. Il a prôné l'idée d'un panafricanisme et la création des États-Unis d'Afrique.

[525] Voir la Charte de l'OUA du 25 mai 1963 et l'Acte constitutif de l'Union africaine du 12 juillet 2000.

[526] Il y a au moins une guerre dans toutes les sous-régions du continent.

[527] O. Moréteau, *Droit anglais des affaires*, *op. cit.*, p. 16.

I) EXÉCUTION DES CONTRATS TRANSFRONTALIERS

L'importance indiquée des transactions par-delà les frontières et quelques fois en dehors du cadre officiel commande une approche bien définie pour en assurer l'exécution. Si le rapprochement entre droit OHADA et *common law* des affaires devrait servir à quelque chose, c'est principalement à ce respect des engagements contractuels qu'il serait utile. Pour poser le problème de ces incivilités contractuelles, il convient d'envisager les deux cas de figure : d'une part, l'engagement est pris dans un cadre officiel, selon la réglementation en vigueur. C'est un contrat en bonne et due forme conformément au droit contractuel de l'État dans lequel il est signé. D'autre part, la convention a été passée dans un cadre informel[528].

Pour ce qui est des contrats contenant un élément d'extranéité et dans lesquels le droit OHADA et la *common law* ont vocation à s'appliquer, il faut se reporter aux règles des contrats internationaux et éventuellement à celles du droit international privé[529]. Les solutions et difficultés déjà connues de cette approche sont valables pour l'Afrique[530]. Des exemples simples permettent d'illustrer suffisamment la question : un commerçant gabonais basé au Gabon conclut un contrat de fourniture avec un Nigérian basé au Nigeria. Passons sous silence toute la latitude laissée aux partenaires contractuels de désigner la loi applicable à leur convention, la juridiction compétente ou une clause compromissoire, le recours aux principes UNIDROIT, aux principes de la *lex mercatoria*, etc. Pour toutes ces questions, il est possible qu'il se pose des problèmes qui sont des problèmes liés à l'exécution de tout contrat avec un élément d'extranéité. Mais il faut intégrer le fait que c'est l'Afrique, que le contexte est particulier et, en raison de ce contexte particulier, il faut envisager des difficultés supplémentaires, des solutions différentes.

Souvent, ce sont des difficultés non juridiques qui surgissent et il faut en tenir compte au plan juridique. Le réflexe serait d'invoquer la convention d'entraide judiciaire classique que les États signent et qui permet de pallier les difficultés qui tiennent à l'extranéité, encore que la différence de régime est floue entre contrat de droit interne et contrat international[531]. Mais, dans le cas africain, une simple convention d'entraide ne suffit pas, car il aurait fallu que la justice fonctionne de façon optimale, un degré d'incertitude qui ne soit pas très éloigné de celui des pays où ces droits ont été conçus

---

[528] Nous avons déjà précisé que le fait que la transaction ait lieu dans un cadre informel ne doit pas moins intéresser le juriste qui doit toujours avoir à l'esprit cette dualité droit officiel-droit réel.

[529] Voir notamment sur la question G. Ngoumtsa Anou, *Droit OHADA et conflits de lois*, Thèse, Universités de Lyon III-Jean Moulin et de Yaoundé II, 2009.

[530] Voir sur ces difficultés H. Batiffol et P. Lagarde, *Traité de droit international privé*, LGDJ, 1997, Tome I, n° 237 à 242, B. Audit, *Droit international privé*, Economica, Paris, 2008, 5e éd. p. 81 et s.

[531] Voir sur cette question, S. Chaillé de Néré, *Les difficultés d'exécution du contrat en droit international privé*, Presses universitaires d'Aix-Marseille, 2003, p. 16 et s.

(France, Grande-Bretagne, etc.)[532], des moyens logistiques qui permettent une comparaison[533]…

Face à ces particularités, le moins que l'on puisse dire, c'est que la tâche de définir les difficultés d'exécution ou les solutions aux difficultés d'exécution n'est pas des plus simples. C'est pourtant dans cette voie que nous invitons les *common laws* africaines et l'OHADA à collaborer. Il faut imaginer ensemble les solutions aux difficultés d'exécution des contrats, spécialement quand ces contrats mettent en présence deux individus relevant des aires juridiques différentes (OHADA et *common law*). Si la définition de ces difficultés est la même partout, « tout ce qui est contraire à l'exécution spontanée, normale et paisible du contrat, tout ce qui peut aussi en altérer l'existence, y mettre fin »[534], la solution doit être proprement africaine. D'ailleurs, sur cette question, même le modèle européen semble être à un stade d'un certain balbutiement. La preuve en est que les premières décisions sur le titre exécutoire européen datent de 2010 avec notamment une décision de la cour d'appel de Lyon du 14 octobre 2010[535].

Comment faire pour ne pas rajouter à toutes les difficultés d'exécution celles liées à un système juridique variable parce qu'insuffisamment désigné ? Une des solutions pourrait être de décider dans une convention multilatérale entre l'OHADA et les pays de la *common law* que dans les transactions impliquant les deux systèmes, c'est telle convention internationale, comme celle de Vienne sur la vente internationale des marchandises, par exemple, qui s'applique. Pourquoi ne pas aller jusqu'à proposer des modèles communs de documents contractuels ? Ceci permettrait d'éviter bien de surprises en raison notamment de la grande différence dans la conception que les uns et les autres ont de l'écrit contractuel.

Mais, nous sommes là dans une hypothèse exceptionnelle dans laquelle les parties évoluent dans un cadre formel. *Quid* alors des transactions passées dans l'informel ?

On serait tenté de dire que ceux qui sont dans l'informel ont ignoré le droit, s'en sont détournés et ce ne serait que justice que le droit le leur rende en se détournant d'eux. Mais ce serait condamner une grosse partie des

---

532 Des situations qui seraient considérées comme normales ici confineraient à un cas de force majeure ailleurs.

533 Les routes peuvent se trouver dans un tel état que l'exécution des contrats dans un délai « raisonnable » relèverait d'une gageure.

534 J. Mestre, « Observations sur l'attitude du juge face aux difficultés d'exécution du contrat », *Le Juge et l'exécution du contrat*, Colloque Aix-en-Provence, Presses universitaires d'Aix-Marseille, 1993, p. 91.

535 Voir CA Lyon, 6e ch., 14 oct. 2010, RG n° 09/04873, SA Bioprotein Technologies c/ Sté Gene Bridges Gmbh : JurisData n° 2010-018586. Voir aussi le commentaire du Pr Nourissat « Premier arrêt français relatif au titre exécutoire européen », *JCP E* n° 49, 9 décembre 2010, 2066. Voir également C. Nourissat, « Le règlement (CE) n° 805/2004 du Parlement européen et du Conseil du 21 avr. 2004 portant création d'un titre exécutoire européen pour les créances incontestées », *Europe 2005*, chron. 8.

transactions et se reposer la question de l'effectivité du droit officiel réellement en vigueur. Le mieux c'est peut-être de reconnaître le caractère coutumier du régime de ces transactions et en assurer la bonne exécution, et nous nous en tenons à la position selon laquelle le travail le plus important à faire par rapport au droit des affaires africain serait de réconcilier le droit coutumier (informel) et le droit écrit (officiel). Rien ne justifie en effet, la mise à l'écart de ce droit « accessible dans d'égales conditions à tous les citoyens »[536].

Comment donc contribuer à la bonne exécution des transactions passées sous l'égide de la régulation informelle ? Il faut préalablement valider la démarche des acteurs du commerce informel, ceux-là mêmes qui invoquent une légitimité coutumière. Il va sans dire qu'il faut se débarrasser de la posture qui ne reconnaît de légitimité que dans la règle formelle héritée de la colonisation. Nous convenons avec Alain Rochegude que « ce qui compte pour fonder la juridicité d'un acte, c'est la légitimité pratique »[537]. Dès lors, la convention passée dans des formes qui ne satisfont pas les exigences des codes dits « modernes » doit bénéficier de la même protection, si dans le domaine considéré, il est d'usage de procéder de la sorte. Et pour assurer ce respect du contrat, il est important que l'OHADA et la *common law* se concertent et collaborent. Cette collaboration pourrait consister à établir une liste de caractéristiques des conventions informelles auxquelles il faut assurer la bonne exécution. Cette bonne exécution des transactions transfrontalières passe aussi par l'extension de la règle arbitrale et de l'*exequatur* communautaire.

II) EXTENSION DU DROIT DE L'ARBITRAGE ET DE L'*EXEQUATUR* COMMUNAUTAIRE

Les frontières géographiques de certaines parties de l'Afrique subsaharienne sont à l'image du droit, c'est-à-dire artificielles pour l'essentiel. Artificielles d'abord parce que le tracé de ces frontières n'obéit à aucune logique, si ce n'est celle du partage colonial. On trouve ainsi une famille de personnes dont la moitié se trouve d'un côté de la frontière et l'autre moitié de l'autre côté. Ces frontières sont aussi artificielles parce que des personnes et des marchandises traversent sans passer par la voie normale avec les autorisations administratives et les visas[538] qu'il faut requérir. Paradoxalement, la liberté de circulation des personnes et des biens est très restreinte et quand bien même les textes la consacrent, l'application de ce texte est unanimement et officieusement mise à mal par les autorités administratives et policières. C'est le cas de la CEMAC, par exemple, qui

536 A. Rochegude, *op. cit.*, p. 139.

537 *Ibid.*, p. 130.

538 Peut-être, faut-il s'en féliciter, en tout cas, il importe d'en tirer les conséquences au plan juridique en concédant cette liberté de circulation des personnes et des biens.

s'est dotée d'un passeport commun pour ses ressortissants, et où des tracasseries, des contrôles à l'entrée, des expulsions continuent.

Au vu de cette situation de porosité officieuse des frontières, il est probable que la CCJA, par exemple, condamne un débiteur dont les biens sont dans un pays de *common law* frontalier. Le créancier qui a obtenu la condamnation de son débiteur peut-il obtenir l'exécution de ce jugement dans ce pays de *common law* ? En d'autres termes, ce pays va-t-il prêter à ce créancier le concours de la force publique ? La question pourrait être posée dans le sens inverse où une juridiction de *common law* condamnerait un débiteur dont les biens seraient situés dans un pays de l'OHADA.

Face à cette question qui est loin d'être une simple hypothèse d'école, il est nécessaire qu'une coopération judiciaire soit établie entre les pays de la *common law*, surtout les pays limitrophes et l'OHADA. Cette coopération pourrait consister à définir une procédure de contrôle simplifié des décisions judiciaires respectives. Mais un tel objectif peut se révéler ambitieux. En revanche, cantonné aux sentences arbitrales, il semble tout à fait possible de la réaliser. La facilité vient des possibilités offertes par l'OHADA avec le dispositif en place qu'il faudrait certainement corriger et adapter[539]. La facilité viendrait également de la nature du droit traditionnel africain qui vise plus la « conciliation et la réconciliation plutôt que l'application de façon rigide d'une norme préétablie »[540]. Elias Olawale a parlé d'un « jugement par accord mutuel »[541] et rejoint ainsi Jacques Vanderlinden dans son constat de la nécessité d'une flexibilité des normes juridiques[542]. Pour toutes ces raisons d'ailleurs, nous pensons que l'arbitrage est un des domaines qui se prêteraient le plus facilement à l'harmonisation OHADA-*common law*.

L'arbitrage de l'espace OHADA se caractérise par une certaine souplesse, et ce qui est un avantage sur lequel il faut s'appuyer et tirer les conséquences *in fine* sur l'application des sentences qui en résultent. Autrement dit, il convient de s'appuyer sur toutes les possibilités d'arbitrage qui existent, ce qui inclut celles des pays de *common law*, et, en même temps, la procédure d'*exequatur* ne doit pas être un prétexte pour différencier ces sentences. Les différentes structures d'arbitrage qui existent et qui n'ont pas été abrogées par l'OHADA sont nombreuses. Il en existe au Cameroun[543], en Côte d'Ivoire[544], au Sénégal, au Togo[545], etc. Le Traité

---

539 Voir l'acte uniforme relatif au droit de l'arbitrage adopté à Ouagadougou le 11 mars 1999, *J.O. OHADA*, 15 mai 1999, p. 2 et s. et Traité OHADA du 17 octobre 1993 en ses articles 21 et s.

540 P. Meyer, *OHADA Droit de l'arbitrage*, Bruylant, Bruxelles, 2002, p. 9.

541 T. E. Olawale, *La Nature du droit coutumier africain*, Présence africaine, Paris, 1961, p. 283 et s.

542 J. Vanderlinden, « La règle de droit dans l'Afrique traditionnelle », *La Règle de droit*, Travaux du Centre national de recherches de logique, Bruylant, Bruxelles, 1971, p. 131 et s. Voir également J. Vanderlinden, *Les Systèmes juridiques africains*, *op. cit.*, p. 23 et s.

543 Le centre d'arbitrage du Groupement interpatronal du Cameroun (GICAM), par exemple, a une activité bien significative.

OHADA est venu créer une cour d'arbitrage avec la CCJA qui n'a pas entendu remplacer les structures d'arbitrage précédemment en place. Bien plus, la CCJA ne « bénéficie d'aucun monopole » en matière arbitrale par rapport aux structures nationales[546]. Si ces structures qui ne fonctionnent pas de la même façon coexistent harmonieusement au sein de l'espace OHADA, l'on peut estimer que des structures issues des pays de *common law* peuvent être intégrées facilement. D'ailleurs, bon nombre de sentences qui portent sur le droit de la vente internationale, par exemple, font application de la Convention de Vienne dont on a évoqué la très large inspiration par la *common law*[547].

À cette diversité, nous préconisons un même régime de reconnaissance et d'*exequatur*. Pour ce faire, il faut supprimer la distinction faite par l'OHADA entre les sentences rendues en application du règlement de la CCJA, celles qui relèvent d'autres dispositions mais qui font application du droit OHADA, et celles qui relèvent d'autres dispositions et qui font application d'autres règles. À chacun de ces cas correspond un régime spécifique, et logiquement, les sentences rendues par un arbitre *common lawyer* en application de la *common law*, par exemple, devraient voir leurs possibilités d'exécution très amoindries. Pour agir dans le sens de l'intégration régionale, il convient d'unifier ce régime et ne serait-ce que sur les sentences arbitrales, assurer la libre circulation. D'ailleurs, ce serait se conformer à une réalité qui est celle d'ouverture et d'échanges informels. Accessoirement, ceci permettrait de concentrer l'effort sur un aspect plus porteur que la justice étatique officielle qui, elle, semble inspirer méfiance et scepticisme[548]. Le « petit nombre de litiges » devant cette justice a même fait dire au Pr Dubois de Gaudusson que la « justice en Afrique est une justice sans justiciable »[549].

Les conditions de reconnaissance et d'*exequatur* de l'article 30.6 du règlement d'arbitrage de la CCJA semblent tout à fait transposables aux sentences rendues par un arbitre de la *common law*. Ces conditions sont au nombre de quatre : il faut que l'arbitre n'ait pas statué sans convention d'arbitrage ou sur une convention nulle ou expirée, il faut qu'il n'ait pas statué sans se conformer à la mission qui lui a été confiée, il faut que la procédure contradictoire ait été respectée et que la sentence ne soit pas contraire à l'ordre public international. Donc si une sentence arbitrale satisfaisant ces conditions est prononcée, il importe d'en assurer l'exécution,

---

[544] Cour d'arbitrage de la Côte d'Ivoire (CACI) créée par une résolution de l'assemblée générale de la Chambre de commerce et d'industrie en date du 17 avril 1993.

[545] Voir loi du 28 novembre 1989 instituant une Cour d'arbitrage auprès de la Chambre de commerce, d'agriculture et d'industrie.

[546] P. Meyer, *op. cit.*, p. 29.

[547] Sans oublier l'*Uniform Commercial Code*.

[548] P. Meyer, « L'effectivité du droit », *Revue burkinabé de droit*, 1989, p. 131 et s.

[549] J. Dubois de Gaudusson, « Le statut de la justice dans les États d'Afrique francophone », *La Justice en Afrique*, *op. cit.*, p. 11.

indépendamment du fait qu'elle procède d'une procédure de *common law*. Si ces conditions s'avèrent insuffisantes, il est toujours possible de se référer à d'autres textes, de les modifier ou les compléter. La Convention de New York du 10 juin 1958 est un texte susceptible de servir de base dans cette unification[550]. Le fait que des États de l'OHADA[551] soient parties à cette convention au même titre que certains États de *common law* montre que l'arbitrage est un domaine qui se prête facilement à l'unification entre droit civil et *common law*.

Mais en plus de l'adaptation des textes, des réajustements institutionnels seront nécessaires pour que l'objectif recherché soit atteint. Cet objectif est multiple dans le sens où il vise l'intégration régionale, l'effectivité des procédures contentieuses, et *in fine* la promotion de l'investissement.

Paragraphe 2 : La promotion de l'investissement

Nous avons déjà préconisé que, dans l'effort du rapprochement entre le droit OHADA et les *common law*s africaines des affaires, il soit pris en compte la nécessité de s'adresser aussi bien aux grands qu'aux modestes investisseurs. Il paraissait alors fort indiqué de reprendre les bases d'un droit moderne, quitte à légiférer par emprunt. Pour autant, il ne faut pas oublier de veiller à ce que ce droit des affaires soit à la portée des acteurs économiques de modeste taille. Ce ne sont donc pas ces derniers qu'il faut soumettre à un droit truffé des formalités[552], ou fait des structures les plus sophistiquées[553]. Il s'est agi alors de rendre plus cohérent le droit des affaires vis-à-vis de l'investissement.

Mais, l'investissement qui fait défaut à l'Afrique[554] est sensible aux risques, notamment les risques juridiques. Il a besoin d'être protégé. La mise en cohérence proposée du droit des affaires ne suffit pas à assurer une telle protection. Le développement du cadre de l'investissement qui reste un objectif commun à l'OHADA et aux *common law*s passe aussi par un droit protecteur. Cette protection doit concerner aussi bien les investisseurs étrangers (I) que les investisseurs locaux (II).

---

[550] Sur cette Convention, voir J. D. Bredin, *JDI*, 1960, p. 1002 et s. ; J. Robert, Dalloz 1958, chron. p. 223 et s.

[551] Le Bénin, le Burkina, le Cameroun, la Centrafrique, la Côte d'Ivoire, la Guinée, le Mali, le Niger et le Sénégal sont autant des pays parties à la Convention de New York.

[552] Un droit formaliste n'est pas à la portée d'une population majoritairement analphabète.

[553] Les formes de sociétés commerciales notamment.

[554] Malgré l'embelli des dernières années, l'Afrique reste quand même une « zone de non-investissement » par rapport aux flux financiers dans d'autres continents. Voir sur la question le *Rapport sur l'investissement dans le monde de la CNUCED*, 2008.

I) LA PROTECTION DE L'INVESTISSEMENT ÉTRANGER

L'objectif du développement économique de l'Afrique passe entre autres par un taux de croissance conséquent[555]. Ce taux de croissance suit généralement la courbe du flux d'investissements étrangers. Les experts estiment à environ 25 % du PIB le taux d'investissements étrangers nécessaire à influer de façon significative sur la croissance africaine[556]. Or, en moyenne, ce taux ne dépasse pas les 15 %[557], avec en plus de grandes disparités (il y a des pays où le taux d'investissement dépasse les 15 %[558] et d'autres où il est en dessous de 5 %[559]).

C'est donc en raison de ces impératifs qu'il faut aménager un cadre juridique protecteur pour l'investisseur étranger. Nous avions parlé de l'attractivité dont il a été dit qu'elle n'a rien de spécifiquement juridique, puisqu'elle intègre nécessairement des contraintes d'ordres politique, économique, etc. Il est question ici d'une protection spécifiquement juridique, l'objectif étant de définir les contours juridiques du cadre de l'investissement, un cadre qui, à défaut d'être commun aux *common laws* et au droit OHADA, puisse permettre une convergence entre les deux familles.

À ce plan juridique, il est difficile de faire une présentation de l'état actuel de la législation, tellement les sources sont disparates et éparpillées. Cette difficulté d'identification ne permet pas une bonne appréciation de ce qu'il y a lieu de faire. L'OHADA, par exemple, n'a pas adopté un acte uniforme spécifique aux investissements. Nous pensons que c'est à tort, vu l'objectif poursuivi qui est celui d'une quête des investissements[560]. Un auteur suggère de voir dans les différents actes uniformes un droit communautaire des investissements[561]. Soit, mais il n'empêche que tous les États de l'OHADA ont un droit des investissements plus ou moins élaboré. Ce droit est composé d'un droit commun avec essentiellement les codes généraux des impôts. À ce socle commun, variable par son taux d'imposition d'un pays à l'autre, il faut rajouter les accords bilatéraux et multilatéraux signés notamment avec les anciennes puissances coloniales. C'est dans ce registre que s'inscrivent, par exemple, les accords CIRDI[562] et AMGI[563]. Ces

---

[555] J. Megam, *Le régime des investissements privés étrangers dans l'espace OHADA : le cas du Cameroun*, Thèse, Université Jean-Moulin Lyon 3, 2009, p. 24.

[556] *Marchés nouveaux* n° 13, août 2003, p. 224 et s.

[557] CNUCED, *La coopération Sud-Sud dans le domaine des accords internationaux d'investissement : études de la CNUCED sur la politique internationale au service du développement*, Nations Unies, Genève 2005, p. 3.

[558] La Guinée équatoriale et l'Angola par exemple grâce au secteur pétrolier.

[559] La République centrafricaine par exemple.

[560] Voir préambule du Traité de Port-Louis.

[561] J. Megam, *op. cit.*, p. 20.

[562] Centre international de règlements des différends relatifs aux investissements.

[563] Agence multilatérale de garantie des investissements.

accords sont importants pour les investisseurs étrangers qui se fient peu aux codes domestiques des investissements[564].

Au plan domestique justement, il y a des sources sous-régionales qui viennent en concours avec les droits spéciaux des investissements des différents États. On trouve ainsi un code des investissements de la Communauté économique et monétaire d'Afrique centrale (CEMAC) à côté des codes des investissements camerounais, gabonais, congolais, tchadien, etc. Ce code communautaire appelé Charte des investissements de la CEMAC a été institué par le règlement n° 17/99/CEMAC-020-CM-03 du 17 décembre 1999. C'est « un cadre général commun regroupant l'ensemble des dispositions destinées à améliorer l'environnement institutionnel, fiscal et financier des entreprises dans le but de favoriser la croissance et la diversification des économies des pays membres, sur la base d'une meilleure définition du rôle de l'État, et d'un développement harmonieux du secteur privé à travers des investissements d'origine nationale ou étrangère »[565]. En plus d'adhérer à une telle charte, les États prennent au plan national des textes dont le contenu n'est pas toujours conforme en tout point au texte communautaire. C'est le cas de la loi camerounaise du 19 avril 2002 portant charte des investissements[566]. C'est donc une situation de concurrence normative qui ne permet pas à l'investisseur potentiel d'avoir une vision claire des avantages et inconvénients[567].

La situation de l'UEMOA[568] semble offrir plus de clarté. D'ailleurs, l'intégration y est plus effective avec notamment la libre circulation qui s'y développe réellement[569]. Le cadre juridique de l'investissement est essentiellement constitué d'un certain nombre de réformes fiscalo-douanières dont le but a été de mettre en place un système tarifaire favorable à l'amélioration de l'allocation des ressources productives, à la compétitivité des économies et à l'intensification des échanges. Petit à petit se met en place une zone de libre-échange par l'élimination des barrières tarifaires et non tarifaires entravant les échanges intracommunautaires, et à l'harmonisation des politiques commerciales vis-à-vis des pays tiers par l'institution d'un Tarif extérieur commun (TEC)[570]. C'est globalement un cadre cohérent et qui se met progressivement en place.

---

564 J. Megam, *op. cit.*, p. 20.

565 Préambule de la Charte.

566 Loi 2002/004 du 19 avril 2002 portant charte des investissements. On peut lire à son article 2, par exemple, qu'elle traduit « une préoccupation à établir un cadre institutionnel et réglementaire approprié, garantissant la sécurité des investissements, l'appui aux investisseurs et le règlement équitable et rapide des différends sur les investissements et les activités commerciales et industrielles ».

567 L'une des conséquences est le développement des circuits parallèles où pots-de-vin et pillage des ressources sont légion. Voir l'affaire Elf par exemple.

568 Union économique et monétaire ouest-africaine.

569 Il existe par exemple un passeport UEMOA qui dispense les ressortissants de l'espace communautaire du visa.

570 Règlement n° 02/97/CM/UEMOA, entré en vigueur le 1er janvier 2000.

Sur cette question, la situation n'est pas très différente du côté des *common laws*, elle est faite des chevauchements législatifs et là aussi on a l'appartenance à une entité sous-régionale[571] qui induit un droit sous-régional de l'investissement auquel il faut rajouter les droits nationaux et le droit issu des conventions étatiques. Le droit national est fait des mesures incitatives d'ordre juridique ou fiscal. Au plan juridique, par exemple, le Ghana avait pris des mesures destinées à attirer les capitaux étrangers, parmi lesquelles il faut distinguer les garanties relatives au statut juridique de l'entreprise et d'autres avantages spéciaux assurés aux investissements jugés stratégiques[572].

Le *Capital Investments Decree* ghanéen qui a remplacé un code de 1963 contient entre autres garanties de protection des investissements, la garantie d'indemnisation en cas d'expropriation et la garantie de transfert. La première garantie appelle peu de commentaires si ce n'est qu'elle ne saurait être un avantage à reconnaître aux seuls investisseurs. La garantie de transfert intéresse plus particulièrement les investisseurs étrangers. En vertu de cette garantie, aucune restriction ne sera apportée au rapatriement du capital investi, au transfert des profits une fois que les taxes sont payées. De même, les salaires du personnel expatriés pourront être transférés librement. Cette garantie est en principe limitée aux investissements agréés, et à des investissements bien précis[573].

Le Nigeria s'inscrit dans une logique voisine. Pour ce pays, la promotion juridique de l'investissement étranger s'est surtout faite à travers la régulation du marché des valeurs mobilières. Il y a eu une série de textes pris depuis 1960, et à chaque fois un palier supplémentaire a été franchi dans le sens de l'ouverture du marché nigérian. Le Nigeria semble être à l'Afrique ce que la Chine est au reste du monde : une population qui dépasse de loin le double de la moyenne des autres pays africains[574] et des produits à faible coût qui inondent toute l'Afrique subsaharienne. Au plan juridique, il faut combiner plusieurs textes[575] pour constater que le droit nigérian ne fait pas de véritable distinction entre investisseurs étrangers et investisseurs domestiques, les formalités bureaucratiques sont réduites au minimum, sauf pour les domaines stratégiques comme le secteur pétrolier, les armes et munitions, etc.[576]. Cependant, le plus original dans l'approche nigériane est

---

[571] C'est le cas de la Communauté économique des États de l'Afrique de l'Ouest (CEDEAO) ou *Economic Community of West African States* (ECOWAS). On y retrouve des pays de *common law* comme le Ghana, le Nigeria, le Liberia, la Sierra Leone, mais aussi des pays civilistes (Bénin, Mali, Sénégal, Guinée, etc.).

[572] Pour remonter l'histoire du régime des investissements étrangers au Ghana, voir C. Häberli, *Les Investissements étrangers en Afrique*, LGDJ, 1979.

[573] Article 27, *Capital Investment Decree*.

[574] La population nigériane est estimée à 160 millions d'habitants.

[575] Voir notamment *Nigerian Investment Promotion Commission Act, 16, 1995 ; Foreign Exchange Act, 17 1995 ; Investment and Securities Act 45, 1999.*

[576] *Nigerian Investment Promotion Commission Act* n° 16.

peut-être la création d'une juridiction spéciale chargée de trancher les différends liés à l'investissement : l'*Investment and Securities Tribunal* (IST). Le but est d'offrir une autre possibilité aux investisseurs qui sont quelquefois méfiants vis-à-vis des juridictions communes. L'objectif, c'est aussi d'avoir une justice rapide[577].

En conclusion, entre les droits nationaux, les droits communautaires comme celui de la CEMAC ou de l'UEMOA, le droit OHADA, les conventions bilatérales ou multilatérales, le moins que l'on puisse dire, c'est que l'investisseur étranger a fait l'objet des préoccupations réelles de la part des différents organes de production normative. Mais cette diversité ne ruine-t-elle pas la protection dont cet investisseur était censé bénéficier ? Peut-il être surprotégé, mais protégé quand même ? C'est en réalité une diversité peu protectrice étant donné la difficulté à se référer à un texte précis dans le foisonnement offert. On peut d'ailleurs s'interroger sur l'efficacité des normes vis-à-vis de l'investissement en Afrique. La présence d'Areva au Niger a-t-elle le moindre rapport avec la qualité de législation nigérienne ? Cette question est valable pour Shell au Nigeria, Total en Angola, les investissements chinois en Afrique, etc. Néanmoins, il faut que l'Afrique se dote d'une législation cohérente en matière d'investissement, cohérence qui passe par l'amélioration de celles qui existent.

II) L'AMÉLIORATION DU RÉGIME DE L'INVESTISSEMENT ET LA PROTECTION DE L'INVESTISSEMENT LOCAL

De diverses sources du droit de l'investissement qui ont été évoquées ci-haut, il ressort que pour ce qui est des investisseurs étrangers, la double protection préventive et curative traditionnellement recherchée se trouve quantitativement pourvue[578]. Les clauses de protection préventive sont « celles qui interviennent avant la survenance d'un litige entre l'État de territorialité et l'investisseur étranger, ou alors entre l'État de nationalité de l'investissement et l'État de territorialité dans le cadre des conventions bilatérales ». Quant aux clauses de protection curative, ce sont celles qui « permettent de trouver une solution au litige né »[579].

Au-delà de cette distinction formelle, l'amélioration de l'arsenal juridique africain en la matière passe d'abord par un travail de toilettage au niveau de ce qui existe, ce travail permettant d'éliminer des doublons, et d'éviter des contradictions. Pour les doublons, la répétition d'une même disposition dans dix textes différents sur le même objet et pour le même destinataire n'apporte aucun supplément de garantie, ne renforce en aucune façon l'efficacité et l'efficience de la disposition en question. Au contraire, il en

---

[577] Le *Charter* de l'*IST* parle de *« timely and efficient resolution of investment and capital market disputes with fairness, flexibility and transparency »*.
[578] Toutefois, on ne les retrouve pas toutes, dans tous les pays.
[579] Les deux définitions sont empruntées à J. Megam, *op. cit.*, p. 293.

résulte un droit agaçant, répétitif sans être exhaustif (les vides juridiques ne manquant jamais). C'est ce qui se passe dans une moindre mesure au sein de la CEMAC où il y a une véritable compétition normative entre la CEMAC elle-même, les droits nationaux, le droit OHADA, les conventions bi- et multilatérales[580].

Le rapprochement avec les pays de la *common law* s'accompagnerait logiquement de quelques retouches dans le domaine de la protection de l'investissement. Si l'on n'y prend pas garde, il y aura un élément de plus dans une cargaison normative déjà débordante. Et sur ce besoin de lisibilité, les investisseurs ne seront pas satisfaits. Dans ce rapprochement des systèmes juridiques, c'est une double attention qu'il faut porter : attention sur le plan de la forme pour que le rapprochement ne crée pas de désordre juridique dont l'investisseur souffrirait, mais aussi attention quant au fond.

Sur le fond justement, le rapprochement serait l'occasion de partir des objectifs communs préalablement arrêtés pour se doter d'un cadre convergent où non seulement il n'y a pas un système qui contredit l'autre, mais un cadre qui évite un système de concurrence et de *dumping* entre OHADA et *common laws*. Ceci dit, il semble tout à fait indiqué d'adapter le droit de l'investissement de façon à ce qu'il attire les capitaux étrangers. C'est aussi cela la signification de l'analyse économique du droit. À ce besoin d'attirer, au moins deux garde-fous s'imposent : l'espace OHADA et les pays de *common law* peuvent laisser subsister des différences de façon à ce que l'investisseur puisse avoir le choix, mais ces différences, si elles sont exacerbées, ruineraient l'effort de rapprochement engagé par ailleurs.

La deuxième limite serait de veiller à ne pas se tirer vers le bas dans l'éventualité d'une compétition probable en raison des égoïsmes nationaux. On a vu qu'une politique d'attractivité vis-à-vis des investisseurs qui consiste à surenchérir sur les mesures législatives les plus complaisantes n'aura pas l'efficacité escomptée. Le but est d'attirer des capitaux qui, investis sur place, contribueraient à la croissance et au développement économique.

Pour renforcer leur cadre juridique, l'OHADA pourrait, par exemple, convenir avec les pays de la *common law*, des mêmes modalités d'implantation. Les droits d'implantation des opérateurs économiques étrangers sont en effet un domaine où les clivages droit civil-*common law* n'ont pas réellement d'effet. Dans toutes les législations modernes en effet, le cadre du droit d'implantation se compose d'un principe libéral et d'un principe dirigiste. La différence entre les pays se situe au niveau du choix du

---

[580] Le problème se pose en France en termes d'inflation législative qui ne permet pas toujours un bon accès à ce droit que nul n'est censé ignorer. Les gouvernements qu'ils soient de gauche ou de droite ont développé un véritable réflexe législatif, et le moindre fait médiatique finit par une loi.

législateur sur les domaines devant être libéralisés et ouverts à tous et les autres[581].

Ce sur quoi les pays de *common law* et l'OHADA pourraient s'entendre, ce sont les domaines devant être ouverts, le degré d'ouverture et les modalités d'implantation.

Pour ce qui est des domaines, le contexte de la mondialisation et le fonctionnement actuel des économies du monde font qu'ils se limitent au strict nécessaire. À part les domaines qui touchent directement la sécurité nationale et la défense, il n'y a quasiment plus de restriction aux investissements étrangers. L'appartenance des pays africains à des organismes comme l'OMC les contraint d'ailleurs à un plus grand libéralisme[582]. C'est dire que le choix est très limité pour les législateurs africains[583]. Il en va de même du degré d'ouverture. Faut-il rendre le domaine de l'extraction minière, par exemple, accessible à tous les investisseurs ? Là aussi la marge de manœuvre est bien réduite[584], mais ce qui est important c'est de les harmoniser de façon à ce qu'il y ait un minimum de régulation.

Le curseur le plus important pourrait être donc celui des modalités d'accueil des investisseurs. Il s'agit des modes d'implantation des investisseurs[585]. Et le moyen le plus communément utilisé est de « s'en remettre à des intermédiaires locaux en mesure de mettre à la disposition des investisseurs la connaissance indispensable du marché local »[586]. Il appartient aux droits des pays d'accueil de mettre sur pied les techniques qui permettraient un tel accueil. La filialisation, par exemple, est une technique bien appréciée parce que bien adaptée[587]. À la filiale, il faut rajouter la succursale que l'OHADA limite à juste titre. La différence entre les deux tient essentiellement au fait que la filiale, contrairement à la succursale, est une personne juridique autonome qui a la nationalité de son pays d'implantation.

De même, il y a d'autres possibilités pour l'investisseur étranger de faire partie d'un groupe de sociétés. Toutes ces possibilités existent de façon

---

581 O. Renard Payen, « Principe de la liberté du commerce et de l'industrie », *JCP*, cité par J. Megam, *op. cit.*, p. 46.

582 Il est toutefois important de se montrer cohérent, surtout du côté de l'OHADA, de ne pas s'engager dans un militantisme contre le libéralisme, le plus souvent au nom d'un anti-américanisme entretenu sans aucun fondement.

583 Les vagues de privatisation conduites sous l'impulsion du FMI et de la Banque mondiale participent de cette obligation d'ouverture.

584 Ici aussi la raison en est l'engagement dans la voie de l'économie libérale et la soumission aux règles de l'OMC et du FMI

585 J. Megam, *op. cit.*, p. 52.

586 F. Bortollotti et G. Previsani, *Guide pour la conclusion des contrats d'agence et des concessions à l'étranger*, Coll. Feduci, éd. Du Moniteur, 1981, p. 7.

587 Personnalité juridique autonome distincte de la société-mère, agit en son propre nom, bénéfice de la nationalité du pays d'accueil, possibilité d'exercer une activité distincte de celle de la société-mère, etc.

variable aussi bien dans le droit OHADA que dans la *common law*. Le travail commun (OHADA et *common law* des affaires) revient à les harmoniser et en assouplir les régimes de façon à ce que les clivages conceptuels ne privent pas un système d'une technique éprouvée dans l'autre.

Le renforcement de la protection judiciaire des investisseurs est un autre levier important sur lequel agir. En plus de ce qui sera dit sur l'adaptation de la Cour commune de justice et d'arbitrage, il serait important de permettre à l'investissement de compter sur une justice efficiente[588]. Dans le contexte de la faiblesse de moyens que connaît l'institution judiciaire en Afrique, le fait d'avoir des juridictions spécialisées au service du commerce ou des investisseurs permettrait de désengorger les tribunaux civils. Sur la question, la disparité est forte entre les différents pays, y compris ceux qui font partie d'un même espace comme l'OHADA[589]. Malgré le fait qu'une telle spécialisation soit liée à la distinction civiliste des branches et sous-branches du droit, des pays de la *common law* se sont dotés de ces tribunaux spécialisés. Le Ghana a un tribunal de commerce, et nous avons vu que le Nigeria a, entre autres, une juridiction chargée spécialement de trancher les litiges liés aux investissements. Il ne serait pas sans intérêt que l'OHADA et les pays de *common law* envisagent une harmonisation de l'application de leur droit des investissements.

Cependant, de façon un peu répétitive, la protection ne doit pas limiter aux investisseurs étrangers, mais doit prendre en compte les petits acteurs locaux qui opèrent par-delà les frontières géographiques et juridiques. De tout ce qui a été avancé comme renforçant le cadre de l'investissement, pas grand-chose n'intéresse véritablement cette catégorie d'investisseurs. Ça ne serait simplement pas cohérent, ni efficace de se limiter au juridique pour les protéger alors qu'ils fonctionnent selon des usages qui dérogent au droit formel.

Conclusion du chapitre 1

Dans ce chapitre, nous avons voulu identifier quelques objectifs que les pays de la *common law* et ceux du droit OHADA pourraient se fixer et partager. Et de ce point de vue, nous convenons avec Salvatore Mancuso que le conflit entre l'OHADA en tant qu'expression du système juridique des pays issus de la colonisation française et de la *common law* est certainement inexistant. En effet, les divergences qu'on pourrait relever ont plus trait au politique qu'au juridique, une « sorte de problème apparent, perçu uniquement par des juristes de l'élite enracinés dans d'anciennes approches

[588] Voir *supra* n°s 173 et s. les facteurs de l'attractivité, et *infra* n°s 367 et s. Le rapprochement des moyens.

[589] Le Cameroun, par exemple, n'a pas de tribunal de commerce tandis que la Côte d'Ivoire en a.

occidentales qui ne prennent pas en compte la réalité africaine »[590]. C'est ce qui justifierait que le fondement de ces droits soit revisité de façon à faire plus de place au droit africain traditionnel.

Pour les États africains, la question importante n'est pas la *common law* contre le droit OHADA, mais plutôt l'établissement d'un instrument facile, efficace et fiable pour réglementer les activités commerciales au sens général[591]. Or, les activités commerciales au sens général incluent largement des activités informelles avec une régulation informelle. D'ailleurs, l'effectivité de ce droit des affaires dépend, dans une très large mesure, de sa capacité à prendre en compte ces activités dites informelles et périphériques, mais qui constituent en réalité l'essentiel des affaires. Il s'agit finalement d'une simple cohérence qui voudrait que le droit des affaires soit le droit de ce qui constitue l'essentiel des affaires, les activités informelles.

Le même souci de la prise en compte de l'officiel et du réel doit caractériser la protection et la promotion de l'investissement. Ici encore, il n'y a pas que les grands investisseurs, des petits acteurs ont besoin de la même sollicitude. Tous ces objectifs ne renvoient ni à la *common law* des affaires, ni au droit OHADA, il s'agit des objectifs rattachables aux différents systèmes. Ce n'est qu'une fois assurée cette convergence au niveau des objectifs qu'on envisagerait l'éventualité d'un rapprochement des moyens.

---

[590] S. Mancuso, *op. cit.*, p. 32.
[591] *Ibid.*

CHAPITRE 2

Le rapprochement des moyens entre OHADA et *common law* des affaires

Le rapprochement des moyens entre *common law* africaine des affaires et droit OHADA se heurte à un certain nombre de limites. Quels moyens rapprocher et quels autres laisser ? Jusqu'où peut aller ce rapprochement ?

Encore une fois, le choix du mot « rapprochement » est loin d'être anodin, car il n'est nullement question, en tout cas pas dans le modeste cadre de ce livre, de proposer un droit des affaires uniforme. Il s'agit simplement de mettre en exergue la compatibilité entre les deux systèmes et, si nécessaire, de relever les quelques obstacles qui donneraient l'impression d'une véritable divergence entre le droit OHADA et la *common law* africaine des affaires. C'est ce que Roberto Danino, alors vice-président de la Banque mondiale, a appelé « *workable level of convergence* »[592]. Il faut se rappeler le droit contractuel ou le droit des sociétés, par exemple, « où les idées n'ont jamais cessé de circuler de part et d'autre » et l'influence soupçonnée du *Traité des obligations* de Pothier sur Sir Mackenzie Chalmers, rédacteur du *Bills of Exchange Act* et du *Sale of Goods Act*[593].

Sur les moyens, comme sur les objectifs, il convient simplement d'adapter le droit à la réalité des affaires. Dans la réalité, dans ce qui est appelé le secteur informel, les acteurs arrivent à réaliser des transactions importantes[594] sans que les différences liées au système juridique puissent constituer un obstacle. Il devrait en être de même au plan formel et « il ne

---

[592] « *Rather than uniformity, the goal for legal reform should be to obtain a workable level of convergence in terms of underlying principles, such as transparency, accountability, predictability, fairness and efficiency* », Roberto DANINO, vice-président de la Banque mondiale, «Quel système de droit dans un environnement de plus en plus concurrentiel ?» 4e Conférence internationale du droit et de l'économie : *La Convergence du droit*, Paris Place de Droit 15/16/17 novembre 2005, Éditions Lamy, juillet 2006, p. 20.

[593] O. Moréteau, *Droit anglais des affaires*, *op. cit.*, p. 15.

[594] Voir les transactions transfrontalières entre le Cameroun et le Nigeria, la Côte d'Ivoire et le Ghana, etc.

doit pas y avoir d'isolation des institutions juridiques de leur base socio-économique »[595].

Pour une bonne convergence entre le droit OHADA et les *common laws* des affaires, les moyens à engager sont innombrables et des moyens institutionnels en font partie. Il faut en effet des institutions capables d'orienter et éventuellement de contrôler les actions à mener. L'OHADA dispose des institutions en cours de fonctionnement et, plutôt que d'en créer des nouvelles pour le besoin du rapprochement, il paraît plus simple, plus économique de s'en servir. Mais ces institutions ne sont pas utilisables telles quelles, un réajustement est nécessaire (section 1). Le rapprochement des moyens entre le droit OHADA et la *common law*, ou même le rapprochement tout court, passe aussi par la réduction progressive de la discordance des concepts. Sans aller jusqu'à envisager des concepts communs, il est possible de jeter les bases d'une véritable concordance des concepts (section 2).

SECTION 1 : RÉAJUSTEMENT INSTITUTIONNEL AU NIVEAU DE L'OHADA

Contrairement aux pays de *common law*, l'OHADA dispose des institutions qui sont toutes plus ou moins impliquées dans la production ou l'application des différents actes uniformes. C'est le cas du Secrétariat permanent, du Conseil des ministres, de l'École régionale supérieure de magistrature ou de la Cour commune de justice et d'arbitrage. Or, un dialogue tel que celui qui est préconisé entre OHADA et *common law* nécessite aussi quelques organes, ne serait-ce que pour dégager les idées directrices du rapprochement ou veiller au respect des engagements.

Toutefois, le fait de recourir aux institutions de l'OHADA ne montrerait-il pas d'ores et déjà un parti pris pour l'extension géographique de l'OHADA[596] ? Pour dissiper un tel soupçon, il y a la possibilité de créer des institutions nouvelles, exclusivement affectées à la convergence droit OHADA-*common law* des affaires. Cette dernière option, en plus d'être forcément coûteuse, paraît trop ambitieuse, surtout au regard de l'objectif modeste du rapprochement.

S'il faut profiter des institutions existantes, il est des organes de l'OHADA dont l'utilité dans cette occurrence serait plus politique que juridique. C'est le cas du Secrétariat permanent ou du Conseil des ministres.

---

[595] L.-J. Constantinesco, « La comparabilité des ordres juridiques ayant une idéologie et une structure politico-économique différente et la théorie des éléments déterminants », in *Revue internationale de droit comparé, RIDC* 2-1990, p. 14.

[596] Cette question est loin de n'être que rhétorique, il s'agit là d'une crainte des Anglophones du Cameroun, par exemple, qui voient d'un mauvais œil toute extension d'une OHADA déjà hégémonique.

Le Cameroun, fort de son bilinguisme et de son bijuridisme, a assurément un rôle, voire un leadership, à assumer. Au regard de la nécessité d'envoyer des gages de bonne volonté aux légitimes revendications des Anglophones camerounais, un Secrétaire permanent issu de *common law* ne serait pas un symbole de trop.

Les deux organes opérationnels qu'il convient d'adapter de fond en comble sont l'organe d'application du droit et l'organe en charge de la formation. Mais surtout il est important qu'une réadaptation soit faite de façon à ce que ces organes participent mieux au processus de rapprochement. Il est donc nécessaire de procéder à une redéfinition du rôle de la Cour commune de justice et d'arbitrage (paragraphe 1) de même que celui de l'organe de législation et de formation (paragraphe 2).

Paragraphe 1 : Redéfinition du rôle de la CCJA

À quel titre la CCJA pourrait-elle intervenir dans le cadre de la quête de convergence entre le droit OHADA et la *common law* des affaires ? Pour répondre à cette question, il importe de rappeler la réalité de cette juridiction (I), et des forces et faiblesses qui lui seront reconnues dépendra sa configuration souhaitable (II).

I) RÉALITÉ ACTUELLE DE LA COUR COMMUNE DE JUSTICE ET D'ARBITRAGE

La Cour commune de justice et d'arbitrage est la juridiction suprême de l'espace communautaire OHADA. Elle est située à Abidjan en Côte d'Ivoire, mais elle peut tenir des audiences foraines dans d'autres lieux, sur le territoire d'un État membre avec l'accord de cet État[597]. Cette Cour est composée de treize juges élus à la majorité des voix par le Conseil des ministres. Ces juges sont élus pour une durée de sept ans non renouvelable. En plus d'être inamovibles une fois élus, les juges de la CCJA jouissent des privilèges et immunités diplomatiques durant toute la durée de leur mandat. Et pour protéger la fonction, il leur est interdit d'exercer des activités politiques ou administratives pendant la durée de leur fonction. Toute activité rémunérée doit être expressément autorisée par la CCJA[598].

La Cour commune de justice et d'arbitrage est la juridiction de cassation des États membres de l'OHADA pour tous les litiges nés de l'application d'un acte uniforme. C'est le sens de l'article 14 du Traité de Port-Louis qui stipule : « La Cour commune de justice et d'arbitrage assure dans les États parties l'interprétation et l'application commune du présent Traité, des règlements pris pour son application et des actes uniformes. » Le même

[597] Mais au jour d'aujourd'hui, aucune audience n'a été délocalisée de ce siège. Tout porte à croire qu'il s'agit là d'un aménagement plus théorique que réel.
[598] Articles 31 et s. Traité OHADA.

article précise que la CCJA « se prononce sur les décisions rendues par les juridictions d'appel des États parties, dans toutes les affaires posant des questions relatives à l'application des actes uniformes… à l'exception des décisions appliquant des sanctions pénales ». De cette disposition, l'on retient que la Cour communautaire se substitue aux juridictions nationales de cassation, chaque fois qu'un litige porte sur l'application d'un acte uniforme OHADA.

Mais ce qui fait la particularité de la CCJA et ce qui en fait « un modèle spécifique… sans précédent »[599], c'est son pouvoir de statuer au fond de l'affaire, contrairement aux usages en vigueur dans les cours suprêmes nationales dont le fonctionnement est calqué sur celui de la Cour de cassation française[600]. Ainsi, selon l'article 14, alinéa 5 du Traité OHADA, « en cas de cassation, elle [la Cour commune de justice et d'arbitrage] évoque et statue au fond ». Cette Cour constitue de cette manière un troisième degré de juridiction si on se place du point de vue de la configuration-modèle pour l'OHADA, à savoir l'organisation judiciaire à la française. Selon cette configuration, « l'institution de la cassation repose sur la distinction fondamentale du fait et du droit en sorte que les fonctions du juge de cassation et du juge du fait sont, par nature, antinomiques »[601].

À l'appui de cette option qui déroge par rapport au système judiciaire français, plusieurs arguments ont été avancés. Il a ainsi été soutenu que cette option permet un allègement de procédure pour les plaideurs qui n'auront pas à retourner devant une juridiction de renvoi[602]. Les rédacteurs du Traité ont simplement voulu « accélérer la justice pour qu'elle soit rendue dans des délais raisonnables par des juges de cassation qui statuent au fond lorsqu'ils annulent la décision attaquée »[603]. En somme, c'est cette recherche de célérité qui a été avancée comme justification au choix du législateur communautaire de ne pas renvoyer après cassation. Donc, il a été consacré une compétence partagée pour le fond et une compétence exclusive de la CCJA en matière de cassation. C'est une compétence qu'elle ne partage pas, par exemple, avec les juridictions nationales de cassation[604]. Et si cette

[599] G. Ngoumtsa Anou, *Droit OHADA et conflits de lois*, *op. cit.*, p. 15.

[600] Le juge de cassation n'étant pas un juge du fond, il doit renvoyer l'affaire devant une cour d'appel pour un réexamen.

[601] A. Perdriau, « Les chambres civiles de la Cour de cassation jugent-elles en fait ? » *JCP G*, 1993, I, n° 3683, p. 267.

[602] J. Lohoues-Oble, « La création du nouvel environnement juridique des entreprises dans la zone franc : quel bilan ? » Colloque de l'Association ivoirienne Henri Capitant, Abidjan, 2 avril 2001.

[603] E. N'Sie, « La Cour commune de justice et d'arbitrage », *Rec. Penant*, 1998, n° 828, p. 328.

[604] D. Abarchi, « La supranationalité de l'Organisation pour l'harmonisation en Afrique du droit des affaires (OHADA) », *RBD*, 2000 spéc. p. 18 et s. ; J. Issa-Sayegh, « La fonction juridictionnelle de la Cour commune de justice et d'arbitrage de l'OHADA » *Mélanges Decottignies*, Presses universitaires de Grenoble ; G. Kenfack Douani, « L'abandon de la souveraineté dans le Traité OHADA », *Rec. Penant*, 1999, p. 125 et s.

exclusivité n'est pas respectée, toute partie au litige peut soulever l'incompétence de la juridiction nationale saisie qui doit se déclarer incompétente et renvoyer l'affaire devant la CCJA. Si celle-ci juge que la juridiction nationale de cassation s'est déclarée compétente à tort, la décision prise est déclarée nulle et non avenue[605].

En plus de son rôle contentieux, la CCJA a aussi une fonction consultative. Elle peut donc être saisie à titre consultatif par toute juridiction nationale saisie d'un contentieux relatif à l'application des actes uniformes[606]. Les avis rendus par la CCJA à la suite de sa saisine dans ce cadre consultatif n'ont aucun effet obligatoire, c'est donc un avis purement consultatif. Formellement non obligatoires, ces avis ne sont pas moins contraignants. On imagine en effet mal qu'une juridiction nationale aille à l'encontre de l'avis sollicité tout en sachant que la question reviendra éventuellement à la CCJA dans un cadre contentieux et s'exposera à la cassation.

Outre les juridictions nationales des États membres, la CCJA peut aussi être saisie pour avis par le Conseil des ministres[607] ou par tout État membre. Dans ce cas, la CCJA donne « une orientation d'interprétation, une politique à suivre »[608].

L'autre facette de la CCJA réside dans le fait qu'elle abrite un centre d'arbitrage[609]. Elle ne délivre pas elle-même les sentences, mais elle organise et supervise en quelque sorte le processus arbitral. Son rôle consiste à nommer ou confirmer les arbitres, s'assurer de la régularité formelle des projets de sentence dressés par les arbitres et elle accorde l'*exequatur* communautaire à ces sentences[610].

Sur le terrain contentieux, la CCJA est saisie dans trois cas distincts :

- Soit qu'une partie conteste en vain la compétence d'une juridiction nationale statuant en cassation, cette partie peut saisir directement la CCJA ;
- Soit alors qu'une partie à un procès devant une cour d'appel nationale statuant sur le fond dans une affaire relative à l'application d'un acte uniforme veuille se pourvoir en cassation ;
- Soit enfin sur renvoi d'une juridiction nationale saisie en cassation et s'estimant à bon droit incompétente pour connaître de l'affaire parce que celle-ci porterait sur l'application d'un acte uniforme.

Tels sont les quelques traits descriptifs de la CCJA, juridiction suprême du droit OHADA. Il en ressort un besoin de changement, de modification pour que ce rôle puisse être assuré d'une façon pleine et entière. Les griefs

---

[605] Article 18, alinéa 3 du Traité. Voir. G. Ngoumtsa Anou, *op. cit.*, p. 15.

[606] Article 14, alinéa 2 du Traité OHADA.

[607] Cette saisine s'opère principalement lors de l'adoption des projets d'Actes uniformes.

[608] B. Martor et S. Thouvenot, « L'uniformisation du droit des affaires en Afrique par l'OHADA », *La semaine juridique, Entreprise et affaires*, n° 5 supplément au n° 44 du 28 octobre 2004, p. 7.

[609] Voir les articles 21 et 24 du Traité OHADA.

[610] G. Ngoumtsa Anou, *op. cit.*, p. 16.

faits à cette Cour dans ce rôle sont largement valables dans l'hypothèse où il lui reviendrait de jouer un rôle dans le rapprochement avec les *common laws*. En même temps que nous ferons état de ces griefs, l'idée d'une autre configuration de la CCJA sera soutenue.

II) CONFIGURATION SOUHAITABLE DE LA COUR COMMUNE DE JUSTICE ET D'ARBITRAGE

Avant de parler des possibilités d'adaptation de la CCJA, il importe de dire un mot sur l'opportunité de la retenir comme juridiction commune à l'OHADA et aux *common laws*.

D'emblée il n'est pas question de faire jouer à la CCJA un rôle de Cour de cassation dans le sens d'une juridiction qui coifferait des ordres juridiques aussi distincts que sont l'ordre judiciaire civiliste et celui de la *common law*[611]. Manifestement, il s'agirait là d'un rôle trop ambitieux et, au-delà du droit OHADA, la CCJA pourrait se contenter d'assurer une interprétation de la loi dans le sens de la convergence entre droit OHADA et *common law*. Pour ce faire, elle pourrait sanctionner et écarter l'application (pas forcément *erga omnes*) d'une disposition querellée pour non-conformité aux objectifs de convergence, par exemple. Il a été suggéré dans le chapitre précédent un rapprochement des objectifs entre OHADA et *common laws* africaines des affaires. Les objectifs communs arrêtés peuvent ainsi faire l'objet d'une directive (ou d'un accord-cadre) à l'intention des deux systèmes, et la CCJA serait chargée de veiller à la conformité des droits nationaux ou communautaires (OHADA) à cet accord-cadre.

Il faut tout d'abord clarifier le sens de la collaboration à instaurer entre la CCJA et les cours suprêmes nationales. Jusque-là, ces cours nationales ont été simplement écartées du pourvoi comme pour éviter de définir les partitions respectives de chacun. Mais ignorer un problème n'est pas le solutionner. Des questions ont été soulevées sur cette répartition de compétence sans qu'à ce jour, il leur soit trouvé des solutions[612]. Il ne suffit pas de dire simplement que le pourvoi pour tout litige né de l'application d'un acte uniforme OHADA relève de la compétence exclusive de la CCJA. Nous avons évoqué l'incomplétude de ce droit OHADA qu'il faut souvent combiner avec les droits nationaux[613]. Au niveau de son application, cette

[611] Les cours suprêmes canadienne et américaine par exemple, arrivent à jouer ce rôle de juridiction suprême commune aux civilistes et aux *common lawyers*.

[612] Voir entre autres F. Anoukaha, « La délimitation de compétence de la Cour commune de justice et d'arbitrage et les cours suprêmes nationales en matière de recouvrement de créance », *Juridis périodique*, n° 59, juillet-décembre 004, p. 118 et s ; Voir également J. Fometeu, « Le clair-obscur de la répartition des compétences entre la Cour commune de justice et d'arbitrage et les juridictions nationales de cassation », *Juridis périodique*, n° 73, 2008, p. 89-103.

[613] Voir n°s 151 et s.

intervention des droits nationaux est susceptible de générer des litiges dont il faut dire de quelle compétence ils relèvent.

L'affaire Pamol, par exemple, illustre ce besoin de clarification du rapport entre les cours nationales de cassation et la CCJA. Dans cette affaire, la société Pamol Plantation Ltd avait été condamnée au premier degré puis en appel[614] à payer une certaine somme d'argent à Mr A.E.N. La société Pamol s'est pourvue en cassation devant la Cour suprême du Cameroun, le défendeur au pourvoi a soulevé *in limine litis* l'exception d'incompétence de cette Cour, arguant du fait qu'il s'agit d'un litige portant sur le recouvrement des créances, compétence exclusive de la CCJA. La Cour suprême du Cameroun s'est basée sur les modalités d'entrée en vigueur et d'opposabilité de l'acte uniforme portant organisation des procédures simplifiées de recouvrement et des voies d'exécution[615] pour se déclarer compétente à titre transitoire. La Cour suprême aurait pu se fonder sur le fait que l'une des parties n'était pas commerçante, ou que le droit national camerounais vient en complément du droit communautaire, etc. Comme on peut le voir, la règle *a priori* claire qui voudrait accorder une compétence exclusive à la CCJA n'est pas aussi claire qu'elle en a l'air en pratique[616]. Au vu de ce « conflit des juridictions », il serait bien que des clarifications soient apportées et qu'un cadre de collaboration entre les juridictions nationales et la CCJA soit défini.

Autrement, la célérité qu'on espérait gagner en excluant les cours nationales et en reconnaissant à la CCJA le droit d'évocation serait vite perdue si le droit OHADA était effectif et générait un volume normal de contentieux. La CCJA serait alors vite engorgée. Pour cette raison, une répartition des rôles ne serait pas une mauvaise idée et permettrait de répartir les pourvois entre les différentes juridictions, quitte à ce que la CCJA intervienne *in fine* éventuellement. Il nous semble, par exemple, comme allant dans le bon sens, le fait de faire en sorte qu'au moins un juge (le doyen ou le président, par exemple) des cours nationales de cassation soit, de droit, membre de la CCJA.

Mais surtout vis-à-vis de la *common law*, il est impossible de soumettre du jour au lendemain les pays de ce droit à la CCJA, dans l'hypothèse d'une adhésion ou d'une convention de rapprochement entre ces pays et l'OHADA. Une des options serait peut-être d'aménager deux modalités de soumission selon qu'il s'agit d'un pays de *common law* ou de l'OHADA. Pour les pays de l'OHADA, la CCJA continuerait à jouer le rôle qui est le sien, à savoir une juridiction de cassation, tout en concédant une parcelle de

---

[614] Voir jugement n° 716 du 7 août 1998 rendu par la TGI de Wouri et l'arrêt n° 59/C du 17 décembre 1999 rendu par la cour d'appel du Littoral (Cameroun).

[615] Adopté le 10 avril 1998.

[616] Voir aussi sur ce rapport Cour commune de justice et d'arbitrage – cours nationales de cassation, l'arrêt de la CCJA n° 004/ 2007 du 1er février 2007, affaire Mambo Serge c/ Société SAGA-CI.

ses compétences aux cours nationales de cassation. Vis-à-vis des pays de *common law*, la CCJA serait un simple juge de la conformité des droits nationaux aux objectifs préalablement définis et qui ont trait au rapprochement avec l'OHADA. La CCJA serait alors un juge de la conformité des *common laws* des affaires concernées à un accord-cadre passé entre ces pays et l'OHADA[617]. Cette compétence *rationae materiae* de la CCJA vis-à-vis des *common laws* ferait l'objet d'une adaptation au fur et à mesure de l'évolution du rapprochement entre la *common law* et l'OHADA. Ainsi, l'unification des régimes pourrait être envisagée mais seulement à moyen, voire à long terme.

Mais même pour cette soumission *a minima*, il est indispensable que la composition de la Cour reflète son rapport avec les deux systèmes de la *common law* et de l'OHADA. C'est dire qu'il faut des juges de la *common law* au sein de la CCJA. Le rapprochement OHADA-*common law* passe aussi par des décisions de justice qui ne se contentent pas de trancher un litige, mais expliquent la conduite à tenir pour que l'application des textes mène à l'objectif poursuivi. Sur ce plan de la pédagogie, les juges de la *common law* ont des habitudes et des expériences à faire valoir. C'est finalement de ce *melting-pot* que sortira le droit harmonisé à la longue. Attendre des hauts magistrats qu'ils participent à façonner le droit, à l'améliorer, ce n'est pas forcément la porte ouverte au « gouvernement des juges »[618], mais donner un sens à ce qui est enseigné dans toutes les facultés de droit civilistes : la jurisprudence fait partie des sources du droit. L'expérience de la Cour de justice de l'Union européenne est édifiante à ce propos. Sous son impulsion, les juges nationaux se sont finalement résolus à jouer le rôle de la communautarité des règles nationales. Le juge français a, par exemple, mis du temps à admettre la possibilité pour les justiciables d'invoquer la contrariété d'une règle, vis-à-vis d'une directive européenne[619].

En somme, diversité dans sa composition et pédagogie dans ses décisions, tels sont, entre autres, les traits qui modifieraient la configuration de la CCJA, de façon à la concilier avec le système de *common law*. En outre, le souci d'une justice de proximité ne doit pas être une moindre préoccupation. Il est important de veiller à ce que la justice soit à la portée des plus modestes. À ce propos, il y a des raisons de douter qu'une Cour située à Abidjan soit à la portée du modeste acteur économique centrafricain, par exemple. Ou comme l'a dit Salvatore Mancuso parlant de la CCJA, « il semble tout à fait improbable que les parties engagées dans un litige qui

---

[617] Voir le chapitre sur le rapprochement des objectifs.

[618] La paternité de l'expression est attribuée à Édouard Lambert, à travers notamment un de ses ouvrages, *Le gouvernement des juges et la lutte contre la législation sociale aux États-Unis*, éd. Marcel Girard, 1921 ou Dalloz-Sirey, 2005.

[619] V. CE, Ass., 30 octobre 2009, Mme P., n° 298348. Cité par C. Nourissat, *Droit des affaires de l'Union européenne*, *op. cit.*, p. 75.

concerne la vente d'une photocopieuse aux Comores ou un achat de poisson au Sénégal traiteront ce litige »[620]. Il convient de trouver un moyen d'assurer une véritable proximité, peut-être en créant des démembrements chargés de recevoir le pourvoi au sein des juridictions nationales. Mais le réajustement ne se limite pas uniquement à la CCJA.

Paragraphe 2 : Organes de prise de décision et de formation

Après l'organe de contrôle et d'application du droit, le réajustement institutionnel pourrait concerner le mode de production même du droit. Pour les mêmes raisons que celles avancées quand nous avions évoqué la CCJA, il convient de partir de ce qui existe et de procéder aux réajustements. Est-ce que les *common lawyers* vont adhérer au principe actuel de l'OHADA d'une production du droit par le Conseil des ministres ? Indépendamment de toute réponse à cette interrogation, le système gagnerait plus en crédibilité s'il intégrait les parlements nationaux (I). De la même manière, un chantier aussi dynamique que celui du droit africain des affaires nécessite un pôle doctrinal fort, qui forme et éclaire les différents acteurs. L'École régionale supérieure de la magistrature de l'OHADA (ERSUMA) donnait une certaine satisfaction, tant qu'elle se limitait au système OHADA[621]. Mais il faudra sans doute redéfinir le principe même de la formation de façon à la rendre mieux adaptée aux perspectives de la convergence (II).

I) IMPLICATION DES PARLEMENTS NATIONAUX

Les exigences démocratiques, ou tout simplement la bonne cohérence juridique, voudraient que le peuple prenne part au processus de production des normes auxquelles il va être soumis. L'inadéquation de certains aspects du droit OHADA dont l'ineffectivité est un des signes trouverait son origine dans ce mode de production de ce droit. Officiellement, même si le droit OHADA ne procède pas des représentations nationales, il reste un droit d'origine empirique, basé sur le vécu et préparé en réponse aux contraintes du terrain. Un tel fonctionnement aurait pu satisfaire les exigences des *common lawyers*, mais, comme souvent, l'ineffectivité s'observe et les règles officielles se doublent des usages officieux. Le processus actuel pourrait gagner en crédibilité si les parlements nationaux avaient été intégrés. Pour le montrer, il convient de décrire ce processus pour en relever les insuffisances.

Il faut se reporter à l'article 6 du Traité OHADA pour comprendre le processus d'élaboration du droit OHADA. Selon cet article, les actes

---

[620] *Ibid.*, p. 39.

[621] Et encore, car les griefs ne manquent pas du point de vue notamment de l'offre de formation qui ne prend pas suffisamment en compte les éléments de diversité tel le bijuridisme camerounais.

uniformes sont préparés par le Secrétariat permanent, en étroite collaboration avec les gouvernements des États membres. Après la phase de préparation vient la phase de délibération assurée par le Conseil des ministres[622]. Présentés globalement de cette façon, les rôles paraissent définis et clairement répartis. Et pourtant, une certaine confusion existe et la cohérence d'ensemble se trouve mise à mal.

Concrètement, le Secrétariat permanent prépare les projets d'actes uniformes et les soumet aux États membres et à l'avis de la CCJA. Ensuite, il procède aux modifications nécessaires et l'inscrit à l'ordre du jour du Conseil des ministres[623] pour délibération et adoption[624]. La soumission des projets d'actes uniformes se fait par le truchement des commissions nationales OHADA[625]. Ces commissions sont en principe mises en place dans chacun des États et son rôle est d'examiner les projets d'actes uniformes et de présenter les observations critiques et les suggestions au Secrétariat permanent. Il faut noter que l'avis donné ici n'a rien de conforme, le dernier mot revient au Secrétariat permanent.

Une fois le projet ficelé avec notamment l'avis de la CCJA, son adoption relève de la compétence exclusive du Conseil des ministres[626]. Les parlements nationaux n'interviennent donc à aucun stade, ni à celui de la préparation, ni à celui de l'adoption finale, ce qui a fait dire fort justement qu'« avec le Traité OHADA, c'est l'exécutif qui légifère »[627]. Le rôle *a priori* important accordé aux commissions nationales est mis en avant comme palliatif à cette exclusion des représentations nationales et du pouvoir législatif[628]. Mais ces commissions ne fonctionneraient pas effectivement dans tous les États, et l'absence de l'uniformité de leur statut fait qu'elles n'ont finalement pas le même rôle dans les différents pays. Il s'observe en effet une disparité dans le mode d'organisation ou de fonctionnement des différentes commissions nationales. Ainsi, à titre d'exemple, la commission nationale OHADA du Cameroun a été créée par un arrêté du Premier ministre[629], au Bénin, c'est un arrêté interministériel[630], au Gabon ce fut un décret du président de la République[631], etc. Du point de vue de leurs attributions, la commission malienne, par exemple, a des attributions qui recoupent toutes les attributions générales et spéciales qui

---

[622] Pour la description de ce processus, voir J. Issa-Sayegh et J. Lohoues-Oble, *OHADA Harmonisation du droit des affaires*, Bruylant, Bruxelles, 2002, p. 123 et s.

[623] Composé des ministres chargés de la Justice et des ministres chargés de la Finance des États membres.

[624] Article 6 du Traité.

[625] Constituée des partenaires sociaux, des avocats, des hommes d'affaires, etc.

[626] Articles 8 et s. Traité OHADA.

[627] J. Issa-Sayegh et J. Lohoues-Oble, *op. cit.*, p. 126.

[628] Seydou Ba, 4e Conférence internationale du droit et de l'économie : la convergence du droit, *op. cit.*, p. 49.

[629] Arrêté n° 008/CAB/PM du 5 février 1998.

[630] Arrêté n° 0248/MJLDH/MFE/DC/SG/SA du 15 mars 2005.

[631] Décret n° 766/PR/MJGS du 16 octobre 2002.

figurent sur le texte d'orientation OHADA, alors qu'au Cameroun et au Gabon, elles ont des attributions assez générales et, de fait, restreintes.

En somme, non seulement les parlementaires, élus, sont exclus, mais il semble régner une confusion qui atteint le système dans son ensemble. Les actes uniformes sont préparés par les commissions dont les membres sont nommés par le gouvernement, votés par le Conseil des ministres sous le contrôle de la CCJA dont les juges sont aussi nommés par le même Conseil des ministres. C'est donc loin d'être un modèle de séparation des pouvoirs. Et c'est justement ce qui paraîtrait inacceptable aux yeux des *common lawyers*. Ils ne comprennent pas cette délégation permanente et générale du pouvoir de légiférer à l'exécutif, pas plus qu'ils ne comprennent la mise à l'écart des juges des cours suprêmes nationales de tout le processus. Ce d'autant plus que pour ces derniers, il s'agit le plus souvent et spécialement dans le système de *common law* des juges très expérimentés[632].

La question de la constitutionnalité de ce dépouillement du parlement d'un pan de ses compétences s'est posée devant le Conseil constitutionnel sénégalais et ce dernier n'y a trouvé rien à redire : « Le dessaisissement de certaines de ses institutions n'est ni total ni unilatéral, qu'il s'agit en l'espèce non pas d'un abandon de souveraineté mais d'une limitation de compétences qu'implique tout engagement international. »[633] L'argumentaire paraît discutable pour au moins deux raisons : d'abord, le dessaisissement n'est pas aussi limité que l'entend le juge constitutionnel sénégalais, la liste des matières relevant de la compétence exclusive du Conseil des ministres n'est pas exhaustive[634]. En effet, le traité OHADA reconnaît au Conseil des ministres le pouvoir de rajouter à cette liste toute matière qu'elle jugerait susceptible de relever du droit des affaires. Une fois choisie, la matière est *ipso facto* soustraite de la compétence des parlements nationaux.

De même, la réalité du processus d'élaboration des actes uniformes OHADA a montré que ces derniers ne sont pas uniquement une production de ce législateur *sui generis* qu'est la Conseil des ministres, mais souvent concoctés dans des cabinets juridiques avec le soutien de la France notamment[635]. Une telle réalité serait difficilement acceptée par les pays de

---

632 Voir Akere Muna, 4e Conférence internationale du droit et de l'économie : la convergence du droit, *op. cit.*, p. 54 et s.

633 Avis du Conseil constitutionnel sénégalais, *Recueil Penant* numéro 827 spécial OHADA, mai à août 1998.

634 On peut lire à l'article 2 du Traité OHADA qu'« entrent dans le domaine du droit des affaires l'ensemble des règles relatives au droit des sociétés et au statut juridique des commerçants, au recouvrement des créances, aux sûretés et aux voies d'exécution, au régime du redressement des entreprises et de la liquidation judiciaire, au droit de l'arbitrage, au droit du travail, au droit comptable, au droit de la vente et des transports, et toute autre matière que le Conseil des ministres déciderait, à l'unanimité, d'y inclure ».

635 Ce soutien (financier) dans le cadre de la coopération française et de l'aide au développement est en lui-même une bonne chose. Ce qu'il faut déplorer, ce sont la conditionnalité, les orientations pour que les réformes soient au service des intérêts qui ne sont pas forcément ceux du droit africain.

la *common law*[636]. Aussi, serait-il souhaitable d'envisager une implication des parlements nationaux dans le processus. Cette implication revêtirait plusieurs formes.

Il est ainsi possible que le Conseil des ministres se contente de donner des directives, qu'il appartiendra aux États d'intégrer dans leur ordonnancement juridique. Un peu à l'image du rapport entre la Commission européenne et les États, l'obligation serait pour les États de se conformer aux directives en en procédant à la transposition. Cet aménagement pourrait se limiter aux pays de la *common law* dans un premier temps, quitte à faire évoluer le dispositif plus tard.

Une autre possibilité serait de dissoudre les commissions nationales OHADA et de les remplacer par une commission parlementaire au niveau de chaque État. Le parlement participerait ainsi, ne serait-ce qu'indirectement, à la production normative.

Enfin, l'hypothèse d'un parlement communautaire avec toutes les prérogatives législatives n'est pas non plus hors de portée. Ce serait la solution la plus conforme au dogme de la séparation des pouvoirs. On aurait alors un véritable pouvoir législatif auquel, par exemple, le Conseil des ministres soumettrait des projets d'actes uniformes. La mise en place de ce parlement pourrait s'avérer fastidieuse et, en tout cas, ne se ferait que de façon progressive et étalée dans le temps.

À titre de parallèle, le déficit démocratique était également déploré du côté de l'Union européenne, problème qui s'est progressivement résolu avec l'accroissement des pouvoirs du Parlement européen. Mais la formule satisfaisante n'est toujours pas trouvée, ce parlement n'ayant pas l'exclusivité du domaine législatif européen, loin s'en faut[637]. Mais la complexité relative du fonctionnement de la machine européenne fait qu'il y a souvent des palliatifs. Le Traité de Lisbonne accroît en effet le rôle des parlements nationaux, notamment dans le contrôle de subsidiarité[638].

Ces trois hypothèses qui n'en excluent pas d'autres montrent qu'il est toujours possible d'associer le parlement à l'élaboration du droit communautaire. Une telle association permettrait non seulement une meilleure acceptation du rapprochement par les *common lawyers*, mais aussi une appropriation par les Africains du processus de production de leur droit des affaires. Entre les commissions nationales non effectives et des règles importées pas forcément plus effectives, il y a de la place pour une intervention parlementaire.

Participerait de la même quête d'amélioration de cette règle la mise sur pied d'une bonne structure de formation.

---

636 Akere Muna, *op. cit.*, p. 54 et s.

637 Il partage ce pouvoir avec le Conseil, et il n'a pas de réel pouvoir d'initiative législative.

638 C. Nourissat, *Droit des affaires de l'Union européenne*, *op. cit.*, p. 60-61.

II) REDÉFINITION DE LA STRUCTURE ET DES MODALITÉS DE FORMATION

On peut discuter de la place de la doctrine dans les sources du droit et même se demander si elle en est une. L'hésitation sur cette question ne date d'ailleurs pas d'aujourd'hui. La doctrine est considérée par les uns comme « le miroir du droit tout entier : elle explique le contenu de l'ensemble des règles juridiques et, en outre, met à jour leurs sources ainsi que les idées morales, sociales ou économiques qui les fondent »[639]. Pour les partisans de cette conception, la doctrine est, ou devrait être, un miroir critique[640].

D'autres érigent le droit en science pure et ils n'en considèrent que la technique d'un point de vue rationnel. C'est le cas du positivisme de Hans Kelsen qui vise à élaborer une « théorie pure du droit » débarrassée de toute donnée empirique[641].

En réalité, le rôle de la doctrine est multiforme et point n'est besoin d'en dresser des camps prétendument antagonistes[642]. Elle s'est manifestée plus d'une fois par des « discussions sans lendemain » et des « auteurs célèbres, adoptant un ton plus vif qu'à l'accoutumée, se sont affrontés sur des questions dont le législateur ou la jurisprudence ne souciaient guère »[643]. C'est le cas en France de la théorie des troubles anormaux de voisinage[644], du fondement de la théorie de l'abus de droit[645], ou des controverses sur la personnalité morale[646].

Mais le travail doctrinal peut s'avérer fort utile et son influence sur le législateur et le juge est indéniable. La doctrine d'avant-garde, par exemple, essaye de devancer l'œuvre législative ou judiciaire, et il n'est pas rare que l'on voie une position novatrice et téméraire d'un auteur récupérée et consacrée par le juge ou le législateur. Les exemples ne manquent pas, et on en dénombre dans tous les domaines. En droit international privé, les apports

---

639 P. Malaurie et P. Morvan, *Droit civil, Introduction générale*, Defrénois, 2004, p. 273.

640 J.-D. Bredin, « Remarques sur la doctrine juridique », *Mélanges P. Hébraud*, Univ. sc. sociales Toulouse, 1981, p. 112. On peut y lire : « Le vrai travail de la doctrine, c'est la critique, l'idée, la réflexion, l'invention, l'imagination novatrice ».

641 Voir Hans Kelsen, *Théorie pure du droit*, Traduction de Charles Eisenmann, Dalloz, Paris 1962.

642 Voir pour une vision complète de la question, P. Jestaz et C. Jamin, *La Doctrine*, Dalloz, 2004.

643 P. Malaurie et P. Morvan, *op. cit.*, p. 280.

644 V. R. Rodière, obs. RTD civ., 1965, p. 642 : La théorie du trouble de voisinage révèle, « face aux incertitudes de la doctrine, la constance de la jurisprudence » ou J. Carbonnier, *Droit civil. Les biens*, PUF, 18e éd., 2000, n° 172 : « Un arrêt pourrait rendre vaines, désormais, toutes les constructions doctrinales : [...] c'est un principe sans texte qui est le fondement de la solution, une coutume savante autoproclamée » (à propos de Cass. Civ. 2e, 13 nov. 1986, *Bull. civ.* II, n° 172 : « Vu le principe selon lequel nul ne doit causer à autrui un trouble anormal de voisinage »).

645 G. Ripert est allé jusqu'à qualifier la thèse de Josserand sur la question de « soviétique », c'est dire combien les discussions étaient passionnées.

646 V. E. Thaller, *Traité élémentaire de droit commercial*, 8e éd. par J. Percerou, 1931, n° 294, p. 215.

doctrinaux auraient compensé les carences législatives[647]. En droit civil, la distinction de la garde de la structure et de la garde du comportement dans la responsabilité du fait des choses, d'origine doctrinale[648], fut consacrée par la jurisprudence[649]. De même, l'idée d'une réforme du droit des accidents de la circulation en France, longtemps défendue par André Tunc, a fini par voir le jour avec la loi Badinter du 5 juillet 1985[650]. L'intervention, dans le cadre de l'*amicus curae* dans le système américain, par exemple, permet à la doctrine de jouer son rôle de source.

Tout ceci montre que la doctrine et conséquemment la formation jouent un rôle important dans le dynamisme d'un droit. C'est particulièrement valable pour le système civiliste où la loi est trop générale et le juge peu disert. Il suffit de comparer le contenu d'une décision de justice ou d'un texte normatif de la *common law* et du droit civil pour se rendre compte d'une telle différence[651]. Dans le système OHADA en tout cas, les travaux de la doctrine ont largement contribué à l'essor et à la compréhension du système juridique.

Nous avons déjà relevé l'inadéquation relative de la règle de droit officielle en Afrique et l'« oubli » d'un droit proprement africain, qui serait probablement mieux accepté. Peut-être, faut-il voir dans cette inadéquation celle, en amont, de la formation en droit en Afrique. C'est une formation « axée exclusivement sur les modèles européens »[652], et Jacques Vanderlinden en apporte une description en ces termes : « [...] des juristes africains rendus orphelins de leur culture et des éléments les plus authentiques de la discipline qui doit être la leur. Il n'est guère étonnant dans ces circonstances que [...] après les indépendances nombre d'entre eux raisonnent davantage comme les juristes [...] français qui les ont formés et soient ainsi incapables de développer des droits authentiquement africains réalisant la symbiose la mieux adaptée possible entre les exigences du développement et les caractères spécifiques de la réalité africaine »[653]. Dès lors, que fallait-il attendre d'autre, si ce n'est que les Africains s'imprègnent plus du droit de l'État dans lequel ils étudient ?

Il y a donc une espèce de conditionnement qui permet de perpétuer un système juridique d'emprunt, la doctrine de l'ex-colonisateur étant

---

647 La pensée d'Henri Batiffol notamment a eu une influence considérable sur la jurisprudence de la Cour de cassation. Voir notamment Y. Lequette, « L'influence de l'œuvre d'Henri Batiffol sur la jurisprudence française », Travaux du Comité de droit international privé 1991-1992, *Pédone*, 1994, p. 32 et s.

648 Cette distinction est attribuée à Berthold Goldman, dans *La Détermination du gardien responsable du fait des choses inanimées*, Thèse, Lyon, 1946, n° 143, p. 220.

649 V. Cass. civ. 2e, 5 janvier 1956, affaire de l'oxygène liquide, Dalloz, 1957, 261.

650 V. A. Tunc, *Pour une loi sur les accidents de la circulation*, Economica, Paris, 1981.

651 Pour plus de détails, voir O. Moréteau, *Droit anglais des affaires*, *op. cit.*, p. 43 et s.

652 L.-D. Muka Tshibende, « Les Gaulois, nos ancêtres ? », *Rev. Rech. Jur.-Droit prospectif*, n° 2006-1 Presses universitaires d'Aix-Marseille, p. 10.

653 J. Vanderlinden, *Les Systèmes juridiques africains*, PUF, Coll. Que sais-je ?, 1983, p. 48.

considérée comme « la voix de la *ratio scripta* »[654]. Formé dans un style juridique précis, avec des sources, des valeurs et des modes de raisonnement propres à ce style, le juriste africain reproduit naturellement ce système, « lorsqu'il doit procéder ou participer à la création du droit »[655]. Ainsi s'explique ce constat de Farnsworth, auteur anglophone parlant du code sénégalais des obligations : « Il est à peine surprenant que le nouveau code sénégalais ait été largement inspiré par le droit français, qu'il ait le style et la terminologie du Code civil français. Les juristes sénégalais sont rompus aux techniques du droit français, les membres de la commission de codification étaient tous de tradition française. »[656] Les pesanteurs qui ont imposé le droit de l'ex-colonisateur ont fait parler M. Vanderlinden « d'un corps [...] solidement formé à notre image »[657].

Le suivisme général qui se fait au détriment des sources africaines n'épargne aucun corps (judiciaire, législatif, doctrinal). Il s'en dégage un beau rayonnement de la jurisprudence et du droit français pour ce qui est de l'OHADA. Certains parleront d'un complexe de colonisé, d'autres loueront l'esprit d'ouverture des acteurs du droit en Afrique. Ce qui importe, c'est pourtant de s'en tenir à l'efficacité et à l'effectivité du droit en vigueur. C'est entre autres au nom de cette efficacité, laquelle passe par une interprétation harmonieuse de la règle de droit, que l'OHADA s'est dotée d'une école, l'ERSUMA. Cette école créée par le Traité de Port-Louis et basée à Porto Novo au Bénin « est chargée d'assurer la formation et le perfectionnement des magistrats et des auxiliaires de justice des États membres en droit harmonisé et en droit des affaires ». Elle est également « un centre de documentation et de recherche en matière juridique et judiciaire »[658].

L'ERSUMA a donc une mission de formation et de recherche. Les limites qui y sont attachées apparaissent clairement, et ces limites vont certainement se démultiplier, s'il faut l'envisager comme une institution d'accompagnement du processus de rapprochement avec la *common law*. Il convient en effet d'orienter la formation et de consacrer une partie de la recherche à la simplification du droit des affaires, de façon à ce qu'il soit à la portée des acteurs économiques de modeste taille. Le retour aux sources prôné[659] doit être aussi le fait de cette école de droit. Toujours dans les limites, il est curieux de constater que la langue de formation et la langue de

---

[654] R. Sacco, *La Circulation du modèle juridique français*, Rapport de synthèse, *op. cit.*, p. 9.

[655] L.-D. Muka Tshibende, *op. cit.*, p. 11.

[656] A. Farnsworth, « Le nouveau code sénégalais des obligations », *Annales africaines de l'Université de Dakar*, éd. PédoneParis, 1963, p. 77.

[657] J. Vanderlinden, « À propos de la création du droit en Afrique. Regards d'un absent », *La Création du droit en Afrique* (sous la dir. de D. Darbon et Jean du Bois de Gaudusson), Khartala, 1997, p. 24.

[658] Article 4, Statuts de l'ERSUMA adoptés par le Conseil des ministres de l'OHADA le 3 octobre 1995 à Bamako au Mali.

[659] Pour être plus exact, ce n'est pas un retour complet aux droits africains qui est proposé, mais un détour par le droit coutumier qui permet d'enrichir le droit en vigueur et d'en améliorer l'effectivité.

travail de l'ERSUMA sont le français, alors même que l'OHADA comporte d'autres sensibilités en son sein (la *common law* au Cameroun, par exemple).

Dans le cadre du rapprochement avec la *common law*, nous préconisons la transformation de l'ERSUMA en Institut du droit africain des affaires. Et au-delà de la transformation de l'appellation, il importe d'enrichir le contenu de la formation des règles issues du secteur informel de se doter d'une vision stratégique avec des orientations de l'application de la règle de droit qui permette de se rapprocher de ceux qui s'en détournent et qui sont les plus nombreux. Au niveau du contenu, il pourrait être possible d'avoir trois pôles de formation : un pôle *common law* des affaires, un pôle droit civiliste des affaires et un pôle droit issu des usages.

Un tel réaménagement ne pourrait se faire qu'avec un personnel adéquat, si possible avec une formation transversale. Ces formateurs pourraient être des juristes civilistes, des juristes de *common law*, les praticiens des deux systèmes, mais aussi des sociologues, d'anthropologues, etc. Avec cet ensemble, il sera possible d'envisager une concordance progressive des concepts entre la *common law* et l'OHADA.

SECTION 2 : CONCORDANCE DES CONCEPTS

Jusqu'où peut finalement aller le rapprochement droit OHADA-*common law* ? Nous avons déjà écarté, pour son caractère irréaliste et d'ailleurs pas forcément utile, une évolution qui déboucherait sur un même système pour tous. Il est vrai que l'expérience coloniale a montré qu'il est possible de passer du jour au lendemain d'un droit connu et appliqué à un droit venu d'ailleurs[660]. Le droit OHADA, dans une certaine mesure, les *common laws* africaines, dans une moindre mesure, en sont des exemples vivants. Mais il serait incohérent de constater l'extranéité et l'inadéquation de ces systèmes par rapport aux Africains pour en promouvoir la logique.

Revenant aux possibilités et aux limites du rapprochement *common law*-OHADA, un rapprochement conceptuel reste de l'ordre de l'envisageable. Ce serait forcément l'étape ultime de l'évolution. Le fait de n'en parler que dans la dernière section de ce livre entend accréditer la considération selon laquelle ce rapprochement conceptuel intervient après tous les autres. Cependant, rapprochement conceptuel ne signifie ni unicité de la langue (paragraphe 1), ni unicité conceptuelle (paragraphe 2).

Paragraphe 1 : Effectivité de la pluralité des langues de travail

Il nous semble difficile d'aborder la question des clivages conceptuels entre le droit OHADA et la *common law* sans évoquer préalablement celle

---

660 Voir sur la question L.-D. Muka Tsibende, *op. cit.*, p. 379-409.

de leur clivage linguistique. Face à deux systèmes aussi éloignés que le sont le droit OHADA et les *common laws* des affaires, le meilleur moyen de renforcer les clivages serait de leur imposer de s'exprimer dans une langue commune. Il serait facile et naïf d'imaginer qu'imposer une même langue à des entités qui s'expriment dans des langues différentes permettrait un rapprochement, une sorte d'union autour de l'élément linguistique. Ce serait surtout oublier le lien étroit qu'il y a entre un droit et une langue[661]. C'est dire qu'en matière linguistique, c'est l'unicité qui éloigne et la pluralité reconnue qui rapproche. L'OHADA ne l'avait pas tout à fait compris (I), le rapprochement éventuel avec la *common law* l'impose (II).

I) DE LA FAUSSE PLURALITÉ LINGUISTIQUE DU DROIT OHADA…

Nous avons vu que l'OHADA est composée des pays divers au plan linguistique. Ainsi, l'anglais est parlé au Cameroun anglophone, le français dans une immense majorité de l'espace OHADA, l'espagnol en Guinée équatoriale, et le portugais en Guinée Bissau. Malgré cette diversité, il a été initialement décidé officiellement pour assurer une application harmonisée du droit de ne retenir que le français comme langue de travail. La diversité des langues n'est-elle pas la première cause de division parmi les hommes ?[662] Des voix aussi bien individuelles qu'institutionnelles ont offert ce justificatif (quelques fois sans en avoir le dessein) à l'option unilinguistique de l'OHADA. M. Bézard[663] faisait ainsi état d'un droit prestigieux[664], « véhiculé par une langue de qualité[665] ». Roberto Sacco écrivait de son côté qu'« une imitation globale et directe de la jurisprudence française n'est possible que là où la langue française est couramment pratiquée […], là où, le code étant français, l'on se croit en devoir de l'interpréter à la française »[666].

Au plan institutionnel, l'on citera à titre indicatif le Conseil d'État français. Dans un de ses rapports, on peut lire : « La défense du français comme langue de travail au sein des organisations et juridictions internationales aussi bien qu'au travers de la Francophonie représente une

[661] Il faut songer, par exemple, aux difficultés de traduction des concepts juridiques de la *common law* en français ou du droit civil en anglais. Ceci étant, des possibilités existent et ont pu être mises en évidence en Louisiane pour le droit civil en anglais et à l'Université de Moncton pour la *common law* en français.

[662] H. C. Gutteridge, *Le Droit comparé. Introduction à la méthode comparative dans la recherche juridique et l'étude du droit*, 2e éd., LGDJ, 1953, p. 153. L'auteur l'affirme cependant avec plus de nuances.

[663] P. Bézard, « Le droit français est-il encore exportable ? », *Propos impertinents de droit des affaires, Mélanges en l'honneur de Christian Gavalda*, Dalloz, 2001, p. 49.

[664] Le droit français.

[665] Le français.

[666] R. Sacco, *La Circulation du modèle juridique français*, *op. cit.*, p. 9.

nécessité pour le rayonnement de notre droit. »[667] À travers la Francophonie, les pays africains sont surtout considérés comme une sphère d'influence, une zone d'expression de la langue et du droit français[668]. L'Afrique n'est-elle d'ailleurs pas la « fille aînée de la Francophonie »[669] ?

C'est donc fort de toutes ces considérations et de toutes ces pressions que le Traité OHADA avait initialement stipulé en son article 42 que : « le français est la langue de travail de l'OHADA ». Il s'ensuit que « le Traité, les règlements pris pour son application, les actes uniformes, les arrêts et avis de la Cour commune de justice et d'arbitrage, les décisions et correspondances des organes de l'OHADA doivent être et sont rédigés en français »[670]. Le militantisme francophone ainsi manifesté est peut-être louable, mais il y a quelque chose de surprenant dans cette option. À y réfléchir, l'attitude confine à la désinvolture de ceux qui ont rédigé le Traité, qui n'ont pas semblé se soucier de son applicabilité. Comment pourrait-on, par exemple, soumettre du jour au lendemain la France à un droit dont la version allemande ou même anglaise serait la seule valable ? C'est en quelque sorte ce qu'il est demandé aux Anglophones du Cameroun, aux Équato-guinéens et aux Bissau-guinéens[671]. On en vient à douter de la volonté des promoteurs originels de l'OHADA, de la voir s'imposer et s'appliquer par tout. C'est donc fort logiquement qu'un juge anglophone camerounais avait refusé d'appliquer le droit OHADA, un droit qui souffrirait, selon lui, d'une « auto-exclusion »[672]. D'une manière générale, l'attitude des États dont la langue officielle n'a pas été reprise est soit de se rebeller ouvertement comme ce juge camerounais[673], soit de ne pas appliquer le droit OHADA. Le droit OHADA les a ignorés, ils le lui ont bien rendu ! Le plus étonnant, c'est que cette situation a perduré pendant quinze ans.

---

667 *L'Influence internationale du droit français*, Conseil d'État, 2001, p. 107.

668 Le fait que le Traité OHADA eût été signé à l'occasion d'un sommet de l'Organisation internationale de la Francophonie n'est pas qu'une simple coïncidence.

669 G. Montigny, « La Francophonie : piège ou tremplin pour les avocats francophones ? », *L'Afrique et le droit – Investir en Afrique*, *Gaz. Pal.* nov.-déc. 1995, p. 1215.

670 J. Issa-Sayegh, « Réflexions sur l'article 42 du traité de l'OHADA », *Ohadata*, D-02-19, p. 1.

671 Il est vrai qu'un manuel sur le droit des affaires OHADA en espagnol a été publié sous les auspices du ministère espagnol de la Justice : voir M. José Cueto, S. Esono Abeso Tomo, J. Carlos Martinez, *La armonizacion del Derecho Mercantil en Africa impulsada por la OHADA*. (2006) Madrid, Ministerio de Justicia. Une traduction en portugais du Traité et des Actes uniformes a également été publiée par l'Université de Lisbonne, et un manuel en portugais est même en cours de publication en Angola. Mais les manuels ne visent que la vulgarisation, ils n'ont rien de contraignant.

672 C'est un droit qui *« suffers from self-exclusion from the english speaking provinces »*, voir *Akiangan Fombin Sebastien v. Foto Joseph and others* cité par Tumnde Matha 4e Conférence internationale du droit et de l'économie : *La Convergence du droit*, Paris Place de Droit 15/16/17 novembre 2005, Éditions Lamy, SAGIM CANALE, juillet 2006, p. 59.

673 Mais pour ça, il faut avoir la liberté de ton d'un juge de *common law*, ce qui n'est pas le cas des autres pays.

En effet, de 1993, date de la signature du Traité OHADA, à 2008, date de la modification de ce traité, le français est resté la seule langue reconnue par l'OHADA. Ce n'est que le 17 octobre 2008, à l'occasion d'un sommet de l'Organisation internationale de la Francophonie qu'un traité portant révision du Traité de Port-Louis a été signé. Le fameux article 42 a été modifié et stipule dorénavant que « les langues du travail de l'OHADA sont le français, l'anglais, l'espagnol et le portugais ». Dans cette formulation, on peut remarquer une légère distorsion de la courtoisie internationale ou du moins des habitudes en la matière : les langues n'ont pas été citées dans un ordre alphabétique, le français venant avant l'anglais. Pour ne pas céder aux sirènes de chicane, l'on mettrait cette distorsion dans les imperfections de la rédaction. Mais le même article 42 ajoute : « en cas de divergence entre les différentes traductions, la version française fait foi », ce qui laisse penser que les instances de l'OHADA ont simplement voulu corriger cette incohérence dans les textes.

Mais en dépit de cette réforme, il se trouve qu'en dehors du Traité, l'OHADA ne travaille qu'en français. Au niveau de la Cour commune de justice et d'arbitrage, tout est fait en français, quelle que soit la nationalité des protagonistes : plaidoiries, délibérés, arrêts, etc. tout est en français. De la même manière, l'École régionale supérieure de magistrature continue de travailler en français, et les différents programmes de formation qui s'y déroulent sont dispensés dans cette langue. C'est donc le *statu quo* à tous les niveaux de l'OHADA.

On peut imaginer que la modification du Traité étant relativement récente (2008), l'instauration de la pluralité linguistique nécessiterait une période de mise en place. Cette période servirait notamment à doter les instances d'un personnel polyglotte, à mettre en place la logistique de la traduction, etc. Mais en même temps, il ne se manifeste pas une réelle volonté de passer à l'effectivité de cette pluralité. Autrement, il y aurait eu au minimum un calendrier clair de l'évolution des différents organes vers cette pluralité. Par exemple, le Secrétariat permanent ou le Conseil des ministres aurait pu prévoir qu'à telle échéance, la CCJA serait pourvue en juge issu de l'anglophonie, de l'hispanophonie, de la lusophonie. À telle autre échéance, l'ERSUMA devrait assurer une formation dans chacune des langues de l'OHADA. Mais rien de tout cela n'a été prévu, il y a eu simplement une modification du traité sans véritable changement dans le reste. La modification de 2008 n'est donc pas effective et la pluralité linguistique se manifeste simplement à travers des traductions *a posteriori* des actes uniformes avec tout ce que ces traductions comportent comme insuffisances. Dans la perspective du rapprochement OHADA-*common law*, il est indispensable que cette pluralité linguistique ne soit pas qu'une stipulation du traité.

II) … À UNE EFFECTIVE PLURALITÉ LINGUISTIQUE DU DROIT AFRICAIN DES AFFAIRES

En fait de pluralité linguistique, nous faisons surtout allusion à un bilinguisme effectif où l'anglais et le français auraient une importance similaire à toutes les étapes de la vie du droit des affaires (conception, production, application). Comme nous l'avons vu, à l'intérieur de l'OHADA, c'est de la pluralité ou du plurilinguisme qu'il s'agit puisqu'elle comprend au moins quatre langues. Mais pour le rapprochement des concepts du droit OHADA avec ceux de la *common law*, il est surtout question d'un recours effectif à l'anglais. L'OHADA serait doublement gagnant dans l'opération : elle cessera de souffrir de la *self-exclusion*[674] par rapport à une partie de son espace[675], elle se mettra aussi dans de bonnes dispositions pour son rapprochement avec la *common law*. C'est l'effectivité de ce bilinguisme qui permettra à chaque système de se familiariser avec l'autre, et ainsi de se familiariser avec ses concepts et catégories juridiques[676].

L'efficacité commanderait qu'une association entre juristes des deux systèmes soit assurée dès la phase de la conception. Concrètement, il faudrait que le groupe d'experts chargés de rédiger un premier jet du texte qui donnera lieu à un acte uniforme ultérieurement soit bilingue et bijuridique. L'objectif n'est pas d'obtenir un consensus dès le départ, ni d'ailleurs plus tard, mais de comprendre dès le départ les différentes particularités, les catégories auxquelles on se rapproche ou s'éloigne dans son propre droit, la formulation retenue qui aurait une signification moindre dans un système plutôt que dans l'autre, etc. À titre d'exemple, dans le système de l'OHADA où la procédure d'adoption des actes uniformes consiste à soumettre le texte préparé par le Secrétariat permanent aux commissions nationales pour observations, il faudrait associer les *common lawyers* à la toute première conception, autrement dit, au niveau du Secrétariat permanent. Cela suppose d'abord qu'il y aura en plus une version anglaise de ce premier projet aux côtés d'autres versions[677]. Cela suppose surtout que le Secrétariat permanent (ou tout organe chargé de rédiger le projet) soit aussi composé des juristes de la *common law*. Et dans les commissions nationales dont les observations sont requises, il faudrait qu'au moins un pays anglophone soit impliqué. On

---

[674] Voir affaire précitée, *Akiangan Fombin Sebastien v. Foto Joseph and others*.

[675] Cameroun anglophone.

[676] Sur toutes ces questions du langage juridique et de la traduction des concepts juridiques, voir www.translationdirectory.com/article572.htm, consulté le 15 octobre 2005 ; N. Kasirer, *Bijuralism in Law's Empire and in Law's Cosmos*, 52 J. Legal Ed., p. 29-41 (2002) ; *id.*, « François Gény's Libre recherche scientifique as a *Guide to Legal Translation* », *61 Louisiana L. Rev.* p. 331-352 (2001) ; J.-C. Gemar, N. Kasirer (eds.), *Jurilinguistique : entre langues et droits/Jurilinguistique Between Law and Language*, (2005) Brussels/Montreal, Bruylant/Thémis ; A. Levasseur, « La guerre de Troie a toujours lieu… en Louisiane », in *Écrits en hommage à Gérard Cornu* (1994), PUF, Paris, p. 278.

[677] Même à ce niveau, il vaut mieux éviter de procéder à une traduction *a posteriori*.

peut également imaginer une commission composée des juristes anglophones de plusieurs pays.

Cette coproduction normative doit être la règle dès la phase de l'adoption du texte définitif de façon à ce qu'*in fine*, l'acte ressorte en même temps en anglais que dans d'autres langues. Cette façon de procéder permettrait de rompre avec une contradiction observée dans l'attitude des organisations qui mettent en avant un combat, légitime, pour la diversité linguistique, et leur acquiescement, voire leur imposition, du français comme unique langue de l'OHADA, au nom d'une certaine « jurisfrancité »[678]. Salvatore Mancuso a carrément parlé d'une « discrimination des citoyens des pays anglophones [...] qui ne sont pas capables de présenter leurs plaintes devant la CCJA du fait de leur méconnaissance de la langue française »[679]. En tout état de cause, dans le cadre du rapprochement de l'OHADA avec les pays de *common law*, il est indispensable d'« établir en même temps le texte français et le texte anglais, et d'ajuster la formulation de la règle de façon à ce qu'elle puisse être exprimée sans équivoque dans l'une et l'autre langue »[680].

Il est probable que le Traité OHADA nécessite une modification en vue du rapprochement avec les pays de la *common law*, mais même en son état actuel, le respect des différences linguistiques peut être facilement assuré. Comme l'explique S. Mancuso, les articles 7 et 8 de ce Traité OHADA peuvent être des outils très utiles car ils fixent la procédure d'adoption des actes uniformes. Ils s'ajoutent à l'article 42 nouveau qui accepte la pluralité linguistique. L'article 7 donne aux États membres une durée de quatre-vingt-dix jours à compter de la date de réception des projets pour présenter leurs observations écrites au Secrétariat permanent. L'article 8 prévoit l'unanimité des représentants des États membres quant à l'adoption des actes uniformes par le Conseil des ministres. Ces outils peuvent offrir à tout État la possibilité de demander l'insertion dans le projet d'acte uniforme des éléments qui sont considérés comme nécessaires vis-à-vis de son système juridique et de refuser le texte s'il n'est pas satisfait. En ce qui concerne la question de la langue, ces articles permettent également aux *common laws* concernées d'exiger expressément l'adoption simultanée de la version anglaise du nouvel acte uniforme[681].

L'effectivité de la pluralité linguistique passe donc par une coproduction des textes, une coproduction qui dispense de toute traduction dont on a vu

---

[678] Voir sur la notion, E. Jouve, « la jurisfrancité et l'émergence d'une francophonie politique », *Actes de la 18e Biennales de la langue française* organisée à Ouagadougou (Burkina Faso) sur le thème de : « L'expression du droit. Le français, langue africaine et internationale. La jurisfrancité ». La jurisfrancité désigne dans son sens large tous les pays dont le droit est d'inspiration ou d'expression française.

[679] S. Mancuso, *op. cit.*, p. 39.

[680] D. Tallon, « L'harmonisation des règles du droit privé entre pays de droit civil et de *common law* », in *Revue internationale de droit comparé, RIDC* 2-1990, p. 516.

[681] S. Mancuso, *op. cit.*, p 39.

qu'elle est source de bien de contresens[682]. La seule traduction qui vaille dans une configuration qui met en présence plus d'un système juridique et plus d'une langue est celle du juge et de la doctrine. Il s'agira alors de traduire concrètement les implications des perspectives envisagées, celle du rapprochement des systèmes dans cette étude. C'est à cette traduction que Bruno Oppetit faisait référence quand il parlait d'une « traduction concrète grâce à l'exceptionnelle caisse de résonance dont elle [la doctrine] dispose dans les universités par l'enseignement qu'elle dispense aux futures générations de professionnels »[683]. Et parlant toujours du rôle de la doctrine dans le rapprochement des systèmes, R. Sacco rappelait qu'« un enseignement qui présente les données communes comme l'essentiel du droit et les spécificités des droits nationaux comme l'élément contingent et variable de la règle juridique peut être une base solide pour la formation d'un droit commun européen »[684]. Olivier-Martin ne dit pas autre chose quand il énonçait les directives qui pourraient servir de guide à l'enseignement d'un droit plural : « Au lieu de souligner âprement [...] les inconvénients de la diversité de la législation, il use de toutes les ressources de sa science juridique pour les rendre moins fâcheux. Il appuie constamment sur les principes généraux qui rapprochent et glissent sur les détails qui séparent »[685]. Ceci est valable pour le droit africain des affaires dont la construction incombe aussi à la doctrine africaine. Si le rapprochement entre la *common law* et l'OHADA se fait à travers l'effectivité de la pluralité linguistique, il se fait également par la consécration de la diversité conceptuelle.

Paragraphe 2 : Consécration de la diversité conceptuelle

Ainsi qu'il a été relevé à plusieurs reprises, un droit des affaires que les pays actuels de l'OHADA partageraient avec les pays de *common law* n'est pas envisageable dans un avenir proche. D'ailleurs, l'opportunité d'un tel droit resterait à démontrer. Cependant, une telle réalité ne compromet en rien le dessein plus réaliste d'un simple rapprochement entre les deux systèmes. Sur la question du lien entre identité conceptuelle et facilité du rapprochement, il est des concepts comme des langues : c'est la diversité qui rapproche et la négation de celle-ci qui éloigne. Il n'y a donc rien de contradictoire à envisager la convergence à travers la reconnaissance des divergences. Comme le rappelait Louis Vogel, « l'opposition des

---

[682] V. A. Levasseur, « Les maux des mots en droit comparé » (précité) ou O. Moréteau, « Frontières de la langue et du droit... », *op. cit.*, p. 709.

[683] B. Oppetit, « Retour à un droit commun européen », *Pensée juridique française et harmonisation européenne du droit*, Société de législation comparée, 2003, p. 22.

[684] R. Sacco, « Définitions savantes et droit appliqué dans les pays romanistes », *Revue internationale de droit comparé*, 1965, p. 107.

[685] F. Olivier-Martin, « Les professeurs royaux de droit français et l'unification du droit civil français », *Mélanges Sugiyama*, 1940, p. 279.

conceptions ne suffit pas à nier la convergence des systèmes, pas plus que le constat de leur rapprochement ne permet de démentir la permanence de leurs différences »[686]. Il est finalement question de ne pas se voiler la face, de faire avec la réalité qui est loin d'être aussi homogène qu'on veut la présenter, y compris à l'intérieur d'un même ensemble comme l'OHADA. Car « le multilinguisme est une réalité quotidienne dans de nombreuses régions du monde, tout comme le plurijuridisme, à condition qu'on sache le voir »[687].

Aussi, convient-il de faire avec des concepts qui varient d'un droit à l'autre (I). Toutefois, accepter des différences ne signifie nullement une renonciation à toute perspective de construction d'un vocabulaire commun (II).

I) FAIRE AVEC LA VARIABILITÉ DES CONCEPTS

L'ensemble issu du rapprochement éventuel[688] entre le droit OHADA et la *common law* est un ensemble nécessairement hétérogène. Aussi, semble-t-il indiqué de laisser les concepts respectifs de deux systèmes avoir une signification propre. Entre ces deux systèmes, il est question non pas de similitude, mais de compatibilité. Autrement dit, ce qui est important c'est de s'assurer qu'une famille juridique ne constitue pas, par certaines de ses règles, un obstacle ou une remise en cause des avancées amorcées par l'autre. Et, si possible, de façon positive, il faut que les acteurs économiques trouvent un intérêt dans le fait de combiner les deux familles. Si une règle de *common law* procure une garantie à l'opérateur économique, par exemple, il ne faudrait pas que l'application du droit OHADA aboutisse à une remise en cause de cet avantage. Pour aboutir à un tel résultat, il n'est pas nécessaire d'avoir une similitude conceptuelle, ni d'ailleurs une similitude des règles juridiques.

C'est au nom de ce besoin de maintenir le pluralisme que la traduction doit être maniée avec beaucoup de neutralité. Le lien entre la langue et le droit est en effet si étroit que le risque est probable de dénaturer une règle, chaque fois que l'on cherche à l'exprimer dans une langue qui n'est pas traditionnellement sienne[689]. Parlant des versions anglaises des actes uniformes OHADA mises à la disposition des *common lawyers* du Cameroun, Claire Moore Dickerson faisait remarquer que « ces traductions ne leur suffisent pas, c'est tout une éducation qu'il leur faut afin de bien comprendre » ce droit[690]. D'ailleurs, les quelques traductions faites illustrent

---

[686] L. Vogel, *La Globalisation du droit des affaires : mythe ou réalité ?*, *op. cit.*, p. 8.

[687] O. Moréteau, « Les frontières de la langue et du droit : vers une méthodologie de la traduction juridique », *op. cit.*, p. 700.

[688] L'harmonisation ici n'étant qu'un simple rapprochement créant des conditions de leur compatibilité.

[689] Le droit OHADA en anglais ou les actes uniformes en français par exemple.

[690] C. Moore Dickerson, « Le droit de l'OHADA dans les États anglophones et ses problématiques linguistiques », *Revue internationale de droit comparé*, 1-2008, p. 143.

bien la difficulté de l'exercice. On a pu voir la « société en participation » traduite par « *joint-venture* », la « société de fait » par « *de facto partnership* »[691]. La difficulté de cet exercice de traduction vient entre autres du fait qu'elle exige du traducteur une bonne connaissance non seulement de deux langues, mais aussi de deux systèmes juridiques. Un juriste de *common law* qui aurait une très bonne maîtrise du français, par exemple, ne pourrait traduire la *common law* en français, à l'intention du système OHADA, sans une bonne connaissance du droit OHADA. Car « le comparatiste est aussi amené à franchir des frontières linguistiques »[692]. Or, ce profil qui allie bilinguisme au bijuridisme fait manifestement défaut, particulièrement en Afrique.

Le rapprochement doit donc se faire dans le respect de la pluralité. Quelques fois, le respect de cette pluralité s'impose de lui-même tant les concepts sont intraduisibles. Il s'agit précisément de l'hypothèse où un concept de la *common law*, par exemple, n'aurait pas d'équivalence dans le droit OHADA. C'est le cas de bon nombre de structures du droit des sociétés. Dans ce cas précis, il sera difficile de nier la diversité, y compris quand on traduit ces aspects du droit des affaires dans une langue qui, originellement, n'est pas la leur.

Plus tentant de conclure à l'unité est le cas où la discordance des concepts se trouve moins flagrante entre les deux systèmes. C'est le cas, par exemple, de la « *consideration* », quelques fois maladroitement traduite par la « cause » de la théorie civiliste des obligations alors qu'il s'agit d'« une règle typiquement anglaise »[693]. Nous avons également appelé à la plus grande vigilance quand il faut présenter les sociétés commerciales de la *common law*. L'expression *partnership*, par exemple, ne peut être traduite par les concepts de « société des personnes » ou de « société en nom collectif » qu'avec beaucoup de nuances. De la même manière, il est difficile de traduire tous les concepts du droit OHADA actuel en anglais sans que cela génère incompréhension et non-sens. Le concept de « sociétés commerciales » a ainsi été traduit par « *commercial companies* »[694]. Or dans les « sociétés commerciales » du droit OHADA, il y a non seulement ce qui s'apparente aux *companies* comme la société anonyme, mais aussi ce qui est traduit par d'autres plumes par *partnerships*, comme la société en nom collectif[695].

Au vu de ces difficultés, le rapprochement entre le droit OHADA et la *common law* ne se fera qu'en acceptant les différences qui existent entre les deux systèmes. C'est aussi cela le sens du mot « rapprochement ». Mireille

[691] *Ibid.*, p. 145.
[692] O. Moréteau, « Les frontières de la langue et du droit : vers une méthodologie de la traduction juridique », *op. cit.*, p. 707.
[693] O. Moréteau, *Droit anglais des affaires*, *op. cit.*, p. 255.
[694] J. Nzalie, « Reflecting on OHADA law reform mission », *op. cit.*, p. 105.
[695] Voir, par exemple, O. Moréteau, *Droit anglais des affaires*, *op. cit.*, p. 152 et s. ou du même auteur, *Le Mandat et la société en nom collectif*, précité.

Delmas-Marty aurait invité les Africains à « prendre le pari qu'il est possible de renoncer au pluralisme de séparation, sans adhérer pour autant au nom d'une sorte de pluralisme de fusion, à l'utopie de l'unité juridique »[696]. Par « pluralisme de fusion », l'auteur ferait allusion à un uniformisme qui gommerait les particularités.

Il est vrai, et on l'a dit, la transposition relativement récente à l'Afrique de ces deux grandes familles juridiques occidentales[697] commande une certaine nuance qui empêche de conclure à une amputation culturelle du seul fait du non-respect de la divergence conceptuelle. Mais comme il s'est agi d'une greffe originelle qui a mis l'Afrique face à son premier système juridique occidental, au détriment d'ailleurs du sien propre, il s'est instauré une approche, des règles et des techniques spécifiques, bref un attachement qu'il convient de respecter[698]. Autrement dit, ces concepts variables de l'OHADA à la *common law* font partie de la richesse de l'Afrique. Le droit OHADA comme la *common law* rentrent progressivement, peut-être un peu trop lentement, dans la culture africaine si tant est que le droit « s'inscrit infailliblement dans une langue, participe inévitablement d'une culture et relève invariablement d'une tradition »[699].

Pour faire face à cette variabilité du sens d'un même concept selon que l'on est dans un pays de *common law* ou dans un pays de droit OHADA, il est possible de recourir à l'approche canadienne[700]. L'*Interpretation Act* (section 8. 1) dispose que pour un concept dont le sens varierait en fonction du système, le droit civil est utilisé pour son interprétation s'il est appliqué au Québec et la *common law* dans d'autres provinces. C'est le cas, par exemple, lorsque la législation fédérale fait allusion au terme « contrat ». Il n'a pas la même signification dans les deux systèmes et donc il est entendu au sens civiliste en droit OHADA et au sens de la *common law* dans des pays de la *common law*. Cette approche connaît des limites, quand, par exemple, un concept a deux sens contradictoires dans les deux systèmes. Il appartiendra aux parties en attendant que l'on progresse dans le sens d'un plus grand rapprochement de préciser la loi applicable[701].

Mais le respect de la diversité conceptuelle ne signifie pas que l'on ferme la porte à toute possibilité d'aménager des passerelles entre ces concepts.

---

[696] M. Delmas-Marty, « Le pluralisme ordonné et les interactions entre ensembles juridiques », *op. cit.*, p. 950.

[697] Il s'agit d'un legs colonial.

[698] Voir sur cette nécessité de respecter l'acquis Y. Lequette, « Quelques remarques à propos du projet de Code civil européen de M. Von Bar », *Pensée juridique française et harmonisation européenne du droit*, Société de législation comparée, 2003, p. 81 et s.

[699] P. Legrand, « La leçon d'Apollinaire, L'harmonisation du droit des contrats en Europe », *RID comp.*, 1996, p. 781.

[700] Voir pour plus de détails J. Melaschenko, « Bijuralism in Canadian Federal Legislation », *Le plurijuridisme* (s. la dir. de J.-L. Bergel), Presses universitaires d'Aix-Marseille, 2005, p. 279-288.

[701] Ceci concerne uniquement les domaines laissés à leur disposition comme le contrat.

II) CONSTRUIRE DES PASSERELLES CONCEPTUELLES

L'acceptation et même la culture des différences entre la *common law* et l'OHADA ne s'opposent pas à l'éventualité d'une communauté conceptuelle entre les deux. Ce qu'il faut déplorer et déconseiller, c'est une communauté lexicale construite de façon tout à fait artificielle et dont le seul but est de donner l'illusion d'un droit unifié des affaires. Une telle unification n'étant d'ailleurs « pas une panacée », elle pourrait se révéler « contreproductive : appauvrissant, inefficace »[702], spécialement pour l'Afrique. Dès lors, il sera plus question d'entériner les consensus qui se seront formés autour d'un concept au cours de l'évolution de deux systèmes.

Cependant, il est important de ne pas se montrer trop ambitieux dans l'attente, un lexique des termes du droit africain des affaires n'est pas sérieusement envisageable dans un avenir proche. Tel que présenté, seule la lente évolution d'un droit réellement effectif peut générer cette contamination juridique. Car c'est de la contamination juridique que naîtront finalement ces concepts de consensus[703].

Une fois encore, l'expérience de l'Union européenne montre le caractère limité du résultat à obtenir en termes d'unification conceptuelle, ou même d'instruments du droit des affaires. Ainsi, la société européenne (SE) n'a pu voir le jour qu'après trente ans de discussions[704]. C'est le règlement CE 2157 du 8 octobre 2001 et la directive 2001/86 du 8 octobre 2001 qui en ont fixé le statut. Faut-il espérer voir le vocabulaire du droit africain des sociétés s'enrichir de la « société africaine », entité utilisable aussi bien dans l'espace OHADA que dans les pays de *common law* ? Cela fait partie des possibilités, mais il est important que la naissance de ce type de société soit l'aboutissement d'un processus qui se sera nourri des insuffisances et des besoins exprimés par la pratique. Pour revenir à l'exemple de la société européenne, on peut constater, pour finalement relativiser la portée de la réalisation, qu'il s'agit de la société anonyme classique et connue (soit avec conseil d'administration, soit avec directoire) qui se déguise en SE pour opérer un transfert du siège social d'un État à un autre, par exemple[705]. Qui plus est, la rigidité de son régime juridique qui la soumet à la loi de son siège social en fait plus une société « semi-européenne » qu'une société européenne[706].

En revanche, le même exemple européen montre que le juge (le juge communautaire en l'occurrence) peut jouer un rôle important dans la construction ou l'affinement du vocabulaire juridique communautaire. Il est en effet arrivé que la Cour de justice de l'Union européenne donne son vrai

---

702 L. Vogel (s. la dir.), *Unifier le droit : le rêve impossible ?*, *op. cit.*, p. 8.

703 Pour cette « contamination » juridique, voir *Journal of Civil Law Studies*, volume 3- 2010 (*LSU*).

704 Y. Guyon, *op. cit.*, p. 233.

705 Voir art. 2-4 et 66 du Règlement CE 2157 du 8 octobre 2001.

706 Y. Guyon, *op. cit.*, p. 233.

sens à un concept qui, interprété à la seule lumière des systèmes nationaux, aboutirait à des variations potentiellement nuisibles pour l'objectif d'intégration. Nous avions dit qu'entre la *common law* et l'OHADA, le rapprochement des objectifs précède nécessairement le rapprochement des moyens, y compris conceptuels. C'est donc à la lumière de ces objectifs que doit s'opérer la précision définitionnelle des concepts par le juge ou le législateur. C'est ce qui a été fait par la Cour de justice européenne lorsqu'il a fallu préciser le sens de « marchandise »[707], « taxe d'effet équivalent à un droit de douane »[708], « mesure d'effet équivalent à une restriction quantitative »[709], « entreprise »[710], etc. La définition donnée par la Cour du concept d'« entreprise » donne une idée de son approche qui se situe au-delà des différences entre les législations nationales. C'est une approche matérielle caractérisée par une grande généralité. Elle dit que « la notion d'entreprise comprend toute entité exerçant une activité économique, indépendamment du statut juridique et de son mode de fonctionnement »[711].

Les acteurs du droit africain des affaires ont donc un rôle de tout premier plan à jouer dans cette construction des passerelles conceptuelles entre l'OHADA et la *common law*. Un peu à l'exemple du chantier européen d'harmonisation du droit[712], les juristes africains, qu'ils soient juges, avocats ou universitaires, doivent clarifier le sens des notions transversales, de façon à faciliter leur intégration dans les différents systèmes. Il y a surtout une alchimie à créer entre juristes de l'OHADA et ceux de la *common law*. C'est de cette alchimie que naissent des passerelles conceptuelles et des passerelles tout court. Alors « que tous les pays concernés, juristes et jurilinguistes, chercheurs et traducteurs s'assemblent pour comparer sereinement les notions, les démarches, les solutions »[713], il en résulterait alors ce qu'Yves Lequette a appelé une « connaissance croisée des systèmes conceptuels »[714]. C'est cette connaissance qui constitue une partie des passerelles conceptuelles à construire entre l'OHADA et la *common law*.

Pour ce faire, il est indispensable de se débarrasser des postures. Entre autres postures dont il faut se débarrasser, il y a celle qui considère que

---

[707] V. CJCE, 10 décembre 1968, Commission c/ Italie, aff. C-7/68, *Rec.*, p. 617.
[708] V. CJCE, 1er juillet 1969, Commission c/ Italie, aff. C-24/68, *Rec.*, p. 201.
[709] V. CJCE, 11 juillet 1974, Dassonville, aff. C-8/74, *Rec.*, p. 837.
[710] V. CJCE, 23 avril 1991, Höfner, aff. C-41/90, *Rec.*, p. I-1979 ; CJCE, 19 janvier 1994, SAT/Eurocontrol, aff. C-364/92, *Rec.*, p. I-43.
[711] Voir sur cette approche de la CJUE G. Soulier, « Droit harmonisé, droit uniforme, droit commun ? », *Le Droit communautaire et les métamorphoses du droit* (s. la dir. de Denys Simon), Presses universitaires de Strasbourg, 2003, p. 57-80.
[712] Voir pour ce rôle dévolu aux juristes B. Fauvarque-Cosson, « Faut-il un Code civil européen ? », *Pensée juridique française et harmonisation européenne du droit*, *op. cit.*, p. 99 et s.
[713] G. Cornu, « Un Code civil n'est pas un instrument communautaire », *Pensée juridique française et harmonisation européenne du droit*, *op. cit.*, p. 58.
[714] Y. Lequette, « Quelques remarques à propos du projet de Code civil européen de M. Von Bar », *op. cit.*, p. 95.

l'OHADA est l'avant-garde de la résistance à la « *common lawyersation* » ou à l'« américanisation » du droit des affaires[715]. À ce titre, la France et l'OIF dont le soutien à l'Afrique est important peuvent étendre leur vision du droit africain des affaires. L'OHADA, par exemple, n'est pas ou ne doit pas être la « francophonie juridique » ou le « droit unifié de l'espace francophone »[716]. De même, sans méconnaître la valeur économique de la *common law* et sa grande adéquation avec le monde des affaires, il ne faudrait pas céder à la caricature des systèmes civilistes dont les avantages sont nombreux et indiscutables. Il s'agit là de deux postures qui empêcheraient les acteurs à s'ouvrir au droit et aux concepts de l'autre système.

Enfin, les retrouvailles entre juristes du droit OHADA et ceux de la *common law* pourraient avoir lieu autour des concepts juridiques *sui generis* à travers la régulation informelle. Nous avons vu que le secteur informel échappe pour l'essentiel aux clivages civilistes-*common lawyers*, avec notamment un gros volume d'échanges informels entre opérateurs des pays de l'OHADA et ceux de la *common law*. Dans la construction des passerelles conceptuelles droit OHADA et *common law*, il ne serait certainement pas inintéressant de se tourner également du côté de ce secteur informel. Une parfaite convergence définitionnelle peut être trouvée sur des concepts comme « tontine », par exemple.

---

[715] Il s'agit là de la posture des partisans d'une certaine idée de la « jurisfrancité », ceux qui ne posent le droit civiliste qu'en l'opposant à la *common law*.

[716] Expressions employées par J.-L. Castelnau dans « OHADA à la recherche de financements » (propos recueillis par Bénédicte Chatel), *Marchés tropicaux*, n° 3046, 2004, p. 645.

CONCLUSION GÉNÉRALE

On se demandait quelles pourraient être les orientations possibles du dialogue entre le droit OHADA et les *common laws* africaines. Étant donné que les deux familles juridiques se sont toujours ignorées, il apparaît qu'il ne serait pas réaliste d'envisager un mariage dans l'immédiat. En effet, il est des familles juridiques comme des personnes physiques, le mariage forcé n'a ni intérêt ni sens. C'est donc à un travail d'entremise qu'il faut se consacrer, de façon à ce que les deux systèmes apprennent à se connaître, à envisager éventuellement de se mettre ensemble. C'est dire que contrairement à ce qui se produit chez les humains, les « coups de foudre » n'existent pas du côté des systèmes juridiques.

Tout au long ce livre, nous avons employé de façon par moment répétitive le terme « rapprochement » pour marquer bien le réalisme avec lequel la nature de ces droits est appréhendée. L'idée selon laquelle les différences sont relatives dans le « village planétaire » est souvent entendue et est certainement défendable, y compris au niveau des systèmes juridiques. Car comme le rappelle Pierre Legrand, au mieux « ce qui change d'un droit à l'autre ce n'est pas tant le concept que la conception »[717].

Il doit également être souligné, de nouveau, qu'en Afrique, le droit OHADA et la *common law* des affaires[718] ne partagent pas que la conception, mais aussi un même souci d'attractivité vis-à-vis des capitaux étrangers. La sollicitude des législateurs africains pour les investisseurs étrangers, occidentaux à une époque, chinois de plus en plus[719], est inversement proportionnelle à l'intérêt porté aux opérateurs informels. Il y a presque un mystère[720] dans l'attitude de la *common law* et de l'OHADA, du droit contemporain africain, vis-à-vis de ceux qui constituent l'immense majorité du tissu économique. Ce droit moderne a ignoré le secteur informel

---

[717] P. Legrand, *op. cit.*, p. 47.

[718] Il s'agit sans doute là d'une liberté de langage, car comme on l'a relevé il y a autant de *common laws* que des pays de *common law*.

[719] Il est vrai qu'il y a des raisons de s'interroger sur le rôle du droit, quelque attractif qu'il puisse paraître, dans l'afflux des investissements chinois en Afrique.

[720] P. Bourel voyait dans le droit OHADA un « mythe », en raison de sa faible assise locale, finalement la frontière ne serait pas très étanche entre le mythe et le mystère, mais on reste dans le droit contemporain africain.

qui le lui a bien rendu, serait-on tenté de conclure[721]. Logiquement alors, un droit des affaires qui ne procède pas des 80 % des acteurs économiques est forcément un droit « importé, venu d'ailleurs » et « un droit imposé, venu d'en haut »[722]. C'est tout l'aspect coutumier qui a été éludé dans les sources, et assez paradoxalement, c'est la richesse dans le sens de diversité du droit africain qui s'en sort renforcée. Dès lors, à la distinction entre droit OHADA et *common law*, il faut rajouter une distinction plus importante entre le droit proclamé et le droit réellement appliqué. Quel sens donner alors aux perspectives de convergence quand de telles dichotomies existent ?

Il convient donc, sans abandonner l'objectif de départ qui est celui d'explorer les possibilités de rapprochement entre le droit OHADA et la *common law* des affaires, de tenir compte de ce besoin de réajuster le droit dit moderne en Afrique. Ce réajustement passe d'abord par la démultiplication de ses sources. Le droit prêt à appliquer, sorti tout droit des cabinets parisiens, n'est pas forcément le droit des affaires le plus adapté, sauf bien sûr s'il intègre aussi les us et coutumes observés par les « petits commerçants » de Douala, Ndjamena, Dakar ou Accra. Il convient donc de reconnaître au droit coutumier africain la place qui est la sienne dans les sources de toute réforme juridique en Afrique.

Le réajustement du droit africain des affaires passe aussi par la révision de ses cibles. Légiférer dans le but principal d'offrir aux entreprises occidentales des conditions moins dépaysantes a manifestement un côté incongru. Il n'y a aucune incompatibilité entre les intérêts de ces entreprises étrangères et ceux des investisseurs domestiques, autant prendre en compte les intérêts des uns et des autres dans la conception[723] même du droit.

Pour ce qui est des clivages droit OHADA-*common law* des affaires, ils se trouvent en partie exacerbés par les sources souvent lointaines de deux systèmes. L'OHADA est une « excroissance du droit français »[724] tandis que la *common law* africaine, malgré sa diversité, reste très marquée des traits de la *common law* anglaise. Face à la réalité et à l'histoire bien têtues du droit des affaires en Afrique, il est difficile de comprendre le doyen Cornu quand il soutient que, « jamais, le droit français n'a conçu d'ambition pour autrui »[725]. Qu'il suffise de se rappeler ce qui est à peine exagéré : jamais, l'Afrique francophone n'a conçu le droit qui s'y est appliqué. En tout cas, la construction européenne et le droit qui l'accompagne se révèlent être un modèle pertinent dans la recherche de la convergence africaine. Le droit en Afrique reste cependant un cas particulier qui ne se satisfait pas, sauf à retomber dans le droit prêt à appliquer que nous dénoncions, des solutions

---

[721] Le secteur informel est par définition ce secteur qui se détourne du droit officiel.
[722] P. Bourel, *op. cit.*, p. 969.
[723] Au moment de concevoir le droit.
[724] L.-D. Muka-Tshibende, *op. cit.*, p. 398.
[725] G. Cornu, « Un Code civil n'est pas un instrument communautaire », *op. cit.*, p. 60.

européennes. Les droits sont peut-être proches, mais l'application qui en est faite n'est pas la même, le contexte extrajuridique n'est pas le même, etc.

Le droit OHADA, paré de ses plus beaux habits français, est confronté à des réalités bien africaines : une justice en construction, un droit élitiste, etc. Cet élitisme n'est cependant pas l'apanage du seul droit OHADA, ni d'ailleurs l'impression d'un décalage entre le monde des faiseurs des lois et celui de petits débrouillards[726]. On se rappelle alors que dans la plupart des pays en développement, « ce n'est pas la nature des systèmes juridiques qui est en cause, mais leur application. C'est le sous-développement qui crée la perversion du système juridique et non l'inverse »[727].

Rapprocher le droit OHADA et la *common law* des affaires, est-ce finalement opportun ? Est-ce possible ? Sur l'opportunité tout d'abord, l'harmonisation comme l'unification n'ont rien d'une « panacée »[728]. Ceci est valable pour l'inverse également : un *statu quo* fait de la distinction droit civil-*common law* n'a rien de plus à apporter si ce n'est une diversité qui ne se perdrait de toute façon pas par une simple recherche de convergence. Les avantages potentiels de cette convergence résideraient entre autres dans l'harmonie juridique qui se crée par-delà les frontières poreuses et artificielles. Le grand investisseur pourrait se déployer sans effort particulier d'adaptation sur plusieurs pays. Le petit investisseur qui s'y employait déjà avec les seules armes coutumières, se verrait offrir la possibilité de sortir de l'informel, perçu à tort comme une clandestinité[729]. Enfin, cette fiction qu'est le droit africain des affaires[730] combinerait les avantages respectifs de la *common law* des affaires et du droit OHADA. Car il est question non pas de rechercher un compromis entre les différents droits nationaux, mais de s'accorder sur les meilleures règles juridiques possible.

Au vrai, la question de la relation entre l'OHADA et la *common law* est moins importante qu'on le croirait. Les systèmes mixtes[731], les systèmes d'exception[732], les systèmes communautaires[733], etc. sont autant d'exemples qui rappellent cette compatibilité droit civil-*common law*. Il n'y a donc pas de raison que la compétition, artificiellement entretenue entre ces deux systèmes, fasse croire à une impossibilité de rapprochement en Afrique. À l'extrême, il n'y aurait aucune exagération, ni aucun repli sur soi à considérer avec S. Mancuso, que cette compétition entre droit civil et

---

726 Les petits commerçants du secteur informel.

727 H. Védrine, in *4e Conférence internationale du droit et de l'économie : La convergence du droit*, *op. cit.*, p. 22.

728 L. Vogel, *Unifier le droit : le rêve impossible ?*, *op. cit.*, p. 7.

729 Nous avons suggéré que les règles du secteur informel fassent partie des sources du droit formel.

730 Strictement parlant, il n'existe pas de droit africain des affaires pas plus qu'il n'existe de droit européen des affaires. Il y a une harmonisation sectorielle qui permet de conclure à une identité régionale, mais les particularités nationales demeurent (demeureront ?) fortes.

731 Le bijuridisme canadien, par exemple.

732 Voir la Louisiane qui est aussi un système mixte.

733 Le droit européen, par exemple.

common law ne concerne pas l'Afrique, mais plutôt « deux aspects d'une tradition juridique occidentale »[734]. Vu sous cet angle, on se rend compte qu'il n'y aurait même pas de compétition, les deux systèmes n'étant pas entièrement distincts. La recherche de la convergence entre droit OHADA et *common laws* est donc envisageable et relèverait simplement de la volonté des acteurs respectifs de ces droits[735].

Mais dans la recherche de cette convergence qui impliquerait un certain nombre de réajustements, l'effectivité du droit ne doit pas être l'éternelle grande oubliée. Cette question de l'effectivité ou plus généralement de l'adéquation entre ce qui est proclamé et ce qui est vécu reste en effet la plus importante. C'est dire que l'ambition manifestée dans la règle proclamée doit se traduire par des mesures concrètes. Car il ne faut pas l'oublier, « une réforme juridique ne demeure qu'une page du journal officiel si les conditions matérielles, en personnel, en éducation ne sont pas disponibles »[736]. L'objectif de départ se révèle à l'arrivée, assez paradoxalement accessoire, voire secondaire. Le dépassement des clivages à travers des concepts communs est ainsi une hypothèse de dernière analyse. Il ne sert à rien de doter *common lawyers* et pays OHADA d'un même droit des intermédiaires de commerce si, sur le terrain, le clivage entre droit officiel et droit réel[737] perdure.

Dans le processus éventuel de convergence entre droit OHADA et *common law*, il est important que le législateur se montre moins « pressé », et affronte les difficultés sans les contourner[738]. Être moins pressé, c'est d'abord prendre le temps de s'écouter, de s'orienter vers une direction commune. L'harmonisation pour l'harmonisation pourrait se révéler de peu d'utilité. En revanche, le processus aurait un sens si l'OHADA et la *common law* s'entendaient sur des objectifs précis en termes de protection de l'investissement, des travailleurs, des consommateurs, etc. Il serait plus cohérent de bâtir le projet de rapprochement autour d'objectifs communs préalablement identifiés. Après, le maintien ou non des variations conceptuelles, des solutions respectives… dépendra de ces objectifs communs.

Mais le plus important, c'est de se rappeler qu'on est en Afrique. Que de fois, n'a-t-on vu des reprises de ce qui a cours dans des pays occidentaux sans se poser la question de l'adaptation, de l'utilité et de la faisabilité de ce qui est repris. S'il faut que ce rapprochement entre le droit OHADA et la *common law* débouche sur un droit des affaires fort savant, qui n'intéresse que les grands groupes présents sur le continent, autant se doter d'un

[734] S. Mancuso, *op. cit.*, p. 42.
[735] Acteurs juridiques, mais aussi politiques.
[736] R. Granger, *op. cit.*, p. 80.
[737] Droit réellement appliqué.
[738] P. Bourel disait que « le législateur africain est un homme pressé » qui, « pour ne pas freiner les travaux », préfère « contourner les obstacles au lieu de les affronter », *op. cit.*, p. 970.

volumineux code des investissements étrangers et le problème est vite résolu. Et si l'objectif est de se doter d'un droit adapté, qui intéresserait tout le monde, il convient de partir de l'Afrique elle-même et de ses réalités si particulières. Il y a quelques décennies, le Pr Vanderlinden parlant du droit en Afrique faisait remarquer que « nulle part mieux qu'en Afrique, le caractère kafkaïen de la présomption selon laquelle nul n'est censé ignorer la loi n'est plus évident. Publiées dans un journal officiel que l'on peut se procurer à la seule imprimerie du gouvernement située dans une capitale souvent inaccessible à la majorité des citoyens vivant en milieu rural et mises par écrit à l'intention de populations fréquemment analphabètes, les lois le sont en outre le plus souvent dans une langue étrangère que seule comprend une minorité de la population »[739]. Il est frappant de constater que peu de choses ont changé depuis lors, alors même les textes les plus « savants » ont été adoptés régulièrement.

C'est dire que l'on ne s'est pas véritablement préoccupé de l'effectivité de ce droit et il y a des raisons de douter de l'opportunité de son adoption. L'utile processus de rapprochement du droit OHADA de la *common law* perdrait son utilité si ce processus se limitait au seul contenu normatif de ces systèmes. Il est important de se préoccuper de l'accessibilité de tous à ce processus et au droit qui en résultera, il est tout aussi important de ne pas oublier l'organe d'application, c'est-à-dire non seulement le système judiciaire, mais tout le système qui lui est auxiliaire (administration, formation, etc.). Une fois le processus entamé, il conviendra de le faire évoluer et de l'adapter en fonction des résultats dans la pratique. Car il n'y a jamais de législation parfaite qui ne nécessite ce travail permanent d'amélioration. « C'est souvent à partir d'un premier travail imparfait mais reconnaissant ses limites que l'on peut progresser grâce à des études ultérieures, critiques et plus complètes », disait R. Granger[740]. Il s'agit là de la véritable voie de rapprochement du droit des affaires de l'OHADA et celui des *common laws* africaines.

---

[739] J. Vanderlinden, *Les Systèmes juridiques africains*, *op. cit.*, p. 124.
[740] R. Granger, *op. cit.*, p. 55.

BIBLIOGRAPHIE

Ouvrages généraux et spéciaux

A

Adido R., *Essai sur l'application du droit en Afrique : le cas de l'OHADA. Aspects sociologiques et juridiques au vu du passé et du présent*, thèse, Perpignan, 2000.

Almeida P., *Le Hardship dans le droit du commerce international*, Bruylant, 2003.

Aminu K., *Business Law in Nigeria*, Benchmark Publishers Limited, Kano, 2005.

André R., *Itinéraire judiciaire en Afrique noire*, Éditions des écrivains, Paris, 1998.

Anouakaha F., *Le droit des sociétés commerciales et du groupement d'intérêt économique OHADA*, Presses universitaires d'Afrique, 1998.

– *Le droit des sûretés dans l'acte uniforme OHADA*, Presses universitaires d'Afrique, 1998.

Anoukaha F., Cissé A., Diouf N., Nguebou Toukam J., Pougoué P. G., Samb M., *OHADA, Sociétés commerciales et GIE*, Bruylant, Bruxelles, 2002.

Anoukaha F., Cissé-Niang A., Foli M., Issa-Sayegh J., [...] *OHADA – Sûretés*, Bruylant, Bruxelles, 2002.

Assi-Esso A. M., Diout N., *Recouvrement des créances*, Bruylant, Bruxelles, 2002.

Audit B., *Droit international privé*, Economica, Paris, 2008, 5e éd.

– *La vente internationale des marchandises*, LGDJ, Paris, 1990.

B

Ba I. et Balkenhol B., *Banques et petites entreprises en Afrique de l'Ouest*, L'Harmattan, 1996, p. 9.

Barrière L.-A., *Le statut personnel des musulmans d'Algérie de 1834 à 1962*, Dijon, Éditions universitaires de Dijon, 1993.

Batiffol H. et Lagarde P., *Traité de droit international privé*, LGDJ, 1997, Tome I.

Bayart J.-F., *L'État en Afrique, la politique du ventre*, Fayard, Paris, 1987.

Béguin J. et Menjucq M. (s. la dir.), *Droit du commerce international*, LexisNexis Litec, juillet 2005.
Bergé J.-S. et Niboyet M.-L. (s. la dir.), *La réception du droit communautaire en droit privé des États membres*, Bruylant, Bruxelles, 2003.
Bergé J.-S. et Robin-Olivier S., *Introduction au droit européen*, Thémis droit, PUF, 2008.
Bergel J.-L., *Théorie générale du droit*, Dalloz, 4e éd., 2003.
Blandier G., *Anthropologie politique*, PUF, Paris, 1967.
Blanc F.-P., *Le droit musulman*, Dalloz-Sirey, 2e éd., 2007.
Bokalli V.-E., *Conteneurisation et transport multimodal des marchandises (aspects juridiques et assurances)*, thèse, Aix-Marseille, 1989.
Bokalli V.-E. et Sossa D., *Droit des contrats de transport de marchandises par route,* Bruylant, Bruxelles, 2007.
Brunel S., *Tiers-Monde. Controverses et réalités*, Paris, Economica, 1987.

C

Carbonnier J., *Essais sur les lois*, Répertoire du notariat Defrénois, 2e éd., Paris, 1995.
– *Flexible droit*, LGDJ, 7e éd., Mai 1992.
– *Les obligations*, Thémis, PUF, 21e éd., 1998.
Chabas J., *Quelle est ma loi ? Tradition et modernisme dans le droit privé de la famille en Afrique noire francophone*, Pédone, Paris, 1974.
Chaillé de Néré S., *Les difficultés d'exécution du contrat en droit international privé*, Presses universitaires d'Aix-Marseille, 2003.
Cornu G., *Vocabulaire juridique*, PUF, Paris, 1987.
Cornu G., *Linguistique juridique*, Montchrestien, 2e éd., 2000.

D

Daigre J.-J. (s. la dir.), *La modernisation du droit des sociétés, premières réflexions sur le rapport Marini*, Actes du colloque organisé par la Fondation nationale du droit de l'entreprise le 13 novembre 1996, Éditions Joly, 1997.
Darbon D. et Dubois de Gaudusson J., *La création du droit en Afrique*, Khartala, 1997.
David R., *Le droit comparé, droits d'hier, droits de demain*, Economica, 1992.
– *Le droit du commerce international : réflexions d'un comparatiste sur le droit international privé*, Economica, Paris, 1987.
– *L'arbitrage dans le commerce international*, Economica, Paris, 1982.
David R. et Pugsley D., *Les contrats en droit anglais*, LGDJ, 2e éd., Paris, 1985.
David R. et Jauffret-Spinosi C., *Les Grands Systèmes de droits contemporains*, Précis Dalloz, Paris, 10e éd., 1992.

Debard T., Le Baut-Ferrarèse B. et Nourissat C., *Dictionnaire du droit de l'Union européenne*, Ellipses, 2002.
Deffains D. (s. la dir.), *L'analyse économique du droit dans les pays de droit civil*, éditions CUJAS, juin 2002.
Delmas-Marty M., *Trois défis pour un droit mondial*, Éditions du Seuil, Paris, 1998.
Dezalay Y., *Marchands de droit : la restructuration de l'ordre juridique international par les multinationales du droit*, Fayard, 1992.
Diouf N. (et autres), *OHADA Sociétés commerciales et GIE*, Bruylant, Bruxelles, 2002.
Duguit L., *Traité de droit constitutionnel*, Éd. de Boccard, 3e éd., Paris, 1927, 1928, 1930, Tome I.

F

Fallon M., Lagarde P. et Poillot-Peruzzetto S. (s. la dir.), *La matière civile et commerciale, socle d'un code européen de droit international privé*, Dalloz, 2009.
Farnsworth E., *Introduction au système juridique des États-Unis*, LGDJ, 1986.
Faure A. et Griffiths R., *La société canadienne en débats : What holds Canada together*, L'Harmattan, 2008.
Fénéon A., *Le droit de l'arbitrage, Commentaire de l'acte uniforme de l'OHADA*, EDICEF, 2000.
Ferrand F., *Droit privé allemand*, Précis Dalloz, 1997.
Ferrand F., Chainais C. et Guinchard S., *Procédure civile, Droit interne et droit de l'Union européenne*, Précis Dalloz, 30e éd., 2010.
Fromont M., *Grands Systèmes de droits étrangers*, Dalloz, Paris, 3e éd., 1998.

G

Gonidec P.-F., *Les droits africains, tome I, évolution et source*, LGDJ, 1964.
Guémar J.-C. et Kasirer N., *Jurilinguistique : entre langues et droits*, Bruylant-éditions Thémis, 2005.
Gruning D., *Family and Obligation: the Louisiana Civil Law of Persons*, Butterworth Legal Publishers, 1990.
Gruning D. et Beaulac S., *Fondements et méthodes de la common law*, Faculté de droit de l'Université de Montréal, 2001.
Gruning D. et Levasseur A., *Louisiana Law of Sale and Lease: A Précis*, LexisNexis, Matthew Bender, 2007.
Guyon Y., *Traité des contrats, Les sociétés, aménagements statutaires et conventions entre associés*, LGDJ, 1995.
– *Droit des affaires*, tome 1, *Economica*, Paris 2001, 1051 pages.

H

Haberli C., *Les investissements étrangers en Afrique*, LGDJ, Paris, 1979, Tome XXXI

Heraud G., *L'ordre juridique et le pouvoir originaire*, Librairie du recueil Sirey, Paris, 1946.

Herman S., *The Louisiana Civil Code, a European Legacy for the United States*, Louisiana Bar Foundation, 1993.

Hugon P., *Géopolitique de l'Afrique*, Éd. Sedes, 2e éd., 2009.

I

Isaac G. et Blanquet M., *Droit général de l'Union européenne*, Dalloz-Sirey, Paris, 9e éd. 2006.

Igue J. et Soûle G., *L'État-entrepôt au Bénin. Commerce informel ou solution à la crise ?*, Paris, Karthala, 1992.

J

Jacquet J.-M., Delebecque P. et Corneloup S., *Droit du commerce international*, Précis Dalloz, 2e éd., 2010.

Jestaz P. et Jamin C., *La doctrine*, Dalloz, 2004.

Jolowicz J. A., *Droit anglais*, Précis Dalloz, 2e éd. 1992.

K

Kelsen H., *Théorie pure du droit*, Éditions de la Baconnière, 1988.

Konate Mamadou I., *La Justice en Afrique : ce grand corps malade*, La Sahélienne, 2018.

Konate Mamadou I., *Guide des procédures collectives d'apurement du passif OHADA*, LGDJ, 2019.

L

Lajoie A., *Quand les minorités font la loi*, PUF, Paris, 2002.

Lamoureux M., *Introduction au droit ghanéen des contrats*, Bruylant, Bruxelles, 2004.

Lebel-Grenier V. S., *Pour un pluralisme juridique radical*, thèse, Université McGill, 2002.

Legeais R., *Grands systèmes de droit comparé*, Éditions du Jurisclasseur, 2004.

Legrand P., *Le droit comparé*, PUF, Que sais-je ?, Paris, 1999.

Le Roy E., *Le jeu des lois*, LGDJ, Paris, 1999.

– *Les Africains et l'institution de la justice*, Dalloz, 2004.

Levasseur A., *Le droit des États-Unis*, Précis Dalloz, 2e éd., 1994.

– *Pratique du droit des affaires aux États-Unis*, Précis Dalloz, 1995.

– *Le contrat en droit américain*, Dalloz, 1995.

M

Malaurie P. et Morvan P., *Droit civil, Introduction générale*, Defrénois, 2004.

Martor B., Pilkington N., Sellers D. S., Thouvenot S., *Business Law in Africa, OHADA and the Harmonization Process*, Eversheds-Kogan page, 2002.

Magnier V., *Rapprochement des droits dans l'Union européenne et viabilité d'un droit commun des sociétés*, LGDJ, mars 1999.

Marini P., *La modernisation du droit des sociétés*, Rapport au Premier ministre, La Documentation française, 1996, Collection des rapports officiels.

Megam J., *Le régime des investissements privés étrangers dans l'espace OHADA : le cas du Cameroun*, thèse, Université Jean-Moulin Lyon 3, 2009.

Menjucq M., *La mobilité des sociétés dans l'espace européen*, LGDJ, 1997.

– *Droit international et européen des sociétés*, Montchrestien, Domat, 2001.

Meyer P., *OHADA-Droit de l'arbitrage*, Bruylant, Bruxelles, 2002.

Moréteau O., *Droit anglais des affaires*, Précis Dalloz, Paris, juillet 2000, 555 pages.

– *L'estoppel et la protection de la confiance légitime : éléments d'un renouveau du droit de la responsabilité (droit anglais et droit français)*, thèse, Lyon 3, 1990.

– *Le mandat et la société en nom collectif*, Common law en poche, Éditions Yvon Blais, Québec, 2008.

Moréteau O et Vanderlinden J. (s. la dir.), *La structure des systèmes juridiques*, Bruylant, Bruxelles, 2002.

Mousseron J.-M., Raynard J., Fabre R. et Pierre J. L., *Droit du commerce international, Droit international de l'entreprise*, Éditions du Juris-Classeur, 3e éd., juillet 2003.

Mousoulas S., *La contribution des directives européennes sur le droit des sociétés à l'évolution du droit français des sociétés commerciales*, thèse Paris X-Nanterre, 1988.

N

Nguebou Toukam J., *Le droit commercial général dans l'acte uniforme OHADA*, Presses universitaires d'Afrique, 1998.

Ngoumtsa Anou G., *Droit OHADA et conflits de lois*, thèse, Universités de Lyon III-Jean-Moulin et de Yaoundé II, 2009.

Nourissat C., *Droit communautaire des affaires*, Dalloz, 2e éd., 2005.

– *Droit des affaires de l'Union européenne*, Dalloz, 3e éd., 2010.

Nourissat C. et Karpenschif M. (s. la dir.), *Les grands arrêts de la jurisprudence de l'Union européenne*, PUF, octobre 2010.

O

Olowale E., *La nature du droit coutumier africain*, Présence africaine, Paris, 1961.

Opetit B. et Sayag A., *La structure juridique de l'entreprise*, Litec, 3e éd., 1981.

Osman F., *Les principes généraux de la Lex Mercatoria*, LGDJ, 1992.

P

Papachristos A., *La réception des droits privés étrangers comme phénomène de sociologie juridique*, LGDJ, Paris, 1975.

Posner Richard A., *Economic Analysis of Law*, Aspen *Law & Business*, 4e éd., Boston, 1992.

Pougoué P. G., Tchakoua J. M. et Fénéon A., *Droit de l'arbitrage dans l'espace OHADA*, Presses universitaires d'Afrique, 2000.

Pougoué P.-G., *OHADA, Sociétés commerciales et GIE*, Bruylant, Bruxelles, 2002.

R

Réa E., *Les obstacles à l'harmonisation européenne du droit des sociétés*, thèse, Dijon, 1978.

Ripert G., *Aspects juridiques du capitalisme moderne*, LGDJ, 1951.

Ripert et Roblot, *Traité de droit commercial*, t. I, 18e éd. par L. Vogel, LGDJ, 2001.

Rodière R., *Introduction au droit comparé*, Dalloz, Paris, 1979.

Romano S., *L'ordre juridique*, Dalloz-Sirey, 2002.

Rutherford S., *Comment les pauvres gèrent leur argent*, Karthala, Paris, 2002.

S

Sawadogo F. M., *Droit des entreprises en difficulté*, Bruylant, Bruxelles, 2002.

Sacco R., *La comparaison juridique au service de la connaissance du droit*, Economica, Paris, 1991.

T

Tiger P., *Le droit des affaires en Afrique*, PUF, Que sais-je ?, 1999.

Tunc A., *Le droit américain des sociétés anonymes*, Economica, Paris, 1985.
– *Le droit anglais des sociétés anonymes*, Dalloz, 3e éd., Paris, 1987.

V

Vacrate S., *La société créée de fait, essai de théorisation*, thèse, Université de Paris-Val-de-Marne, 2002.

Van der Helm A. J. et Meyer U. M., *Comparer en droit : essai de méthodologie*, 1991.
Van Ommeslaghe P., *Le régime des sociétés par actions et leur administration en droit comparé*, Bruylant, 1960.
Vogel L., *Le droit européen des affaires*, Dalloz, coll. Connaissance du droit, 2e éd., 1994.
– *Unifier le droit : le rêve impossible ?*, Éditions Panthéon Assas, juillet 2001.

W

Witz C., *Les premières applications jurisprudentielles du droit uniforme de la vente*, LGDJ, coll. Droit des affaires, 1995.

Y

Yonaba S., *Indépendance de la justice et droits de l'homme, le cas du Burkina Faso*, éd. Pioom, 1997.

Articles, chroniques, communications

A

Abarchi D., « Droit nigérien des sociétés », in *Common law et droit des sociétés commerciales d'Afrique et d'Haïti, Troisième rencontre de droit comparé du Centre international de la common law en français (CICLEF),* Université de Moncton – École de droit –, Été 1997.
Agbayissah S., « OHADA : aperçu général de l'acte uniforme sur les procédures collectives d'apurement du passif », *Cahiers juridiques et fiscaux de l'exportation*, CFCE, No. 1, 1999, p. 23.
Agboyibor P. K., – « Nouveau droit uniforme des sociétés », *Revue de droit des affaires internationales*, No. 6, 1998, p. 673.
– « OHADA-Droit des affaires en Afrique, Chronique sur l'Avis n° 02/2000/EP du 26 avril 2000 de la Cour commune de justice et d'arbitrage », *Revue de droit des affaires internationales*, No. 7, 2000, p. 914.
– « Chronique bibliographique et présentation de l'acte uniforme relatif aux procédures simplifiées de recouvrement et des voies d'exécution », *Revue de droit des affaires internationales*, No. 2, 1999, p. 228.
– Observations sur l'avis consultatif n° 001/99/JN du 7 juillet 1999 sur les articles 13, 14, 79 et 297 de l'acte uniforme portant organisation des procédures simplifiées de recouvrement et des voies d'exécution, *Revue de droit des affaires internationales*, No. 6, 1999, p. 677.
– « Présentation du Règlement et de l'acte uniforme relatif à l'arbitrage », *Revue de droit des affaires internationales*, No. 3, 1999, p. 340.

Aqueruburu C., « La procédure d'injonction de payer dans l'acte uniforme de l'OHADA », *Penant*, 1999, p. 287.

– « L'État, justiciable de droit commun dans le Traité OHADA », *Penant*, 2000. p. 48 et s.

Allot N., "Towards the Unification of law in Africa", in (1965)14 *Int. Comp. Law Quarterly*, 366-378.

Alliot M., « Problème de l'unification des droits africains », 11 *Journal of African Law* (1967), No. 2, 86-98.

– « La coutume dans les droits originellement africains », in *Le Droit et le service public au miroir de l'anthropologie*, Khartala, Paris, 2003.

– « Ce que repenser les droits africains veut dire » in *À la recherche du droit africain du XXIe siècle*, Éditions Connaissances et savoir, 2005, p. 26 et s.

Amoussou-Guenou R., *Le droit et la pratique de l'arbitrage commercial international en Afrique subsaharienne*, thèse, Université Panthéon-Assas, Droit, économie et sciences sociales, 1995.

– « L'arbitrage dans le Traité relatif à l'harmonisation du droit des affaires », *Revue de droit des affaires internationales*, No. 3, 1996.

– « Les investissements étrangers en Afrique et l'arbitrage international », *Revue camerounaise de l'arbitrage*, No. 2, 1998, p. 7.

– « L'acte uniforme et son environnement juridique », *Revue camerounaise de l'arbitrage*, *Numéro spécial*, octobre 2001, p. 11.

Ancel M., « Aspects nouveaux de l'unification des lois », *Miscellanea Gansh van der Meersh*, Bruxelles, 1972, volume II, p. 704.

Ancel R., « Le contrôle de la sentence », *L'OHADA et les perspectives de l'arbitrage en Afrique*, Bruylant, Bruxelles, 2000, p. 189.

Anoukaha F., « La délimitation de compétence de la Cour commune de justice et d'arbitrage et les cours suprêmes nationales en matière de recouvrement de créance », *Juris périodique*, n° 59, juillet-décembre 2004, p. 118 et s.

Aryeety et Steel W. F., "Savings Collectors and Financial Intermediation in Ghana", *Savings and Development*, n° 2, 1995, p. 191-212.

Assogbavi K., « Les procédures collectives d'apurement du passif dans l'espace OHADA », *Penant*, 2000, p. 55.

B

Badara Fall A., « Fonctionnement de la justice et exercice de la fonction de juger : la responsabilité du juge et des pouvoirs publics », *Actes du deuxième congrès de l'Association des Hautes Juridictions de cassation des pays ayant en partage l'usage du Français*, http://www.ahjucaf.org/spip.php?article6632, consulté le 11 novembre 2008.

Bergé J.-S., « Dynamique interprétative de la Cour de justice et codification du droit international privé », *La matière civile et commerciale, socle d'un code européen de droit international privé* (s. la dir. de Fallon M., Lagarde P. et Poillot-Peruzzetto S.), Dalloz, 2009, p. 157-169.

Bézard P., « Le droit français est-il encore exportable ? », *Propos impertinents de droit des affaires, Mélanges en l'honneur de Christian Gavalda*, Dalloz, 2001, p. 49 et s.

Boisseau Chartrain O., « Quel avenir pour les succursales des sociétés étrangères dans l'OHADA ? », *Revue de droit des affaires internationales*, No. 3, 2000, p. 358-363.

Bokalli V.-E., « Le nouveau droit du contrat d'assurance des États membres de la CIMA », *Lex lata*, n° 009,15 février 1995.

– « La coutume, source de droit au Cameroun », *Revue générale de droit*, 1997, 28, p. 37-69.

Bolmin-Bouillet M., Cordonnier G. et Medjad K., « Harmonisation du droit des affaires dans la zone franc », *Journal du droit international*, n° 1, 1994, p. 375.

Bonell M. J., "UNIDROIT Principles 2004 – The New Edition of the Principles of International Commercial Contracts adopted by the International Institute for the Unification of Private Law", *Uniform Law Review/Revue de droit uniforme*, 2004, p. 5-40.

Bonell M. J. et Peleggi R., "UNIDROIT Principles of International Commercial Contracts and Principles of European Contract *Law*: a Synoptical Table", *Uniform Law Review/Revue de droit uniforme*, 2004, p. 315-396.

Bourel P., « À propos de l'OHADA : libres opinions sur l'harmonisation du droit des affaires en Afrique », *Rec Dalloz* 2007, p. 970 et s.

Bourdin R., « Le règlement d'arbitrage de la Cour commune de justice et d'arbitrage », *Revue camerounaise de droit*, No. 5, 1999, p. 10.

Bourdin R., « À propos du Règlement de la cour commune de justice et d'arbitrage », *L'OHADA et les perspectives de l'arbitrage en Afrique*, Bruylant, Bruxelles, 2000, p. 151.

Bamodu G., "Transnational Law, Unification and Harmonization of International Commercial Law in Africa", *Journal of African Law*, n° 38, 1994, p. 125.

Brou K. M., « La protection des vendeurs de biens avec clause de réserve de propriété dans les procédures collectives : l'apport du traité OHADA », *Revue de la recherche juridique – Droit prospective*, 2001, p. 273.

– « La procédure d'injonction de payer en droit ivoirien : l'apport du droit OHADA », *Revue de la recherche juridique – Droit prospectif*, 2001-2, p. 1143.

C

Cavalier G. et Straub T., "Mergers and Acquisitions, Comparativ Economic Analysis of *Laws* : France *v.* USA", *Third Annual Conference on Empirical Legal Studies*, Cornell Law School, NYU School of *Law* &

University of Texas School of *Law*, Ithaca, New York, le 12 et 13 septembre 2008.

Coffy de Boisdeffre M. J., « Le rapprochement des normes de l'OHADA avec la législation des pays d'Afrique anglophone à la lumière de l'expérience de l'Union européenne », *Penant, Revue trimestrielle de droit africain*, octobre-décembre 2004, n° 849, p. 425-436.

Constantinesco L.-J., « La comparabilité des ordres juridiques ayant une idéologie et une structure politico-économique différente et la théorie des éléments déterminants », *Revue internationale de droit comparé, RIDC* 2-1990, p. 14 et s.

Cziment S., "Cameroon : a Mixed Jurisdiction ? A Critical Examination of Cameroon's Legal System through the Perspective of the Nine Interim Conclusions of the Worldwide Mixed Jurisdictions", *A publication of the Eason-Weinman Center for Comparative Law,* Winter 2009, vol. 2.

D

Dainow J., « Le droit civil de la Louisiane », *RIDC*, Vol. 6, 1954, n° 1, p. 21 et s.

Dañino R., « Quel système de droit dans un environnement de plus en plus concurrentiel ? » *4e Conférence internationale du droit et de l'économie : La convergence du droit*, Éditions LAMY, juillet 2006.

David R., « La refonte du Code civil dans les États africains », *Annales africaines*, 1962, p. 162 et s.

David R. et Blanc-Jouvan X., « La résistance du droit africain à la modernisation », Actes du Colloque de Dakar 5-9 juillet 1977, *Revue sénégalaise de droit* (1977), p. 33 et s.

Delmas-Marty M., *Trois défis pour un droit mondial*, Éditions du Seuil, Paris, 1998.

– « Le pluralisme ordonné et les interactions entre ensembles juridiques », *Recueil Dalloz*, 2006.

– « L'espace judiciaire européen, laboratoire de la mondialisation », *Dalloz*, 2000, Chronique 421.

Diaby K., « L'entrée en vigueur du droit OHADA en Guinée », *Revue camerounaise de l'arbitrage*, *Numéro spécial*, octobre 2001, p. 18.

Dieng A., « La pratique arbitrale et les institutions d'arbitrage en Afrique : le cas du Sénégal », *L'OHADA et les perspectives de l'arbitrage en Afrique*, Bruylant, Bruxelles, 2000, p. 163.

– « Le nouveau droit de l'arbitrage en Afrique », *Revue camerounaise de l'arbitrage, Numéro spécial*, octobre 2001, p. 20.

Didier P., « Le consentement sans l'échange, contrat de société », *L'Échange des consentements*, *Rev. jurisp. com.* n° spécial, novembre 1995.

Dijon X., « Les masques du droit en Afrique, une lecture européenne des sources de la norme », *Revue internationale de droit comparé*, 2009, n° 4, p. 567 et s.

Dossou R., « La pratique de l'arbitrage en Afrique », *L'OHADA et les perspectives de l'arbitrage en Afrique*, Bruylant, Bruxelles, 2000, p. 125.

E

Ellis S. et MacGaffey J., « Le commerce international informel en Afrique subsaharienne », *Cahiers d'études africaines*, 145, XXXVll-1, 1997, p. 11 et s.

F

Favero M., « La standardisation contractuelle, enjeu de pouvoir entre les parties et de compétition entre les systèmes juridiques », *RTD com*, 2003, p. 429 et s.

Fénéon A., « Le registre du commerce et du crédit mobilier », *Cahiers juridiques et fiscaux de l'exportation*, CFCE, No. 2, 1998, p. 281.

– « La mise en harmonie des statuts des sociétés anonymes en Côte d'Ivoire », *Penant*, septembre 1999, p. 324.

– « Les intermédiaires du commerce », *Cahiers juridiques et fiscaux de l'exportation*, CFCE, No. 2, 1998, p. 293.

Fénéon A. et Delabrière A., « Présentation générale de l'acte uniforme sur le droit commercial général », *Penant*, No. 827, 1998, p. 136.

Fénéon A., et Gomez J. R., « Le droit de la vente commerciale », *Cahiers juridiques et fiscaux de l'exportation*, CFCE, No. 2, 1998, p. 271.

– *Droit commercial général, Commentaires de l'acte uniforme*, EDICEF, Paris, 1999.

Ferrari F., "International Sales Law in the Light of the OHBLA Uniform Act Relating to General Commercial Law and the Vienna Sales Convention", *Revue de droit des affaires internationales*, No. 5, 2001, p. 599.

– "The OHBLA Draft Uniform Act on Contracts for the Carriage of Goods by Road", *Revue de droit des affaires internationales*, n° 7, 2001, p. 898 et s.

Fetze Kamdem I., « Harmonisation, unification et uniformisation. Plaidoyer pour un discours affiné sur les moyens d'intégration juridique », *Revue de droit uniforme*, 2008, p. 615 et s.

Fille-Lambie O., « Aspects juridiques des financements de projets appliqués aux grands services publics dans la zone OHADA », *Revue de droit des affaires internationales*, n° 7, 2001, p. 925.

Fometeu J., « Nul n'est censé ignorer la… coutume », *Lex Lata*, 1995, 15, chr. 17.

– « Le clair-obscur de la répartition des compétences entre la Cour commune de justice et d'arbitrage et les juridictions nationales de cassation », *Juridis périodique*, n° 73, 2008, p. 89-103.

Forster M., "The Significance and Function of Legal Citations: Comparative-law Efforts to Standardize Citation Practrice", in Volkmar Gessener, Armin Hoeland et Csaba Varga (s. la dir.), *European Legal Cultures*, Aldershot, Dartmouth, 1996, p. 128-131.

G

Gadanecz B., « Marché des crédits consortiaux : structure, évolution et implications », *Rapport trimestriel BRI, Banq for International Settlements*, décembre 2004.

Gandolfi Ruffini M. L., « Problèmes d'unification du droit en Europe et le Code européen des contrats », *RIDC*, 4-2002, p. 1077 et s.

Gélinas P., « L'Afrique et l'arbitrage de la CCI », *L'OHADA et les perspectives de l'arbitrage en Afrique*, Bruylant, Bruxelles, 2000, p. 167.

Gervais de Lafond T., « Le traité relatif à l'harmonisation du droit des affaires en Afrique », *Gazette du Palais*, 1995, 20-21 septembre 1996, p. 2 et s.

Goldman B., *Frontières du droit et lex mercatoria*, Archives de philosophie du droit, 1964.

Gomez J. R., « Réflexion d'un commercialiste sur le projet d'harmonisation du droit des affaires dans la zone franc », *Penant*, 1994, p. 3.

– « Un nouveau droit de la vente commerciale en Afrique », *Penant*, No. 827, 1998, p. 145-185.

Guimezanes N., « L'approche d'un comparatiste », *Le Droit de la famille à l'épreuve des migrations internationales*, LGDJ, Paris, 1993, p. 31-37.

H

Haravon M., « Le rapport Doing Business de la Banque mondiale : mythes et réalités d'un rapport sans nuance », *La Semaine juridique, Éd Entreprise et Affaires* n° 41, 13 octobre 2005, p. 1680-1683.

Hasher D., « Les rapports entre le juge étatique et l'arbitre », *L'OHADA et les perspectives de l'arbitrage en Afrique*, Bruylant, Bruxelles, 2000, p. 209.

Hilaire J., « Nos ancêtres les Gaulois », *Annales africaines de l'Université de Dakar*, 1964, éd. Pédone, p. 7 et s.

Homman-Ludiye L. et Djedje P., « Le contrôle de la gestion des SA et des SARL », *Cahiers juridiques et fiscaux d'exportation*, CFCE, No. 2, 1998, p. 317.

Homman-Ludiye L. et Epessé H., « La société anonyme unipersonnelle et le groupement d'intérêt économique – Deux nouvelles formes originales », *Cahiers juridiques et fiscaux de l'exportation*, CFCE, No. 2, 1998, p. 303.

Homman-Ludiye L. et Gerault N., « L'harmonisation du droit des affaires en Afrique – Présentation générale », *Cahiers juridiques et fiscaux de l'exportation*, CFCE, No. 2, 1998, p. 261.

Homman-Ludiye L. et Missainhoun J. E., « La gestion des SA et des SARL », *Cahiers juridiques et fiscaux de l'exportation*, CFCE, No. 2, 1998, p. 309.

Horatia Muir W. et Hélène Ruiz F., « Variations autour d'un droit commun », Société de législation comparée, Paris, 2002, p. 195-199.

Hurstel D. et Bieder T., « Est-il nécessaire de réformer le droit des sociétés au nom de la corporate gouvernance ? », *Rev soc.*, 1995, 633.

I

Ipanda, « L'arrêt époux Karnib : une révolution ? Question d'interprétation », *Revue camerounaise de droit des affaires*, n° 10, janvier-mars 2002, p. 13 et s.

Issa-Sayegh J., « L'intégration juridique des États de la zone franc » *Penant*, Nos. 823 et 824, 1997, p. 5 et s.

– « Organisation des sûretés », *Cahiers juridiques et fiscaux de l'exportation*, CFCE, No. 2, 1998, p. 351.

– « Réflexions dubitatives sur le droit de l'arbitrage OHADA », *Revue camerounaise de l'arbitrage, Numéro spécial*, octobre 2001, p. 22.

– « Présentation générale de l'acte uniforme de l'OHADA sur les procédures simplifiées de recouvrement et les voies d'exécution, du droit des sûretés et des procédures collectives d'apurement du passif », *Penant*, No. 827. 1998. p. 204.

– « Quelques aspects techniques de l'intégration juridique : l'exemple des actes uniformes de l'OHADA », *Revue de droit uniforme*, 1999, p. 5.

– « L'OHADA, instrument d'intégration juridique », *Revue de jurisprudence commerciale*, juin 1999, p. 237.

J

Jacquet J. M., « Le droit applicable au fond du litige dans l'arbitrage OHADA », *L'OHADA et les perspectives de l'arbitrage en Afrique*, Bruylant, Bruxelles, 2000, p. 101.

Jeammaud A, « Unification, uniformisation, harmonisation : de quoi s'agit-il ? », *Vers un code européen de la consommation*, Bruylant, Bruxelles, 1998, p. 35-55.

K

Kahn P., « Typologies des contrats de transfert de la technologie », *in* Judet *et al.*, *Transfert de technologie et développement*, 1977, p. 435 et s.

Kamto M., « La participation des personnes morales africaines de droit public à l'arbitrage OHADA », *L'OHADA et les perspectives de l'arbitrage public à l'arbitrage en Afrique*, Bruylant, Bruxelles, 2000, p. 89 et s.

Kanté S., *Le Secteur informel en Afrique subsaharienne francophone*, Genève, Bureau international du travail, 2002.

Kasirer N., « Le droit robinsonien », *La Structure des systèmes juridiques* (s. la dir. de O. Moréteau et J. Vanderlinden), Bruylant, Bruxelles, 2002, p. 195 et s.

Kenfack-Douajni G., « Les conditions de la création dans l'espace OHADA d'un environnement juridique favorable au développement », *Revue juridique et politique*, janvier-mars 1998.

– « L'abandon de souveraineté dans le traité OHADA », *Penant*, No. 830, 1999, p. 125 et s.

– « Le cadre juridique de l'arbitrage au Cameroun », *Revue camerounaise de l'arbitrage*, No. 4, 1999, p. 3.

– « L'arbitrage CCJA », *Revue camerounaise de l'arbitrage*, No. 6, 1999, p. 3 et s.

– « La portée abrogatoire de l'acte uniforme relatif au droit de l'arbitrage », *Revue camerounaise de* l'arbitrage, Numéro spécial, octobre 2001, p. 28.

Kenfack-Douajni G. et Imhoos C., « L'acte uniforme relatif au droit de l'arbitrage dans le cadre du traité OHADA », *Revue camerounaise de l'arbitrage*, 1999, No. 5, p. 3.

– « Le règlement d'arbitrage de la Cour commune de justice et d'arbitrage de l'OHADA », *Revue de droit des affaires internationales*, No. 7, 1999, p. 825.

Konate Mamadou I., « Les arbitres et avocats africains face à l'arbitrage international », *Revue Jurifis Info* n° 11, p. 2.

– « Un grave détournement de la loi sur le règlement préventif par le juge : le cas d'une suspension des poursuites individuelles ordonnée en violation de la loi et hors esprit du texte de l'AUPCAP de l'OHADA applicable ». *Jurifis, édition spéciale*, n° 12, octobre 2012, p. 29.

Kirsch M., « Historique de l'OHADA », *Penant*, No. 827, 1998, p. 129.

Kleinhhas M.-M., et MacDonald R. A., "What is Critical Legal Pluralism ?", *Rev. Can. droit et société*, n° 25, 1997, p. 42 et s

L

Lagarde P., « Approche critique de la *Lex mercatoria* », *Le droit des relations commerciales internationales*, Litec, Paris, 1982, p. 125 et s.

Lajoie A., Quilininan H., Macdonald R. et Rocher G., « Pluralisme juridique à Kahnawake ? » *Les Cahiers de droit*, vol. 39, n° 4 déc 1998, p. 681-716.

Lando O., "Principles of European Contract Law", *Revue de droit des affaires internationales*, 1997, 189-202.

Lauriol T., « OHADA : L'intensification du processus d'harmonisation », *Revue de droit des affaires internationales*, No. 6, 2001, p. 752.

– « Aspects juridiques de l'apport de titres miniers en garantie dans les États parties de l'OHADA », *Revue de droit des affaires internationales*, No.2, 2001, p. 175.

– « Le centre d'arbitrage OHADA : formation et effets de la convention d'arbitrage », *Revue de droit des affaires internationales*, No. 8, 2000, p. 99.

– « La langue de l'OHADA », *Revue camerounaise de l'arbitrage*, *Numéro spécial*, octobre 2001, p. 28.

Leboulanger P., « L'arbitrage et l'harmonisation du droit des affaires en Afrique », *Revue de l'arbitrage*, 1999, p. 541.

– « Présentation générale des actes sur l'arbitrage », *L'OHADA et les perspectives de l'arbitrage en Afrique*, Bruylant, Bruxelles, 2000, p. 63.

Lecerf M., « La procédure d'alerte – Un nouveau moyen de prévention des difficultés de l'entreprise », *Cahiers juridiques et fiscaux de l'exportation*, CFCE, No. 2, 1998, p. 325.

– « La nouvelle réglementation de la diminution des capitaux propres : de la perte des trois quarts du capital social à la perte de la moitié du capital », *Cahiers juridiques et fiscaux de l'exportation*, CFCE, No. 2, 1998, p. 333.

– « Comment interpréter les dispositions transitoires de l'acte uniforme relatif au droit des sociétés commerciales et du groupement d'intérêt économique », *Cahiers juridiques et fiscaux de l'exportation*, CFCE, 1998, No. 2, p. 343.

Lefebvre D., « La spécificité du droit commercial, réflexions sur la place tenue, en droit privé, par le droit commercial par rapport au droit civil », *RTD com.*, 1976, p. 285 et s.

Legrand P., « La leçon d'Apollinaire, L'harmonisation du droit des contrats en Europe », *RID comp.*, 1996, p. 781 et s.

Lelart M. et Gnansounou S., « Tontines et tontiniers sur les marchés africains : le marché Saint-Michel à Cotonou », in *La Tontine, pratique informelle d'épargne et de crédit dans les pays en voie de développement*, AUF et John Libbey Eurotext, Paris 1990-91, p. 109-133.

Lequette Y., « L'influence de l'œuvre d'Henri Batiffol sur la jurisprudence française », Travaux du Comité de droit international privé 1991-1992, Pédone, 1994, p. 32 et s.

Levasseur A., « La Louisiane : un vaisseau à la dérive ? », *Le Plurijuridisme*, Actes du 8e congrès de l'Association internationale de méthodologie juridique (Aix-en-Provence, 4-6 septembre 2003), Presses universitaires d'Aix-Marseille, p. 257 et s.

– « La réception du système de la *common law* par le système législatif français en Louisiane », *La Réception des systèmes juridiques :*

implantation et destin. Textes présentés au premier colloque international du Centre international de la *common law* en français (CICLEF).
– « La guerre de Troie a toujours lieu... en Louisiane », in *Écrits en hommage à Gérard Cornu* (1994), PUF, Paris, p. 278.

Likillimba G. A., « Où en est-on avec le traité relatif à l'harmonisation du droit des affaires ? », *Dalloz Affaires*, No. 27, 1997, p. 844.

Lohoues-Oble J., « L'apparition d'un droit international des affaires en Afrique », *Revue internationale de droit comparé*, 1999, p. 543.
– « La création du nouvel environnement juridique des entreprises dans la zone franc : quel bilan ? », Colloque de l'Association ivoirienne Henri Capitent, Abidjan, 2 avril 2001.

Loquin E., « L'application des règles nationales dans l'arbitrage commercial international, l'apport de la jurisprudence arbitrale », CCI, 1986, p. 67 et s.
– « La réalité des usages du commerce international » *Rev. Internat. Dr. Econ*. 1989, t. 2, p. 163 et s.

M

Malaurie P., « Le Code civil européen des obligations et des contrats : une question toujours ouverte », *Pensée juridique française et harmonisation européenne du droit*, Société de législation comparée, 2003, p. 220-229.

Malle A., « La coopération du juge lors de la procédure arbitrale », *L'OHADA et les perspectives de l'arbitrage en Afrique*, Bruylant, Bruxelles, 2000, p. 185.

Marais B., « Mondialisation du droit économique : entre concurrence et convergences », *La Lettre d'AED*, n° 5 septembre 2007, p. 2, http://www.gip-recherche-justice.fr/, consulté le 26 mai 2008.
– « Des indicateurs pour mesurer le droit ? Les limites méthodologiques des rapports Doing business », *Études du programme Attractivité économique du droit*, La Documentation française, 2006.

Martor B. et Thouvenot S., « La fusion des sociétés issues du droit OHADA », *Revue de droit des affaires internationales*, No. 1, 2002, p. 47.
– « Les acteurs des marchés financiers et l'appel public à l'épargne dans la zone OHADA », *Revue de droit des affaires internationales*, No. 6, 2002.
– « L'uniformisation du droit des affaires en Afrique par l'OHADA », *La Semaine juridique, Entreprise et affaires*, n° 5 supplément au n° 44 du 28 octobre 2004, p. 7 et s.

Marty J.-P., « La distinction du droit civil et du droit commercial dans la législation commerciale », *Rev. trim. dr. com.*, 1981, p. 681 et s.

Mbaye K., « Avant-propos », *Penant*, No. 827, 1998, p. 125.

– « Sources et évolution du droit africain », *Mélanges offerts à Gonidec (P. F.)*, LGDJ, 1985, p. 353 et s.

M'Bosso, J., « Le rôle des juridictions nationales et le droit harmonisé dans l'OHADA », *Revue de droit des affaires internationales*, No. 2, 2000, p. 216.

– « Le fonctionnement du centre d'arbitrage et le déroulement de la procédure arbitrale », *Revue camerounaise de l'arbitrage*, *Numéro spécial*, octobre 2001, p. 42.

Melone S., « Le Code civil contre la coutume : la fin d'une suprématie », *RCD*, 1972, n° 1, p. 12 et s.

– « Les juridictions mixtes de droit écrit et de droit coutumier dans les pays en voie de développement. Du bon usage du pluralisme judiciaire en Afrique : l'exemple du Cameroun », *RIDC*, 1986, vol. 38, n° 2, p. 327-346.

Mestre J., « Observations sur l'attitude du juge face aux difficultés d'exécution du contrat », *Le Juge et l'exécution du contrat*, Colloque Aix-en-Provence, Presses universitaires d'Aix-Marseille, 1993, p. 91 et s.

Meyer P., « L'effectivité du droit », *Revue burkinabé de droit*, 1989, p. 131 et s.

Miracle M. P, Miracle D. S. et Cohen L., "Informal Saving Mobilization in Africa", *Economic Development and Cultural Change*, 1980, p. 701-724.

Montigny G., « La Francophonie : piège ou tremplin pour les avocats francophones ? », *L'Afrique et le droit – Investir en Afrique*, *Gaz. Pal.*, nov.-déc. 1995, p. 1215 et s.

Moore Dickerson C., « Le droit de l'OHADA dans les États anglophones et ses problématiques linguistiques », *Revue internationale de droit comparé*, 1-2008, p. 143 et s.

Moréteau O., « Premiers pas dans la comparaison des droits », in *Jurilinguistique : entre langues et droits*, Bruylant-éditions Thémis, 2005, pp 407-430.

– « Droit anglais : particularisme et Union européenne », *Gazette du Palais*, 1995, I, p. 219 et s.

– "The Future of Civil Codes in France and Louisiana", *Essays in Honor of Saul Litvinoff* (O. Moréteau, J. Romañach, A. Zuppi, eds.), Claitor's, Baton Rouge, 2008.

– "Revisiting the Grey Zone between Contract and Tort : the Role of Estoppel and Reliance in Mapping out the *Law* of Obligation", Helmut Koziol, Barbara C. Steininger (eds.), *European Tort law*, 2004, p. 60 et s.

– « Sortir de la caverne pour comprendre la guerre des droits », *Droit et économie*, Rapport du 38e congrès du Mouvement jeune notariat, San Francisco, 18-24 novembre 2007, www.mjn.fr/congres2007 pp. 41-49.

– « Les frontières de la langue et du droit : vers une méthodologie de la traduction juridique », *RIDC*, 4-2009, p. 695-713.

Moréteau O et Laméthe D., « L'interprétation des textes juridiques rédigés dans plus d'une langue », *RIDC*, 2-2006, p. 327-362.

Moréteau O. et Parise A., "Recodification in Louisiana and Latin America", *Tulane Law Review*, 2008-2009.

Mourre A. et Jolivet E., « La réception des principes d'UNIDROIT dans les contrats modèles de la Chambre de commerce internationale », *Uniform Law Review/Revue de droit uniforme,* 2004, 275-293.

Mousseron J.-M. et Mousseron P., « La langue du contrat », in *Mélanges M. Cabrillac*, Dalloz-Litec, 1999, p. 219 et s.

Meyer P., « L'acte uniforme OHADA sur le droit de l'arbitrage », *Revue de droit des affaires internationales*, No. 6, 1999, p. 629.

Muka Tshibende L.-D., « Les Gaulois, nos ancêtres ? », *Rev. Rech. Jur.-Droit prospectif*, n° 2006-1, Presses universitaires d'Aix-Marseille, p. 10 et s.

N

Neville-Brown L., « Les juristes d'outre-Manche », *Études offertes à Jacques Lambert*, CUJAS, 1975, 449.

– « Les juristes anglais, eux aussi, doivent faire face à des réformes radicales », *ALD*, 1990, 154.

Ngui Kante, « Le domaine d'application du nouveau droit des sociétés commerciales de l'OHADA », *Annales de la Faculté des sciences juridiques et politiques de l'Université de Dschang*, tome 6, Presses universitaires d'Afrique, Yaoundé, juillet 2004, p. 77 et s.

Nkou Mvondo P., « La justice parallèle au Cameroun : la réponse des populations camerounaises à la crise de la Justice de l'État », *Droit et Société*, 51/52-2002, p. 369-381.

Nourissat C., « Droit du commerce international » (chr.), *JCP G*, 2011, p. 286-289.

– « Reconnaissance des décisions relatives aux procédures d'insolvabilité », commentaire de l'arrêt CJUE, MG Probud Gdynia, 21 janvier 2010, C-444/07, *Procédures*, n° 3, mars 2010, comm. 72.

– « Lisbonne : and so what ? », *Revue pénitentiaire de droit pénal*, mars-avril 2010, p. 153.

Nsié E., « La formation de la vente commerciale en Afrique », *Penant*, No. 829, 1999, p. 5.

O

Olivier-Martin F., « Les professeurs royaux de droit français et l'unification du droit civil français », *Mélanges Sugiyama*, 1940, p. 279 et s.

Onana-Etoundi F., « Les principes d'UNIDROIT et la sécurité juridique des transactions commerciales dans l'avant-projet d'acte uniforme OHADA sur le droit des contrats », *Revue de droit uniforme*, 2005-4.

Oppetit B., « Retour à un droit commun européen », *Pensée juridique française et harmonisation européenne du droit*, Société de législation comparée, 2003, p. 22 et s.

Otoumou J. C., « La lettre de garantie OHADA », *Revue de droit des affaires internationales*, No. 4, 1999, p. 425.

P

Pascual I., « La prise en considération de la personne physique dans le droit des sociétés », *RTD com.*, 1998, p. 273 et s.

Paulsson J., « La *lex mercatoria* dans l'arbitrage CCI », *Rev. Arb.*, 1990, p. 55 et s.

Plançon C., « Culture juridique, Approches comparatistes », paru dans J. Bisanswa et M. Tétu (s. la dir.), « *Francophonie en Amérique ». Quatre siècles d'échange. Europe-Afrique-Amérique*, Actes du colloque « Francophonie en Amérique » organisé au Québec les 26 au 29 mai 2003, Québec, CIDEF-AFI, 2005, 288 p, p. 221-234.

Polo A., « L'OHADA : Histoire, objectifs, structure », *L'OHADA et les perspectives de l'arbitrage en Afrique*, Bruylant, Bruxelles, 2000.

Pougoué P. G., *Présentation générale et procédure en OHADA*, Presses universitaires d'Afrique, 1998.

– « Le système d'arbitrage de la Cour commune de justice et d'arbitrage », *L'OHADA et les perspectives de l'arbitrage en Afrique*, Bruylant, Bruxelles, 2000, p. 129.

R

Raynal J. P., « Intégration et souveraineté : le problème de la constitutionnalité du traité OHADA », *Penant*, 2000, p. 5.

Rochegude A., « *Ubi societas, ibi jus ; ubi jus, ibi societas* », *À la recherche du droit africain du XXI*[e] *siècle*, p. 122 et s.

Roda P. Roberts et Pergnier M., « L'équivalence en traduction », *Journal des traducteurs*, vol. 32, n° 4, 1987, p. 390 et s.

Rodriguez K., « L'attractivité, nouvelle perspective du droit national des sociétés », *Bulletin Jolly Sociétés, Actualités du droit des sociétés*, mars 2004, n° 3.

Roussel-Galle P., « OHADA et difficultés des entreprises », *Revue de jurisprudence commerciale*, Nos. 2 et 3, 2001, p. 9 et s.

S

Sacco R., « Définitions savantes et droit appliqué dans les pays romanistes », *Revue internationale de droit comparé*, 1965, p. 107 et s.

– « L'enseignement du droit comparé et l'enseignement comparatif du droit », dans *Rapports nationaux italiens au XVI*[e] *Congrès international de droit comparé*, Milan, Giuffré, 2002, p. 61-79.

Sall A., « Jurisprudence du Conseil constitutionnel du Sénégal du 16/12/1993, n° 3/C/93 », *Penant*, No. 827, 1998, p. 225.

Savadogo L., « Le traité relatif à l'harmonisation du droit des affaires en Afrique », *Annuaire français de droit international*, 1994, p. 823.

Sawadogo F. M., « La procédure d'injonction de payer de l'OHADA à l'épreuve de la pratique », *Bulletin du CREDAU*, No. 1, p. 5.

Seck A. (s. la dir.), « Numéro spécial – Afrique et le droit, investir en Afrique No. 5 : OHADA », *Gazette du palais*, Nos. 48 et 49, 17 et 18 février 1999.

Sietchoua Djuitchoko C., « Du nouveau pour la coutume en droit positif camerounais : la constitutionnalisation des coutumes et ses conséquences », *Revue juridique Thémis*, 2000, 34, p. 130 et s.

Sorieul R., « Convergences entre la CNUDCI et l'OHADA », *L'OHADA et les perspectives de l'arbitrage en Afrique*, Bruylant, Bruxelles, 2000, p. 43.

Spellenberg U., « Développer par la législation ? », *La Création du droit en Afrique*, Karthala, 1997, p. 87 et s.

T

Tallon D., « L'harmonisation des règles du droit privé entre pays de droit civil et de common law », *Revue internationale de droit comparé*, RIDC 2-1990.

Tapin D., « Un nouveau droit des affaires en Afrique noire francophone », *Dalloz Affaires*, No. 107, 5 March 1995.

– « Droit des sociétés commerciales et du GIE en Afrique », *Penant*, No. 827, 1998, p. 186.

Taty G., « Brève réflexions à propos de l'entrée en vigueur d'une réglementation commune du droit des affaires des États membres de la zone franc », *Penant*, No. 830, 1999, p. 227.

Temple H., « Quel droit de la consommation pour l'Afrique ? Une analyse du projet OHADA d'acte uniforme sur le droit de la consommation », *Revue burkinabé de droit*, n° 43-44, 1er et 2e semestres 2003.

Thiry B., « Problèmes de jurilinguistique contrastive : les équivalences interlinguistiques en droit », *Cahier de recherche*, École de gestion de l'Université de Liège, août 2008, p. 2 et s.

Tiger P., « Les procédures collectives après cessation des paiements en droit harmonisé de l'OHADA », *Petites affiches*, n° 205, 13 octobre 2004, p. 35 et s.

Tohon C., « Le droit pratique du commerce « informel » : un exemple de plujuridisme au Bénin », *À la recherche du droit africain du XXIe siècle,* Éditions Connaissances et savoir, 2005, p. 245 et s.

Tunc A., « Le gouvernement des sociétés », *Rev. Intr. Dr. comp.*, 1994, 59.

V

Vanderlinden J., "*What Kind of Law Making in Global World? The Case of Africa*" *Law Making in a Global World, Louisiana Law Review*, Volume 67, summer 2007, number 4, p. 1043-1071.

– « Vers une nouvelle conception du pluralisme juridique », *R.R.J.*, 1993-2.

– « La règle de droit dans l'Afrique traditionnelle », *La Règle de droit*, Travaux du Centre national de recherches de logique, Bruylant, Bruxelles, 1971, p. 131 et s.

– « À propos de la création du droit en Afrique. Regards d'un absent », *La Création du droit en Afrique* (s. la dir. de D. Darbon et Jean du Bois de Gaudusson), Khartala, 1997, p. 24 et s.

Vieillard V. I., « Le caractère général et commercial des principes UNIDROIT relatifs aux contrats du commerce international », *RD aff. Int.*, n° 4, 2007, p. 480.

Von Bar C., « Le groupe d'études sur un Code civil européen », *Revue internationale de droit comparé*, 2001, 127-139.

Vuilliety J.-P., « Le Contrat-type pour les Joint-Ventures contractuelles du Centre du commerce international au regard des principes d'UNIDROIT et d'autres normes d'unification du droit des contrats », *Uniform Law Review/Revue de droit uniforme*, 2004, p. 295 et s.

W

Wamba Makollo G. G., « La procédure simplifiée de recouvrement des créances civiles et commerciales : l'injonction de payer dans le traité OHADA », *Penant*, No. 830, 1999, p. 135.

Warsmann J.-L., « Simplifier le droit : une obligation pour le législateur », *Le Courrier juridique des finances et de l'industrie*, numéro spécial, juin 2008, p. 7 et s.

Y

Yiannopoulos N., "*The Civil Codes of Louisiana*", *Louisiana Civil Code 1993*, St-Paul, Minn., Wets Pub. Co., 1993.

Z

Zinzindohoué A., « Les juges nationaux et la loi aux prises avec le droit harmonisé », *Revue de droit des affaires internationales*, No. 2, 2000, p. 227.

TABLE DES MATIÈRES

Structures éditoriales du groupe L'Harmattan

L'Harmattan Italie
Via degli Artisti, 15
10124 Torino
harmattan.italia@gmail.com

L'Harmattan Hongrie
Kossuth l. u. 14-16.
1053 Budapest
harmattan@harmattan.hu

L'Harmattan Sénégal
10 VDN en face Mermoz
BP 45034 Dakar-Fann
senharmattan@gmail.com

L'Harmattan Cameroun
TSINGA/FECAFOOT
BP 11486 Yaoundé
inkoukam@gmail.com

L'Harmattan Burkina Faso
Achille Somé – tengnule@hotmail.fr

L'Harmattan Guinée
Almamya, rue KA 028 OKB Agency
BP 3470 Conakry
harmattanguinee@yahoo.fr

L'Harmattan RDC
185, avenue Nyangwe
Commune de Lingwala – Kinshasa
matangilamusadila@yahoo.fr

L'Harmattan Congo
67, boulevard Denis-Sassou-N'Guesso
BP 2874 Brazzaville
harmattan.congo@yahoo.fr

L'Harmattan Mali
Sirakoro-Meguetana V31
Bamako
syllaka@yahoo.fr

L'Harmattan Togo
Djidjole – Lomé
Maison Amela
face EPP BATOME
ddamela@aol.com

L'Harmattan Côte d'Ivoire
Résidence Karl – Cité des Arts
Abidjan-Cocody
03 BP 1588 Abidjan
espace_harmattan.ci@hotmail.fr

L'Harmattan Algérie
22, rue Moulay-Mohamed
31000 Oran
info2@harmattan-algerie.com

L'Harmattan Maroc
5, rue Ferrane-Kouicha, Talaâ-Elkbira
Chrableyine, Fès-Médine
30000 Fès
harmattan.maroc@gmail.com

Nos librairies en France

Librairie internationale
16, rue des Écoles – 75005 Paris
librairie.internationale@harmattan.fr
01 40 46 79 11
www.librairieharmattan.com

Lib. sciences humaines & histoire
21, rue des Écoles – 75005 Paris
librairie.sh@harmattan.fr
01 46 34 13 71
www.librairieharmattansh.com

Librairie l'Espace Harmattan
21 bis, rue des Écoles – 75005 Paris
librairie.espace@harmattan.fr
01 43 29 49 42

Lib. Méditerranée & Moyen-Orient
7, rue des Carmes – 75005 Paris
librairie.mediterranee@harmattan.fr
01 43 29 71 15

Librairie Le Lucernaire
53, rue Notre-Dame-des-Champs – 75006 Paris
librairie@lucernaire.fr
01 42 22 67 13

www.ingramcontent.com/pod-product-compliance
Lightning Source LLC
LaVergne TN
LVHW010954061026
849535LV00006B/1709